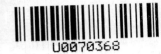

掌握性格優勢 × 培養社交能力 × 提高……係

心理智慧職場

理解人際關係與人生動力

雞湯越喝，越孤獨！

打造鋼鐵玻璃心，尋找未知的自己

何吳明，鄒國靜 著

女性為何總是喜歡網購、買買買？心理學：這是人類的本能！

愛情不是精神產物？心理學：跟生理有密切的關係！

究竟「心理學」可以影響你的人生到什麼程度?

心理學：無所不在的程度！

目錄

第4章　購物中心博弈

第5章　你的戀愛與婚姻還好嗎？

前言

許多人對心理學的認知不正確、不全面、不深入。例如，有些人認為心理學等於心理諮商，有些人認為學心理學是為了看穿別人內心，有些人認為心理學不是科學。

心理學應該從實驗室走出來，走到大眾生活中。每個人都應該正確理解心理學，並把心理學與自己的生活結合起來，用「心」地生活。

本書旨在於實驗室和日常生活之間架起一座橋梁，用心理學的理論和研究來解釋生活，指導生活。為生活提供一個心理學的視角。內容涉及人的自我、工作、婚戀、購物、生活方式、幸福感等。以大家在這些領域常遇到的問題為導向，介紹經典心理學理論和核心的概念，並注意最新的研究動向和成果。

本書比較重視的一點是揭示生活現象背後的心理規律和相關理論、概念。現象是千變萬化的，只有了解其內在的規律才能理解生活中出現的新情況。太陽底下沒有新鮮事，希望本書能夠引導讀者善用心理學知識來思考，以便讀者能夠解釋和應對本書所沒有談及的「新」事物。

在本書中提到的一些心理測量（psychological measurement），例如自尊、依戀風格、心理年齡等等，筆者建議各位到正規的心理諮商機構進行測驗，不可輕信網路上或雜誌上用於娛樂的測驗。在依賴心理測量的結果進行一些重大決定時，請先確認其可信度和權威性。

本書分為七章，開篇就以認識自己為題進行討論；然後轉入工作這一話題，教大家如何用心理學解決工作中的一些問題，從而提高效率，更快樂地工作；人在社會中，總會有各種問題，如孤獨、不自信等，這些問題都可以用心理學來解釋和解決；在購物中心裡，大家玩著「博弈遊戲」，心理學為你揭祕所謂「博弈」的真面目；男女交流、戀愛、婚姻，亙古不變的話題，心理學有著不一樣的闡述；每個人想要什麼樣的生活方式，心理學來告訴你；最後一章討論是否感受到幸福，及達到幸福的一些條件。

本書適合想了解心理學，但又不想看枯燥教科書的初級心理學愛好者、想看專業一點但又不要太嚴肅的讀者、想替生活各方面加點「心」元素的心理學應用者，和其他廣大的心理學愛好者。

非常感謝我的父母，他們一直支持我自由做決定，甚少干預我。我的女朋友鄒國靜參與了部分段落的寫作，幫我設計插圖（雖然插圖最終沒有應用在書裡），她總是充滿了有創意的想法，給了我很大幫助。感謝他們！

感謝心理學，它是雙性戀，也歡迎暮年之戀、青少年之戀、單相思，我是它的戀人之一。讀到這裡的人，我們該有共鳴吧？我們都愛心理學，也感謝你們讀這本書，這是本書寫作的初衷。

本書由我和鄒國靜組織編寫，同時參與編寫的還有林家昌、劉林建、孟富貴、孫雪明、王世平、文明、徐增年、銀森騎、張家磊、周偉杰、朱玲、郭麗、項宇峰、于浩、趙桂芹、楊明、陳娜、劉志群、張宇、劉桂珍、張金霞等等。

何吳明

第 1 章

認識自己，你是什麼人

人們要問的第一個問題是：「我了解自己嗎？」要問的第二個問題是：「我懂得如何『使用』自己嗎？」這兩個問題有些人大概一生都沒有想過，有些人到晚年才想到，而有些人很早就開始追問。就算這不是一個成功、充實的人生的充分條件，也應當是一個必要條件。成功人士對自己多少有點自知之明。所以要解答這兩個問題，得趁早。

第 1 節 自尊，你的面子

自尊（self-esteem）與很多心理特質相關聯，可謂是一個人自我的核心。自尊可能是心理學家討論最多的話題之一。自尊在心理上是複雜的，並非三言兩語就能說完這個長長的故事，但是，讓我們來看看它有什麼東西是我們最應該知道的。

什麼是自尊？

一個人的自尊可以被認為是一個人對自己的自信程度和滿意度。小時候如何受喜愛，在一定程度上決定了我們的自尊程度。父母、朋友對我們的評價是我們如何發展自尊心的重要因素。如果別人（尤其是父母）總是挑小孩的毛病，而且缺少其他鼓勵，那麼這個小孩就會形成自尊心低落的狀況。

自尊心是個人面對和處理現實生活問題的心理基礎。所以，個人問題的解決與否與自尊心相互影響。如果問題沒有解決，它就會對我們的自尊心形成壓力，造成自尊危機。

假設一個人面臨一個生活上的問題，比如說臉上長粉刺，於是覺得自己不好看。也就是說，他對自己的外貌產生了懷疑和不滿。這個時候他有兩種方法可以解決這個問題。一種是客觀上解決這個問題，即治好粉刺，重新成為俊男美女。另外一種是調適好自己的身心，做到對自己的外表「視而不見」，或從其他方面（例如學習成績、工作業績）得到補償。

如果這兩種方法都無法讓他度過外貌難關，那麼自尊低落就無法避免了。因自我形象不佳而對自我抱持負面的態度，這樣就容易陷入自我認同危機（identity crisis）。所謂自我認同危機就是無法把別人對自己的看法和自己對自己的看法整合起來，沒辦法肯定自己。因此也無法建立自我形象和個人身分，不知道自己在社會中處於一個怎樣的角色。喪失了自我價值感的人最後也會因失去生活的方向而彷徨。

這就是自尊引起的危機。

愛面子的三個方法

無論你的自尊正處在高峰還是低谷，都應該保護或提升自己的自尊。自尊心使我們在面對困難時勇敢前進，在成功時享受到喜悅。所謂的愛面子並不是一種不好的行為，相反，它是人類一種自我保護的行為。為此，心理學家提出了一些建議。

1. 自我設限法

當預期事情可能失敗時，可故意在過程中找尋或創造某種看起來有說服性的障礙。若真的失敗，可將失敗的原因歸咎於自設的障礙，從而避免直視導致失敗的真正原因。這種方法是透過為失敗找藉口，達到自我保護的目的。這種方法雖然有效，但它是一種失敗後的外在歸因（external attribution），不能過度使用，詳見本章第 6 節關於歸因風格的探討。

2. 向下比較法

將自己擁有的感受和別人更糟的狀況做比較；將現在的情境和過去更糟的情境做比較；將現在的情境和想像事件可能演變為更不利的情境做比較。這種方法能令人產生正向的情感。在第七章第 3 節我們還會深入討論這種方法，可參照。

3. 補償法

若自己某方面的能力或特質受到質疑時，把注意力轉移到自己擅長的活動或較理想的特質，以培養正面的情緒。這也就是所謂的截長補短。在本章第 4 節我們還會進一步討論如何正視自己的性格優勢。

由此可見，確立和提升自尊的方法有二：一是讓自己擁有控制環境的成功經驗，二是讓他人對自己有正面評價。

心理檔案

自尊（self-esteem）：個人對自我的正向感覺，指個人肯定自己的程度。自尊高是指個人對自我持有正面的態度；自尊低則意味對自我持有負面的態度。而自尊高是人格成熟的重要標誌之一。

第 2 節 你是個獨立的人嗎？

你是否獨立，取決於你的自我意識裡是否依賴他人，或者獨立自主。假設你是獨立之人，即便身在人群中，你也可以充耳不聞；反之，你若沒有獨立的自我意識，即便孤身一人，你也無法將其他人置之度外。

來測下你的自我意識

下面有二十二道題，你只要根據你最近的狀況來回答即可，請特別注意，不是根據他人對你的看法，而是你自己的感受。不要想太久，只需第一反應即可。

如果你覺得這個描述一點都不像你，那麼請給它「0」分；如果有一點像，「1」分；如果部分像，「2」分；如果非常像，「3」分。

1. 我經常試圖描述自己。	2. 我很在意自己的內在感受。
3. 我關心自己做事的方式。	4. 常擔心我是否給別人一個好印象。
5. 在新環境中會感到害羞。	6. 我常常考察自己的動機。
7. 我常常思考自己。	8. 在人群面前說話我會感到緊張。
9. 我關心自己的表現方式。	10. 離開家時我常常照鏡子。
11. 我經常做關於自己的白日夢。	12. 我經常反省自己。
13. 我難以在他人的注視下工作。	14. 我在意別人怎樣看我。
15. 我從不檢討自己。	16. 我對自己的心情變化很敏感。
17. 我容易感到窘迫。	18. 我很關注自己的外表。
19. 我在乎他人看我的方式。	20. 當問題解決時，我清楚自己的心理。
21. 跟陌生人交談是輕鬆自如的。	22. 一大群人在場會使我緊張。

現在，來計算一下你的得分吧！首先，對第 8 題和第 11 題進行反向計分，也就是說，若你填了「0」的，就改為「3」；「1」則改為「2」；「2」則改為「1」；「3」就改為「0」。

然後，我們要來加分了。把第 1、4、6、8、12、14、17、

19 和 21 題的得分相加，得到一個分數，稱為私我自我意識（private self-consciousness）得分；把第 2、5、10、13、16、18 和 20 題的得分加起來，得到一個分數，稱為公眾自我意識（public self-consciousness）得分；把第 3、7、9、11、15 和 22 題的得分相加，得到社交焦慮（social anxiety）的分數。最後，你可以把總得分加起來。

私我自我意識 PK 公眾自我意識

讓我們從以下幾個方面來探討自我意識的類型：

總得分一般是 25 ～ 40 分。如果你不在這個範圍內，而低於這個範圍的話，說明你很少會花時間和精力去在意自己的行為和想法。對自我了解較少，也不願過分留意關於個人發展的事情。高得分的人則對自己的感覺非常強烈。他們很注意自己行為的動機在哪裡。這類人就是我們所說的「日三省乎己」的人。

私我自我意識的一般得分範圍是 9 ～ 18 分。低分者較少去感知自己的思想和情感。高分者十分在乎內在的自我。內在自我意識高的人傾向經常反省自己的能力、態度和水準，他們相對清楚自己的長處和短處。

公眾自我意識的一般得分範圍是 6 ～ 12 分。低分者很少關心他人對自己的反應。高分者則非常關心他人對自己的反應和看法。在日常生活中，高分者會注意自己的形象。對於他們而言，生活即舞台，大家都在看著自己。例如，他們對別人的拒絕行為很敏感，是「容易受傷」的人。

社會焦慮的一般得分範圍在 6 ～ 12 分之間。得分越少代表你在人群面前會更有自信，與人互動時也更加悠然自得。社會焦慮高分則顯示一個人在社會情境中會感到不舒服。他們會在意自己的形象和行為在別人心目中是否留下好印象。也就是說，社會焦慮得分低的人具有更加獨立的自我意識。而得分高的人則非常依賴他人的評價。

自我意識是一種自己對自身的感知。人們常常透過我們所說的兩種方式來感知自己的思想和情感。典型的公眾自我意識的人比較在意自己的外在部分，害怕別人評價自己，擔心他人對自己有不好的評價，因此也常會感到自尊低落，容易使理想自我和現實自我產生距離，行動也更看重外在的行為準則。容易被新環境接納，人緣較好，與世無爭，容易滿足，但可能缺乏原則。

而一般透過內在自我經驗來感知自己的人就是內在自我意識的人。他們在乎自己的感受，有浪漫主義詩人的氣質，常常會誇大自己的情感反應，原則性強，堅持自己的行為標準與信念，不易受外界環境的影響。是非感強，追求自我實現，在生活中給人的感覺較強勢，易與不同理念的人產生衝突。

你是獨立自主的私我自我意識者還是「左右逢源」的公眾自我意識者呢？ 或者是保持自我與外界平衡的平衡型？ 其實，是哪一種類型都不重要，重要的是了解自我。

心理檔案

私我自我意識（private self-consciousness）：在自我意識中，自我反省內在自我和情感的傾向性。

公眾自我意識（public self-consciousness）：對他人如何評價

自己的想法。這類自我意識易導致自我監控（self monitoring）和社交焦慮（social anxiety）。

第3節 內外向之辨與辯

有人說我是內向的，有人說我是外向的；有時候我覺得自己是內向的，有時候又覺得自己很外向。我到底是內向（introversion）還是外向（extroversion）？可以說，即使是沒有學過心理學的人，也會判斷一個人的基本性格特點。另外，內向好還是外向好也是眾說紛紜。到底做什麼樣的人好呢？

內外向之辨

人的心理狀態總是處於動態變化中。無論是內向的人還是外向的人都有情緒的高潮和低潮。在這種不同狀態的變換中，除非是很親近的人，否則無法判斷一個人最明顯的是內向還是外向。而且，大部分人可能對這兩種性格兼而有之。還有一個不可忽視的，就是人的感覺的主觀性。總之，靠感覺判斷一個人的性格是十分不可靠的一件事。

我還是要用一個心理學量表來決定自己的內外向之分。找一個輕鬆的時間，而不是上班時間，不要受到旁人的干擾，也不要在上班的時候偷偷做——找一個沒有外部壓力的時間來做這份問卷。每一個問題都不要想太久，只要忠於自己的直覺，回答是或否即可。

1. 到商店買東西時，常在櫃台前躊躇不決，不知道購買與否，以及買哪種好。
2. 休息時喜歡獨自一人或跟關係親密的人在一起，不願跟太多人在一起。
3. 平時生活中遇到不愉快的事情時，總是悶在心裡，不喜歡輕易和旁人訴說。
4. 別人認為我是安靜的，或者神祕的。
5. 我經常要經過思考後才做出反應。
6. 我經常注意到很多人沒有注意到的細節。
7. 如果我說我將做某件事情，我總是會去做。
8. 在完成一件事情時，如果有截止日期或有其他壓力，我會感到焦慮。
9. 平時不太喜歡交朋友，但一旦交上朋友就很容易產生信任。
10. 我不喜歡打擾別人，也不喜歡被別人打擾。
11. 我很少要求別人，但也很難拒絕別人。
12. 我不喜歡太刺激或太吵雜的環境，例如恐怖電影、遊樂場、熱鬧的街市等等。
13. 在決定加入某個活動之前，我喜歡先觀察一會兒。
14. 當我在做一件事情時，我喜歡有較長的不受干擾的時段，而不喜歡較短的時段。
15. 跟好友在一起時很多話，但若有陌生人在場，我似乎就無法參與到談話中了。
16. 即便我玩得很開心，在社交活動之後我也會覺得筋疲力竭。

17. 我寧願由別人介紹我，也不願由我去介紹別人。
18. 如果我在人群或活動中待的時間太長，我會變得不開心和容易發牢騷。
19. 在新環境中，我常常感到不舒服。
20. 我喜歡人們到我家裡玩，但我不喜歡他們待的時間過長。
21. 我經常害怕回覆電話。
22. 我語速很慢或不時停頓，特別是在我疲倦或正在思考時。
23. 我難以向他人展示我的工作或想法，除非他人已經完全弄明白。
24. 在講話前，我有時需要先自己複述一遍，或者要寫上筆記，以免遺忘。
25. 我很關心別人怎樣看待自己，有時看見別人悄聲說話，就猜想他們是否在議論我。
26. 意外地碰到某人或意外地被要求發表意見時，我的頭腦會突然變得一片空白。
27. 我無法在大庭廣眾面前談吐自然。
28. 我通常更喜歡傾聽，而不喜歡談論。
29. 我喜歡跟少數幾個親密朋友一起開派對，而不願參加陌生人太多的派對。
30. 我覺得自己有宅男（女）的潛在特質。

現在，把你回答「是」的題項都加起來，看看你有幾個題目回答了「是」。

如果有 21 ～ 30 個，你就是典型的性格內向的人；如果有 11 ～

20 個，你處在內向與外向之間；如果有 1 ～ 10 個，你是典型的外向的人。

內外向之辯

內外向是一種基本的人格類型，早在我們出生不久就確定下來了。

心理學家在一九八九年就開始了一個心理學實驗，並追蹤研究到現在。研究者找來五百名四個月大的嬰兒，把他們放在布置了充氣氣球、五顏六色的手機和沾了酒精的棉花棒的環境中。兩成左右的嬰兒對這些刺激作出了強烈反應，邊哭邊擺動手臂。四成左右則相對安靜，另外四成介於兩者之間。

多年之後，當這些嬰兒長大了，重新回到實驗室進行測驗時，我們發現，那些當年反應強烈的嬰兒變成了內向的人，而那些反應舒緩的嬰兒成長為外向的少年。

在嬰兒時期，我們的內外向就已經定型，原因在於內向的我們對刺激的閾限（stimulus threshold）低，只需要較少的刺激就夠了。我們把更多精力都放在自己內心。而外向的我們對刺激耐受性好，需求較多，要不斷地尋找刺激。

人格沒有好壞之分。我們無法判定內向好還是外向好。區分內向和外向只是為了讓我們能夠更深入地了解自己，而不是要分出優劣高下。傳統文化傾向認為外向的人更能適應這個競爭激烈，並且看重人際關係的社會，但這也不是定論。

有人說外向的人心理能量（psychic energy）常指向外部世界，

喜歡跟其他人接觸，因此更加合群，有更多朋友。而內向的人雖然朋友較少，親密朋友間的關係卻會更加持久和穩固，可以說擁有更佳的友誼品質。

有人說外向的人思維更加活躍，點子更多，做生意肯定也是外向的人占優勢。但是心理學家發現，內向的人不會被社交環境干擾，考慮事情更加周密，通常也能作出更加明智的決策。例如，內向的股神巴菲特更喜歡獨自看報紙，而不是出去交際。這類例子太多了。內外向各有各的優點和缺點。我們無法在兩者之間區別出好壞。無論你是內向還是外向，你只需要做你自己。

心理檔案

內向（introversion）：在心理學上，內向指人的精神活動指向內部，比較關心自己的內心活動。

外向（extroversion）：外向是指人的精神活動指向外部，比較關心外部世界的變化。

第 4 節 善用自己的性格優勢

或許你已經做過很多心理測試，知道自己性格中的優勢和劣勢。或許你透過他人之口得到對自己的評價，了解自己的優點和缺點。問題是，你可能不知道如何面對自己的優勢。

你的性格優勢是什麼？

性格優勢有兩種劃分方法：第一種劃分為自我聚焦型（self-focus）和他人聚焦型，第二種劃分為思維型和心理型。所謂的自我聚焦型，包括好奇心、自我調節和熱情，而他人聚焦型包括謙遜、善良和寬容。思維型就是跟認知能力相關的，例如思想開放性、自我調節和謙遜，而心理型則與心理能力有關，例如感恩、充滿希望和熱情。

人們的性格優勢就在這兩種維度裡進行組合，並且偏向其中一方。例如，我們常常在班級裡這樣評價學生：「這個學生的優點是愛好學習。」這說明他的性格優點集中在自我聚焦型和思維型上：認知能力和好奇心強。有時候，我們又會評價一個學生：「他樂於助人。」而這個就是從他人聚焦型和心理型上來強調他的性格優勢：對其他人表現出熱情和關心。

每個人都有不同的傾向，你明白自己的性格優勢是什麼類型了嗎？如果你知道自己在某個類型裡面比較有優勢，你就可以順藤摸瓜找出自己其他的優點。因為某個類型的性格比較好的話，包含在裡面的其他性格也會呈現出優勢。例如，一個關心他人的人應該也是對他人充滿熱情的、有社交細胞的；而一個人如果被預判為自我聚焦型，例如學習能力強，專注於滿足自己對工作的好奇心，那麼他的他人聚焦方面就沒那麼有優勢。例如，一個極客（geek）就常常是冷冰冰的。大部分典型的極客的思維型和自我聚焦型性格優勢突出，而他人的聚焦型和心理型性格基本屬於平庸。

這裡談談性格優勢的劃分類型，是為了讓大家整合自己的性格優勢時，有一個框架性的參考。如果你能夠做到「全能型」，那就更好了。但是，最基本的還是要找出自己真正典型的特質在哪裡。這有助於我們的職涯規劃和日常「對自己使用」。

羞於談自己的優點？

有些人不願意談自己的優點。一說到他們的性格優點，他們的第一反應是：「哪裡哪裡……」這跟文化和教育有關。尤其是在東方文化裡，大人比較注重培養孩子的他人聚焦型性格優點，告訴孩子在他人面前要謙遜，要學會保護自己，否則一有危險，第一個倒下的就是你。而在美國文化當中，談論自己的優點並不是什麼令人尷尬的事。

臺灣的年輕人要勇於發現自己的優點，並且勇於向別人推銷自己的優點。

企業應徵面試曾經有這樣一道經典的題目，至今仍然不斷使用。據統計，它出現的頻率在所有面試題目中排名第二。「你最大的優點和弱點分別是什麼？這些優點和缺點對你在企業中的業績會有什麼樣的影響？」

不同求職者當然會有不同的回答。答案自然是五花八門的，也可以說是亂七八糟的。那麼，我們來看看比較「符合標準」的一個回答是怎樣的：

「我最大的優點是我透過大學裡的科學訓練，練就了一顆高度理性的大腦，能夠在紛繁雜亂的工作事務中保持清晰的思維和有條不紊的處事態度。我最大的缺點是對那些沒有秩序的人缺乏耐心。我渴望一個有組織有條理的團隊。我相信我的組織意識和才能可以為企業達成各種目標。」這個回答之所以被當作面試教科書的經典範例，不是因為它的內容，而是它的組織邏輯。它一方面回答了求職者的最大優點，另一方面又把自己的缺點理解為優點。

對有些人來說，這樣也未免太厚臉皮和難為情了。但是，這實際上是一種自信的表現和推薦自己的技巧。從某種程度上而言，打破自己的自卑感和文化束縛，大膽地談論和宣傳自己的性格優勢，並且化劣勢為優勢，是一個現代人應該具備的能力，也是對自己性格特點的運用。

利用自己性格優勢的兩個基本步驟，就是了解和理解自己的性格優勢和衝破過分謙虛的心理限制。做到這樣，我們駕馭起自己性格的優劣勢就更加從容了。

心理檔案

極客（geek）：在本書中指激進的專業愛好者，例如頭腦不簡單的書呆子、理工科專家、瘋狂的 IT 人士等等，這些人往往智商超群、善於鑽研卻又頭腦簡單，EQ 基本接近零。大多數極客具有典型的思維型和自我聚焦型性格優勢。

第 5 節 掌控自己，看自制力

自我就像一塊鐵，到處吸引磁的注意。周圍有很多擋不住的「誘惑」， 後果是拖延、衝動、後悔。因此，自制力是人類追求的自我品質之一。

什麼是自制力？

自制力（self-control），就是一個人控制自己思想感情和行為舉止的能力。這是人類與其他動物的區別之一。當其他動物可以毫無顧忌地宣洩自己的本我（id）時，人類卻能夠較好地控制自己的本能。美好的人生建立在自我控制的基礎上。一個想要有所成就的人如果缺乏自制力，就像汽車失去了方向盤和剎車，必然會打滑，甚至會翻車。

希特勒的中學老師休曼曾說：「希特勒肯定有某些天資，但是他缺乏自制力，說得客氣一點，他好強辯，剛愎自用，脾氣暴躁，自以為是，不遵守課堂紀律，讀書又不認真。」

缺乏自制力使希特勒將復仇和力量的基本價值觀（見本章第 7 節）發揮得「淋漓盡致」，造成人類歷史上的一次嚴重災難。

而對於我們，缺乏自制力可能導致自暴自棄和恣意妄為，使我們無法拒絕各種不良的誘惑，甚至因此脫離人生的正常軌跡。

人們的計畫、理想往往在強大的誘惑面前灰飛煙滅。自制力差的學生，也許在放學路上還「雄心勃勃」地計劃著如何「先苦後甘」——先寫完作業再玩電腦，可回到家一看到電腦，就把計畫拋在腦後了。一個自制力差的上班族，本來想著好好「充電」，繼續走在夢想的道路上，但是隨著歲月的「磨練」，所有理想都變成一個個逃離夢想的藉口。

現代人談成功不僅講究智商，還講究 EQ。而自制力作為 EQ 的重要組成部分，它對於人們的重要性不言而喻。人們「放縱自己」，「貪圖痛快」，追求「完全的自由、無拘無束」，這些都是自制力差的表現。如果你有這樣的行為或想法，就要努力鍛鍊自制力了。

掌控好自己的方法

控制自己不是一件容易的事，我們隨時準備好「做自己高興的事」。

心理學家發現，自制力就像是肌肉一樣，有力量，但不是無窮無盡的，也會疲勞、枯竭。研究者招募了一些人做實驗，大家一起看電影，讓一些人在看到好笑的地方忍著不笑，看到悲傷的地方忍著不哭；而對另外一些人則沒有這些要求。看完後讓他們用握力器來測自己的肌耐力，結果，那些要忍著自己情緒的人的肌耐力更差。這說明自制力就像肌肉，是會消耗能量的。

既然自制力像肌肉，那麼它應該也是能夠鍛鍊的。

首先，做事要有明確的目標。要分清楚哪些事情是重要又緊急的，哪些是重要但不緊急的，哪些是不重要不緊急的，哪些是緊急但不重要的。

然後，像鍛鍊身體一樣，從小事做起，每天強迫自己去做它。例如，堅持每天花十五分鐘冥想，或是晨起外出跑步。

一些「配套」措施是：每天要睡飽，睡眠不足會降低你的意志力。「晨練自制力」最好，因為早晨是鍛鍊意志力最好的時間。所以盡量早起做冥想和跑步。縱使心懷不滿，也要克制抱怨的欲望，或者正確地抱怨（見第七章第 8 節），保持正面的心態能加強自制力。盡量少吃甜食。因為精製的白砂糖會讓你的血糖在短時間內升高又降低，讓心情突然間大好，又立刻降至谷底，這時人的心情很悲觀，很難控制自己（糖癮症）。參加不喜歡的社交場合要適量，像我們上面談到的「自制力有限原理」那樣，跟自己不熟悉的人約會見面需要壓抑自己，損耗自制力。

最後，如果能找到一個自制力強的人作為「陪練」監督你，那就更好了。

心理檔案

自制力（self-control）：是指人們能夠自覺地控制自己的情緒和行動。既善於激勵自己勇敢地去執行採取的決定，又善於抑制那些不符合既定目的的願望、動機、行為和情緒。

本我（id）：精神分析學派的術語，指原我，包含生存所需的基本欲望、衝動和生命力，是一切心理能量之源。它按快樂原則行事，不理會社會道德以及外在的行為規範。

第 6 節 事出有因，你會推理嗎？

歸因（attribution）在生活中十分常見，卻沒有引起足夠的重視。人們也很少意識到自己在做歸因推理。多了解自己的歸因傾向，有助於我們了解自己。

歸因風格分類

很多人其實不明白科學研究是在做什麼。科學研究很大一部分是在找尋自然界和社會各種事物之間的因果關係：什麼導致了什麼。簡單來說就是雞生蛋還是蛋生雞的問題。事實上，人類天生就有這種尋找事件發生的原因的本能：歸因。看到一朵鮮花插在牛糞上，人們就不禁猜測這是誰做的好事。有哲學天賦的人甚至會思考：為什麼這朵花願意與牛糞作伴？ 有藝術頭腦的人聯想到天鵝和癩蛤蟆。這就猶如人們八卦鄰居家的美女為什麼要嫁給一個禿頭醜男。細想一下，人們八卦的很多東西就是關於「為什麼」的問題。這跟科學研究是一致的。歸因有很多種，每個人都有不同的歸因傾向，即從哪些方面尋找事情的原因。首先，我們以失敗時人的歸因來區分這四種歸因風格（attributional style）。

外部歸因（external attribution）的表現為遭受失敗時，首先找尋外部因素，如環境惡劣、運氣不好等，可能會推卸自身應該並能夠承擔的責任；而內部歸因（internal attribution）的表現為遭受失敗時先反省自己的錯誤行為，並承擔應該承擔的責任。

穩定歸因（stable attribution）就是我們認為導致失敗的因素是不可改變的，例如自己能力本來就不夠，智商天生就不太高；不穩定歸因（unstable attribution）則表示將失敗的原因歸結為可以改變的因素，例如自己還不夠努力，只要再努力一點就可以做好了。

在失敗時如果都採用內部歸因和穩定歸因，那麼我們會活得很累。你也許會覺得這類人很可愛，因為他們喜歡說：「都是我的錯……」然後把錯誤往自己身上攬。很多憂鬱症患者都是採用這類歸因方式。而且，如果你習慣這類歸因的話，可能還會有「黑心」的人利用你這種心理，躲在問責（accountability）的背後，把你推到櫃台，讓你在不知不覺中成了代罪羔羊。

但是，如果我們常用外部歸因和不穩定歸因，我們就會活得很沒責任心和上進心。我們會認為事情受挫是因為別人的問題。這類人可能比較自戀，也可能比較自卑，但是相同的特點是想維護自己的自尊。也有可能是因為小時候父母的教養方式不對，總是說孩子這裡錯那裡錯，從而使他們習慣撒謊以及推脫責任，經常說「不是我做的」或者「因為他（她）……所以我才……」。

當我們成功的時候，如果我們喜歡把自己的成功歸因於內部因素（例如天生我材必有用）和穩定因素，那麼我們的自信心和自尊心都能在一定程度上被提高，但也可能造成驕傲和自負。而如果我們把成功歸因於不穩定因素（例如好運複習到老師要考的內容）和外部因素，那麼我們就缺少成功的喜悅，對自己沒有滿意的時候。

所以，很難說哪種歸因方式是最好的，只能說我們在不同的情境下要注意自己的歸因風格，不要讓自己的情緒陷入歸因的副作用當中，要做一個謹慎的思考者。

當歸因出現偏差後

人們的歸因會不知不覺地出現偏差。人們常常低估行為的情境因素、高估人格因素，這就是心理學中的基本歸因謬誤（fundamental attribution error）。

例如，大家一起吃飯時，家母說：「她（我姪女，三歲）吃魚，我很放心，只要有骨頭就會吐出來；琳琳（我姐姐）就不行，小時候吃魚總是會被魚骨頭卡住。她性格急躁，不夠細心。」這段再日常不過的對話就包含了一個歸因的偏差。家母將姐姐吃魚容易被骨頭卡住這一結果歸咎於她的性格，而不是歸咎於她吃的魚魚刺比較多等外部因素。

大家都有過等人的經驗吧？假如你在約會中等了很久，對方遲遲未來，你會認為他（她）是碰到了其他事情，還是認為這個人性格就是這樣呢？

如果你堅持認為這個人就是不守時或時間意識不強才遲到的，那麼你可能就是那種容易犯基本歸因謬誤的人。其實這類人很多，正因為人類普遍如此，所以才稱作「基本」的謬誤。如果你沒有這種傾向，那麼真的恭喜你了，你天生對這種不好的歸因傾向具有免疫力。

而容易犯歸因謬誤的人就要時刻三思後再歸因了，盡量糾正這種歸因傾向，做一個客觀公正的思考者。

心理檔案

歸因風格（attributional style）：是指個體在長期的歸因過程中所形成的相對穩定的歸因傾向。

基本歸因謬誤（fundamental attribution error）：對他人行為歸因時，人們往往將行為歸因於內部穩定的性格特徵，而忽略了引起行為的外部客觀因素。

第 7 節 釐清自己相信什麼：價值觀細析

我為什麼要活著？我為什麼要這樣活著？不知道諸位有沒有問過自己這個問題呢？有些人可能窮其一生都沒有問過自己這個問題。這些人中的大部分人碌碌無為地度過了一生。有些人想起要問自己這個問題的時候，已經憂鬱到了亟需心理干預的程度。所以，盡早問自己這個問題是十分必要的。我們應該為一定的價值而活，並且應為正確的價值而活，這樣才有卓越和充實的人生。

你的價值觀是什麼？

價值觀（personal value）是你對於這個世界上各種事情的評價。你認為什麼最重要，就代表了你持有的價值觀。對你而言具有重要意義的事情，你就會去做，所以你的行為也反映了你的價值觀。事實上，人就是為了一定的價值而活著。

「十二日，奧地利運動員菲利克斯·保加拿（Felix Baumgartner）將搭乘一個加壓吊艙進入高空，而後縱身躍下。此次高空跳傘的高度為一萬八千兩百八十八公尺，只是一次測試，為計劃於八月上演的挑戰自由落體世界最高紀錄的壯舉進行熱身。如果挑戰成功，這位跳傘高手將成為世界上第一個用肉體突破音速的人。」我們在報章雜誌、網路上看過許多這樣的人。在我們身邊，也經常會有「神奇」的人出現。你可能會覺得很奇怪，為什麼這些人有這麼 high 的人生？

但是這一點都不奇怪，因為這些都是價值觀力量在驅使他們。在這位挑戰「肉體超音速」的人的價值觀列表裡面，勇敢和冒險應該是名列前茅的。如果我們也對自己的價值觀有著強烈感受，我們也會追求「傳奇」（至少當事人是這麼認為的）的一生。價值觀要解釋的就是我們應該如何活著的問題。接下來這幾個步驟是為了幫助你更清楚地了解自己的價值觀。

第一步：選擇。下面這張列表中列舉了人們比較常見的工作價值觀和個人價值觀。你可以從中選出對你來說最重要的十個價值觀。所謂最重要的，就是那些最能影響你如何做事情的價值觀。如果你覺得這裡所列舉的沒有包含你覺得最重要的價值觀，那麼你也可以自己加上其他的價值觀。

表 1　常見的工作價值觀和個人價值觀

成就	友誼	身體挑戰
進步和提升	成長	開心
冒險	有一個家	力量和權威
感情（愛和關心）	幫助他人	隱私
藝術	幫助社會	公共服務
挑戰難題	誠實	純潔
改變和多樣性	獨立自主	參加有品位的活動
親密關係	影響他人	優質的人際關係
社區、團體	內心和諧	認可（他人的尊重、地位）
能力	正直	宗教
競爭	教育程度	聲譽
合作	投入	責任和義務
國家	工作安逸	安全
創造性	知識	自重
果斷	領導力	平靜
民主	位置	世故
生態意識	忠誠	穩定
經濟安全	市場地位	地位
效力	有意義的工作	管理他人
效率	值得	時間自由
倫理操守	金錢	真相
卓越	自然	財富
興奮	和開放誠實的人在一起	智慧
名聲	秩序（安寧、穩定、順從）	在壓力下工作
快節奏生活	個人發展	與他人一起工作
財務收益	自由	單獨工作

第二步：消除。你選出了十個你覺得重要的價值觀。現在，假設你只被允許擁有五個價值觀，那麼你會捨棄哪五個呢？把你要放棄的從紙上劃掉。假如接下來你只被允許有四個、三個、兩個……透過這種方法，你可以在深思熟慮後找出自己最看重的 N 價值。這個 N 由你自己決定。這個 N 價值可以大部分解釋：你為什麼以當前的方式在做事和生活。

心理學家作為科學家中的一員，並不能隨便說哪種價值觀是好的，哪種是壞的。價值觀也沒有嚴格的好壞之分。這只能靠自己判斷，也只有在自己做出判斷並決心改變時才會有效果。因為價值觀是內心深層次的東西，如果把人比作樹，那麼價值觀就體現在樹的根部。

十五種基本價值觀

雖然每個人的價值觀多樣又複雜，但還是有一些基本的價值觀是大家都秉持的。而且，很多複雜的價值觀都可以被解構（deconstruct）成最原始和基本的幾種。這不僅為我們了解自己提供了一個基本的工具，同時也讓我們分析他人，了解他人的需求和為理解他人的行為提供了一個參考依據。

眾所周知，在傳統精神分析學家佛洛德眼裡，人類的一切行為背後都潛伏著一個看似醜陋的力量——性。近年來，心理學家大規模地對各類族群進行了調查，讓人們回答三百多個設計好的問題，如「士可殺不可辱」、「我必須消除疼痛」等，最後將所有回答歸納為十五種基本價值觀，如表 2 所示。人們把下面這十五種東西看得最重要，並為它們做出各種有時合乎常理、有時卻不可思議的行為。

表 2　15 種基本的價值觀

好奇心	榮譽感（道德）	性
食物	被社會排斥的恐懼	體育運動
秩序	社會交往	厭惡
獨立	家庭	公民權
復仇	社會聲望	力量

是的，你看到的人類行為大部分都可歸因於上述因素。我認為每個人都應該記住這張列表。時不時對照一下自己，可以讓你看清楚自己是什麼樣的人。這就是我們本章最主要的目的，也是人生最大的難題之一。

心理檔案

價值觀（personal value）：是指一個人對周圍的客觀事物（包括人、事、物）的意義、重要性的總評價和總看法。

第 2 章

「心」工作

工作是融入社會的敲門磚。透過工作，我們與社會、他人產生連結。可以說，我們的絕大部分心理都跟自己的工作有關。然而，要獲得一份工作並非易事，要快樂地工作更困難。心理學能幫助我們嗎？

第 1 節 用心理學來寫一份履歷

履歷就像是另一個自己，只不過它是用紙張和字在描述你。它也是你的個人總結，你的宣傳海報。還需慢慢參透其中的心理因素，才能更好地利用履歷毛遂自薦，同時反省自己。

履歷是一面鏡子和三張自拍照

社會心理學（social psychology）喜歡替人貼標籤。在開始本節的時候，我覺得非常有必要讓我們的履歷也貼上一張標籤。標籤的作用是讓我們能快速分類和理解一個事物。對於履歷而言，它的標籤之一應該是一面鏡子和三張自拍照。意思是履歷是一個人拿來照自己的一面鏡子，另外也是為了讓別人看到自己。

即使不需要心理學研究，我們也有這樣的常識：人們總是很少自我反省。日三省乎己者就更少了。我們喜歡「人比人」，卻不懂得拿自己與自己比較。履歷是一個很好的對自我進行了解和指導的工具，就像一面鏡子。每個人在還沒有開始求職時，就應該先為自己準備一份履歷。履歷是對個人能力、資質和經歷的反映。就像鏡子對妝容一樣，如果你覺得履歷上的自己太單薄，你就需要去修飾它。爭取更高的教育經歷，參加更多的培訓，完成更好的工作，從而為自己的履歷添加更厚重的東西。心理學家曾在商業心理學（business psychology）雜誌上發表研究表示：履歷是有人格的。履歷是一面自我意識的鏡子，把你照給自己看。努力完善這份履歷，就是不斷地發展自己。

履歷是拿給別人看的。因此，我們理所當然追求最好的履歷。事實上，沒有最好的履歷，只有適合雇主的履歷。也就是說，符合雇主口味的履歷才是好履歷。這意味著你要準備好幾份履歷，以應對不同的潛在應徵職位。

剛「出道」的新鮮人容易犯的錯誤，是將自己所有好的一面展現出來。例如，在履歷上寫上自己曾經獲得的所有成就，寫上所有參與過的社團活動，寫上經歷過的所有實習，然而，那些與你所應徵職位不相干的經歷或能力也許不能夠幫助你多少。心理學發現了一個「二因子交互作用（two factor interaction）」：這些與所應徵職位不相干的優勢，能夠幫助那些本身已經十分符合這個職位要求的人變得更加令面試官喜愛，卻使那些本身只能勉強符合這個職位要求的人顯得更加窘迫。所以說，與該職位所代表的領域不相干的能力證明會使強者更強，對弱者卻沒有什麼幫助。

如果你沒有認定自己一定要從事某個特定的行業，你就應該準備好幾份不同的履歷，以便投往不同的雇主。例如，一個心理系畢業生的潛在工作領域是學校、醫院、人力資源管理、互動設計、心理諮商機構等，那麼根據這些不同領域的要求，他應該分別設計能突出自己這幾方面能力的幾份履歷。根據工業與組織心理學（工商心理學，I-O psychology）的相關調查，準備好三份不同的履歷是最有效的。

顏白字宋，堅守傳統

HR（human resource，人力資源／人資單位）面前常常堆滿了來自四面八方的履歷。每個履歷的投遞者都希望自己的履歷能夠從中脫穎而出。能夠吸引 HR 目光的履歷，當然會得到更多的關注。在閱讀很多履歷後，HR 難免會「審美疲勞」。為了應對這樣的情況，有些履歷別出心裁地進行另類包裝，以增加自己被留意的機會。在總結這些包裝後，我們可以得出這樣的心理學結論：這些策略無非是透過視覺上不同尋常的呈現資訊的方式，來引起別人的不自主注意（involuntary attention），然後再勾起別人對所呈現資訊（履歷）的自主注意（voluntary attention）。例如，有天你走在街上，突然被一隻迷你豬般大小的大象所吸引：難以置信有這麼小的大象。因為在你的印象中，大象都是大隻的（不同尋常的事物引起你的不自主注意），那麼你可能會停下來仔細地觀察這隻小「大象」（轉向自主注意）。這就是一個不自主注意到自主注意的過程。假如一份履歷能夠有新穎的視覺表現，它會不會帶來更好的效果呢？

大學裡，有專門負責學生就業指導的老師。就業指導的其中一項關鍵課程就是撰寫履歷。學生需要在課程結束時繳交一份自己的履歷。在繳交的履歷中，老師有時會發現一些具有創新精神的學生所寫的創新型履歷。創新的形式百花齊放，這本來是件好事，在這裡卻要提醒兩個不建議創新的地方：一個是字體，一個是顏色。

提到履歷，人們心中浮現的一般是一疊白色的紙張。腦筋靈活的求職者會想：如果履歷的紙是其他顏色，豈不是能夠從中一眼識別出來？ 這個問題在就業指導中被問過多次，而且也有人實踐過。我們發現，有些履歷使用淡綠色、土黃色，還有一些是淺藍色。這是否真的可以幫一份履歷加分？心理學家早在一九八〇年代就回答了這個問題。一項關於 HR 主管的，使用了白色紙張履歷和有色紙張履歷的心理學實驗顯示，用有色紙張做成的履歷並不被 HR 主管所認同。對於在紙張顏色上的視覺創意，HR 主管的最終答案是否定的。

誠然，有顏色的紙張的確很容易引起人們的不自主注意。但是，HR 卻不偏愛（甚至厭惡）這種履歷，也就不會繼續自主地去注意履歷的內容了。標新立異既是褒義詞，也是貶義詞。創意得到認可時，它是褒義的。當別人認為你是在故意做出與眾不同的事情時，創意不被認可，它是貶義的。我們可以看到，在履歷的顏色上就是如此。標新立異是把雙刃劍。如果在履歷的顏色上標新立異，那麼它就是一把對你不利的劍。所以，履歷最好還是堅守傳統的白色紙張。HR 不喜歡花俏的「顏色革命」。至少在商務領域是這樣的。

學生被指導要用新細明體來寫履歷，但是他們並不明白其中的心理學意義。事實上很多指導老師也不了解。所以，履歷字體所具有的重要影響力有時會被求職者忽略。在心理學影響人類閱讀的研究中發現，用襯線體（serif）排版的文本使人們在閱讀時更容易換行，且不容易視覺疲勞。人類在閱讀大量文字的時候，並不是按照一個字一個字來讀的，而是一個詞甚至一個句子。我們把自己能夠一眼識別的資訊單元稱為組集（chunk）。小時候剛認字時，組集是一個字；當我們慢慢熟悉國字時，一個組集就成了一個詞；再後來，我們能夠瞬間就讀懂一個句子的意思。

例如，成人可以一下子看到「我要吃飯」這個句子的含義。但是幼稚園的小孩子需要一個字一個字地看「我、要、吃、飯」，才能明白它的意思。這就是組集大小不同所造成的差異。

襯線體能夠提高 HR 的閱讀效率，其道理就在於襯線體使人們更能按照自己的需求將一段話分成一個個組集。而與襯線體相反，無襯線體（sans-serif）使每一個字或者每一個字母更加醒目，從而客觀地強制人們的視覺去留意每一個字或字母，導致我們無法順暢地閱讀大量文字。不過，無襯線體的優勢在於呈現很少文字時，能促進人們的快速辨認。例如，表格中的文字和標題中的文字。

如此看來，在履歷中涉及較多文字的部分，我們應該使用傳統的襯線體，而避免使用無襯線體來「綁架」HR 的視知覺。要讓他們快速地選擇適應自己的組集來讀完這份履歷，而不是強制他們一個字一個字地看。當然，在表格和標題中使用無襯線體是另一種奇效。

那麼，哪些是襯線體，哪些是無襯線體呢？ 中文的襯線體包括上述的新細明體，中文無襯線體包括黑體或圓體；英文的襯線體包括 Time New Roman 或者 Georgia，無襯線體包括 Verdana 或者 Arial。

回顧本段內容，我們用心理學的成果回答了履歷中的顏色和字體問題。這兩個被求職者視為潛在的視覺創新點。但其背後的心理學規律告訴我們——要謹慎。應徵商業、政務相關的職位時，最好不要使用這種標新立異的履歷，除非你應徵的是藝術類的工作。

莫浮誇，擅自誇

讚美別人要有所根據，別人才不會覺得尷尬。讚美自己也要有所例證，以免招來嫌惡。

履歷中的自傳是展示自己優勢的機會。你一定不會放過這個機會，應該將自己美好的一面呈現給別人。但要注意尺度，要根據事實。有些求職者抱持僥倖的心態，不切實際地炫耀自己。這種浮誇的做法是不可取的。

清朝劉大櫆〈漁溪巴君墓誌銘〉中寫道：「平生樸實自守，最厭浮誇之習。」對於樸實坦誠的人，我們都有好感。才藝高人一等而不浮誇之人，即使犯了錯誤，若坦誠相言，我們也「坦白從寬」處之。而浮誇者，卻自古不得人心，不是見不得你好，而是浮誇妨礙了人們對你的判斷。用演化心理學（evolutionary psychology）的話來說：「你這種做法不利於人類演化。」所以人類文明產生了倫理道德來約束這種做法。

偏偏這種浮誇的做法又是人類天生的一種自我提升（self-enhancement）的手段。人類無時無刻不在關心自己的自尊（self-esteem）。給予自己較高（高於實際）的評價，能帶給自己自尊上的愉悅經驗，何樂而不為呢？ 自我提升式地對自己不切實的自誇可能是無意的。另外一種浮誇卻是有意的，稱作印象管理（impression management）。眾所周知，第一印象對於影響別人的評價是十分重要的。好的開始是成功的一半。好的第一印象使對方難以拒絕給你高的形象分。無論是自我提升還是印象管理，兩者都體現在履歷的自傳上。前者可能不知不覺地替自己加分，後者有意地在履歷上對自己進行印象管理，在塑造自己形象的過程中可能會故意誇大自己的優點。

心理學對 HR 篩選履歷的過程做了很多研究。心理學家發現，求職者很容易在履歷的自傳上過度地彰顯自己。要把握這個適度原則是非常困難的。許多求職者都不知道適度的標準是什麼。幸好，心理學給出了一個有效的措施，來阻止你讓別人覺得自己在浮誇。

首先，你要檢查一下自傳中的形容詞。也許一個新鮮人的求職履歷中會有如下形容詞：

優秀的、非常勤奮的、精力充沛的、有洞察力的、見多識廣的、忠誠的……對於這些形容詞，你能拿出例子來證實它們嗎？如果有例子，千萬不要把這些例證藏在心裡，因為 HR 不可能讓你有第二次機會來證明你自己。心理學實驗發現，面對這些空泛的描述，HR 主管往往認為求職者是在誇耀自己，因而將其履歷扔到垃圾桶裡。

但是，如果你描寫自己的具體經歷，例如同事或上司對你的正向回饋或者客戶對你的認同，那麼這種自述往往能得到 HR 的認可。在心理學實驗中，HR 主管會覺得有必要進一步調查這種求職者的背景資訊，例如提供面試機會。這種求職履歷通過篩選的機率比沒有詳細陳述的履歷大得多。

讓我們比較一下這兩種陳述。

讓人覺得浮誇的求職者：我是優秀的。

精明的求職者：我在某某時間完成了 A 專案。這得到了 OOO 的肯定，OOO 認為我是優秀的專案執行者。

在履歷的最後，你還可以提供相關聯絡人或資料：「如有需要，可以參考如下資訊」（References available upon request）。這讓你的自述更有分量和讓人感到更加真實可信。浮誇是要不得的，而有憑有據地「自誇」來展示自己的長處，則是一門技巧。這種自誇的特點是：有真實資料或經歷佐證，透過別人而不是自己的口說出讚美之詞。

讓你的個人照展現魅力

以貌取人是人性中無法磨滅的不理性因素。司馬遷《史記·仲尼弟子列傳》記載了孔子的一句話：「吾以言取人，失之宰予；以貌取人，失之子羽。」這句話的意思是孔子透過言辭來判斷人的資質能力，結果失去了宰予這個人才；透過相貌來取才，又因子羽長得不好看而失去了他。以貌取人是人不理性的一面，連孔子也無法避免。這種以貌取人的人性弱點可謂人的本能，很難抹去。

最近的應用心理學研究發現，外貌的吸引力（physical attractiveness）已經成為與性別、種族並列的影響 HR 主管選擇人才的三大偏見之一。HR 面試求職者的過程是一個由人來判斷和選擇人的過程。對相貌的偏見就存在於這一人為過程中。幾乎在所有職位應徵中，外貌毫無疑問都在有意或無意地影響著面試官的決策：你的外貌會影響你是否被選擇。

一枚硬幣是有兩面的。告訴你外貌的重要性可能會增加那些長相漂亮的求職者自信心，但我的目的不是想讓相貌平凡的求職者覺得人生不幸，而是要告訴你這裡有心理學的規律可以利用。很多履歷寫作的指導者認為，如果你的外貌不出眾，為了避免不好的影響，最好不要在履歷中放你的個人照。這種做法是保險的，但同時也是負面、妥協和被動的。我們可以有更好的做法來充分利用相貌的資源。

如果你的條件非常符合你所應徵的職位，也就是說你已經站在一個非常具有優勢的位置上了，就毋須在投遞的履歷中附上照片。因為客觀的履歷品質（resume quality）是 HR 篩選履歷時要考慮的首要因素。在這個時候，個人照不僅不會產生什麼好的效應，甚至會因不慎而導致不好的結果。所以，既然你的實力已經有足夠優勢，就應該避免冒這個風險，只需乖乖在家等待面試通知。

如果你的其他條件並無超出所申請的職位要求，也就是說你與大部分申請者是站在同一水平線上，那麼你可以考慮利用一下個人照的魔力了。

心理學觀察發現，在履歷品質一般的時候，一個吸引人的個人照會幫履歷加很多分。

許多求職者貪圖方便，隨便找以前的照片附上履歷了事，或者匆匆忙忙素面朝天去照相館拍一張，都是不明智的做法。即使你對自己的相貌不夠有自信，也應該予以足夠重視。一張好形象的個人照可以讓你有更大的機率從一大群品質相同的履歷中脫穎而出，贏得面試的機會。

最正確的做法是：

（1）好好地睡一覺，讓自己的皮膚和精神都恢復到最佳狀態；

（2）帶上愉快的心情到照相館拍一張脫帽的半身照；

（3）相片大小一般是 47mmX42mm（兩吋）；

（4）要求攝影師給予相關的形象指導，向有吸引力的方向看齊，不過注意不可以濃妝豔抹；

（5）連自己也覺得自己好看的時候，就選擇這一張照片。

當你的能力與你所申請職位的條件要求相比不占據優勢時，這張精心準備的個人照就可以派上大用場了。

心理檔案

自我察覺（self-awareness）：對自己的認識，包括生理、心理（興趣、能力、性格等）、人際關係等方面。

二因子交互作用（two factor interaction）：指一個心理學效應在兩個不同的層面上大小不同，或所引起的作用不同。

自主注意（voluntary attention）：需付出意志力的注意；不自主注意（involuntary attention）：不需付出意志力的注意。

自我提升（self-enhancement）：一種使別人感到自己很優秀的動機，從而維護自己的自尊。

印象管理（impression management）：又稱自我呈現（self-presentation），由心理學家厄文· 高夫曼（Erving Goffman）提出，是指人們試圖管理和控制他人對自己所形成的印象的過程。

第 2 節 找份好工作，要靠心理學

如果你要找一份新工作，先更新一下自己的心理，也許會有更多幫助。我們看看在找工作時，有什麼心理上的東西是可以並且應該準備好的。

讓回答苗條一些

找一份新工作，面試是必不可少的。為了面試，你將花費大量時間注意自己的穿搭、髮型、鞋子，可謂從頭到腳都要好好地包裝一遍。也許你還準備了可能遇到的面試官的問題，並預先寫好了應對大綱。這些準備工作當然不可少，你的認真將會為自己帶來好運。

然而，有一個東西是很多新鮮人，甚至有經驗的求職者也會忽視的。大家都為自己視覺上的東西進行了充分的考究，卻往往忽略了你給別人的聽覺感受。也就是，你的談吐會影響面試官對你的看法。其中，有一種特殊的用詞會為你面試帶來影響。話語標記詞（discourse marker）是指那些在口語表達中可有可無的詞。例如，有些人在對話中思考對方提出的問題時，一時無法作答，會伴隨著思考發出「嗯……」、「啊……」或「呃……」的詞，接著才正式回答。這種不含有實質意思的詞只是用來輔助你的表達的延續，獨立於你真正回答的內容之外。這類詞有很多，讀者們不妨留意一下自己平時口語中是否有這類詞。

這類詞的出現往往是因為平時口語的習慣。但是在面試中，這種表達會讓面試官覺得你不夠專業。實際上，面試官可能沒有意識到你的表達和其他人有什麼不同。不過在潛意識裡，他會覺得你思維不夠清晰，對該領域的事情不夠熟悉。例如，二〇〇八年《心理學簡報》（*Psychological Reports*）提及，在面試時，使用這類不含實際意義的口語詞的面試者與不使用這類詞的面試者相比，後者更受面試官青睞（面試官並沒有意識到這兩類面試者有什麼不同，而且這兩類求職者在其他條件上基本一致）。

所以，為了在面試的時候能有更好的口語上的優勢，我們平時不妨注意盡量避免使用此類口語詞。儘管「呃」一下可以為我們在幾秒內沒有想到如何應答時延緩一下，免受可能出現的尷尬，但在另一方面，這種習慣也助長了我們思維的依賴性。我們理應訓練自己快速思考和應答的能力。在職場的口語對話中，我們也盡量用簡潔直接的書面化的用詞來交流。這會使我們更加專業、更加有效率。而事實上，也的確如此。所以，清除一下「嗯」、「啊」或「呃」這些對話中的「贅肉」，讓你的回答更加苗條，給人對答「如流」的感覺。

拍馬屁，未嘗不可

因為面試官和考生都是紅魔曼聯（Manchester United/ Red Devils）的球迷，因此考生被錄用了。相信大家或多或少都有聽過這類故事。也許你會覺得它是不公平的。的確，按照我們前面提到的，面試的過程仍然是一個人為的過程。主觀的偏差是無法避免的。但是，「存在的即是合理的」，就人類演化以來沉澱在骨子裡的「經驗」

來說，面試官的這種做法是合理的。

人們通常更能夠與自己相似的人在一起。婚戀心理學證明了，夫妻是因為相像才在一起，而不是因為在一起才像。這些「相像」不僅包括旁人所說的外表的夫妻臉，還包括各種人格特徵，如性格、興趣和習慣等。這些「臭味相投」能夠使兩個人生活在一起時更加舒服。對於一個團隊而言也是一樣的。一家公司或機構如果是由相像的人在一起，將更有利於團結和合作。儘管有理論認為，一個團隊成員的組成多元化才有利於創新，但是就人們從遠古時代就延續下來的本能而言，無意識裡首先考慮的還是團隊的上下一心。異己者容易產生矛盾，所以就創新和穩定而言，人們更願意服從自己的情緒目的，選擇不破壞團隊氛圍的人。

我們在面臨決定一個人是否能夠加入自己的團隊時，更願意選擇那些與自己相似的人。遵從這一種相似規則，我們相信各方面相近的人更容易組合成一個團隊。應用心理學（applied psychology）的實驗對比了兩種求職者在面試過程中採用的策略：逢迎（ingratiation）和自我抬高（self-promotion）。前者是指對團隊表現出熱情和喜愛，對團隊成員表達認同和稱讚；後者是指推銷自己正向的性格，讓別人覺得自己是能勝任某個職位的。結果發現，前者的作用明顯好於後者。討好迎合的策略使招募人員更容易覺得這個人非常適合這個職位，而且也同意提供一個 offer（表示被錄取）。

所以，千萬不要覺得逢迎是一種可恥的「拍馬屁」行為。事實上，這種行為表示了你對組織的認同和喜愛。對組織有認同感的人也會對組織有承諾感和責任感。這種組織情感正是一個組織的領導者喜歡看到的。他們歡迎這樣的人，因為他們相信這種人可以迅速融入組織，並建立起忠誠和承諾。

如果你有一個與面試官閒聊的機會，你一定要遵守如下的逢迎攻略：

（1）讚美你要應徵的公司或機構，表現出你的熱情和信念；

（2）自然地恭維你的面試官；

（3）發現與面試官有工作之外的共同話題，並表示有共鳴和相同的興趣；

（4）除了笑，還是笑，以及做出其他友好的肢體語言；

（5）大部分情況下，你應該認同面試官提出的觀點；

（6）保持與面試官的眼神交流。

「無中生有」的面試經驗

「面試狂人」具有豐富的面試經驗。什麼叫面試狂人？有兩種解釋：一種是指那些經常去面試找工作的人；另一種是沒有獲得面試通知，卻強行參加面試的求職者。部分面試狂人最終「修成正果」。面試需要累積經驗。沒有任何經驗，第一次即成功的是少數。但我們不可能一開始就體驗過所有類型的面試。如果按照心理學家桑代克（Thorndike）的嘗試錯誤學習理論（trial and error theory）來找工作，我們必須吃一塹長一智，吃了很多塹，最後成功找到工作。但現實不允許這樣。

大家都明白，機會垂青於準備好的人。對於大多數新鮮人而言，很多東西都可以事先做好準備，唯一無法準備的是經驗。那麼，解開這道無經驗難題的鑰匙是什麼？我們可不可以不要當面試狂人？

心像訓練（mental imagery training）可以幫忙。心像是指不透過外在刺激，而在自己內心創造出的知覺經驗。更可貴的是，這種經驗與現實經歷幾乎一致。心像訓練已經在運動員的訓練中得到了廣泛應用。很多 NBA 球員、高爾夫球員、射擊運動員都透過意象訓練來提高自己在比賽中的投籃準度和穩定性。

例如，原 NBA 球星，現洛杉磯湖人隊（Los Angeles Lakers）總經理米契爾·庫普恰克（Mitchell Kupchak）承認，他作為球員時候的成功，很大程度上要歸結於心像訓練；美國運動心理學家在一九八九年的一項調查已經顯示，很多頂級的高爾夫專業球員會將心像訓練納入日常訓練的一部分。

心像訓練還運用在學生的考試輔導中，用於提高考場上的自信程度，應對考試焦慮和怯場。心像訓練具有控制情緒、改善專注力、建立自信心的功能。這些正是面試中所需要的。尤其是自信心，決定了你是否能按照自己所準備的那樣充分地展現自己。因此，最新的心理學研究也將心像訓練引入應徵工作的過程中，幫助求職者順利通過面試。

與冥想類似，心像訓練可以在專業指導下進行，也可以獨自進行簡單的心像活動。下面將為大家介紹心像活動的一些基本方法和原則。

你需要一個安靜的環境，或者能夠靜下心來即可。你可以坐著或躺著，只要能感到舒服（但謹記不要睡著）。放鬆並閉上眼睛。想像你如何走進面試室或者開始參加無領導者團體討論（leaderless group discussion），想像你如何與面試官或其他面試者交談和討論，想像你遇到的問題和你的回答。想像的基本原則是越具體、越生動越好，盡可能地把所有能考慮到的細節都放進你的想像內容裡。例如：你的穿著、你的衣領、你的神態、面試地點的環境擺設、你可能在現場聽到的聲音、你如何站起來和如何坐下來……細細體會你自己所做出的每個動作，仔細設想你周圍的環境和人，細節越多越好。

除了顯明法則（law of vividness），另外一個是正向原則。你要想像自己很好地完成整個面試過程。例如，想像自己自信地走進面試室，清楚有條理並笑容可掬地回答面試官的問題，最後還得到稱讚。管理心理學（managerial psychology）中有一句名言：眼見為實（seeing is being）。你心像中所看到的彷彿就是真的，你的表現朝著你所預見的那樣發展。所以，預見正向的結果正是我們想要的。

這個想像的過程可能是比較久的，因為你需要耐心地想像許多細節，從而使得心像更加生動。一般而言，你需要十到二十分鐘的時間。然而，這會帶給你許多幫助。心理學實驗顯示，透過心像訓練，求職者會在面試中更加放鬆、表現更好。

心像幫助我們獲得一種知覺上的面試經驗。研究證明，其效果跟真實經歷是類似的。在沒有真實經驗的情況下，透過心像訓練，我們可以做到跟有面試經驗一樣好。

笑，讓別人看不出你的緊張

笑在面試中的作用毋庸置疑。不過，作為職場新鮮人，仍然有必要認真了解笑在面試中的具體作用。笑起反作用的情況有很多種，無法預測，但笑一定能起到的作用就是那幾種。

我們前面談到，在一時回答不上問題的時候，有些人習慣透過「嗯」或「啊」等話語標記詞來獲得思考的緩衝時間。我們已經說明這種方式是不好的。為了填補這段空白，笑容是一個不錯的解決方式。當你覺得一時答不上問題而在思考如何作答時，不妨自然地表露你的微笑。這樣一方面阻止你採用那些毫無意義的話語標記詞，另一方面讓面試官覺得你是放鬆和自信的。心理學的統計顯示，大概百分之三十七的女性求職者善於運用自己的笑容來應對這種答不上題時的困境，而只有百分之十八的男性求職者採用了這一策略。所以男性求職者應該更加大方地笑出來。而其餘約三分之二的女性求職者也應該勇於展示自己的微笑。

我們在前面提到笑是討好迎合的一種方法。笑可以表達你的熱情。心理學田野研究（field study）發現，展現你的熱情可以提升面試官對你的精力充沛度、工作動機和公司忠誠度的評價。笑同樣是在討好面試官。你的笑會讓他感到被尊重。在實際的面試中，大概有四分之一的求職者有意識地採用了這一策略，剩下的四分之三可能還沒有意識到這種作用，為什麼呢？

很可能是因為太過緊張而忘記笑。在解決緊張問題的方法中，除了我們前面討論的心像訓練，笑也是其中之一。笑可以緩解緊張的情緒。身和心是密切相連的，我們的生理動作可以回饋給心理，引導它們的感受。在一個有趣的心理實驗中，我們讓憂鬱的人假扮笑臉，猶如俗語所說的「皮笑肉不笑」，即不是真的笑。但即便如此，比起其他沒有笑的憂鬱之人，那些人在假笑之後確實提高了正向情緒的得分。可見，笑就是一劑預防針，使你降低焦慮和緊張。

笑在面試中最後一項重要功能是掩飾負面情緒。不過值得我們注意的是，在這一項功能裡面，假笑或者虛偽的笑也許不利於我們。試圖用笑來掩飾你的負面情緒反而會「欲蓋彌彰」。所以，如果你想用笑來抵禦負面，那麼最好笑得真實自然，否則就是搬石頭砸自己的腳。為什麼面試官會不喜歡這種求職者呢？其中一種解釋是，面試官可能會認為你不夠坦誠。誠實地面對自己不好的地方，有時反而能使這些不好之處成為我們求職時的優勢。這是我們接下來要討論的內容。

「醜話」說在前，「好話」留後面

沒有一個求職者是完美無缺的。我們始終存在這樣那樣的弱點。在面試中，可能遲早都會揭露出自己的弱點。那麼，我們要如何自我揭露自己的短處，從而使它不那麼突兀呢？

心理學對自我揭露（self-disclosure）在人際關係中的作用進行了研究，得出這樣一條準則：最好不要在建立關係的早期就急於將你所有優點都表現出來。相反，你應該在早期坦承你的一些不好的地方，這樣會顯得自己更具吸引力。優點應該像含苞待放的花蕾慢慢地展開，把最美麗的地方留到後期。我們把這種現象稱為自我揭露的時間效應（time-of-measurement effects）。

在面試中亦是如此。面試就是一種求職者對面試官進行自我揭露的過程。研究發現，自我揭露的時間效應可以轉移到面試過程中。有些人的策略是盡量不要在面試時提及自己不擅長的領域，盡量掩蓋自己的缺點或不願意提起。但是，這種策略在經驗豐富的面試官面前通常是不起作用的。你遲早會揭露出自己這些缺點。如果你固執地採用這種策略，很可能的結果就是你在面試後期揭露出短處。這還不如那些一開始就自揭不足的求職者。實驗顯示，那些在一開始就坦承自己有缺點的求職者最終會更受面試官的喜愛。而且，如果你將自己最成功的經歷或最寶貴的工作經驗放在後期展示，你將會獲得更高的讚許和認同。相反地，如果你在一開始就表現自己最厲害的部分，面試官會覺得你是個自大的人，會認為你是在吹噓。這是有反效果的。

人的工作記憶（working memory）是有限的。在一個面試過程中，面試官需要暫時性地記得你的很多資訊來做決定。當他最後做決定的時候，他最能夠記住的是在最近時間內獲得的資訊。這顯示了認知心理學（cognitive psychology）上所說的新近效應（recency effect）。所以，早點揭露自己的不足，一方面顯示了你的誠實性格；另一方面，面試官到最後做決定的時候，腦中關於你的不足方面的資訊已經不那麼突兀了，一定程度上被你後期呈現的長處所遮蓋。把自己的「醜」說在前，把自己的「好」留在後。這就是自我揭露時間效應的運用。

懂得自我暗示

在最後，我們不得不提一個跟自我暗示（self-suggestion）相關的方法：跟自己說話。從自我心理學（self psychology）的角度來看，我們所做的一切都是為了完善自我。這關乎人類道德所說的自私，它只是一種自我存在的方式。例如，當我們找到自己感覺滿意的公司時，會說「我找到工作啦！」這種興奮源於我們與公司的匹配。

人們自身人格上所缺少的東西，會尋求透過外部環境（比如團隊）來彌補。而我們在自我中缺少的東西，會希望透過配偶來填補。

實際上，就連我們自己所說的話也是對自己說的。那些能夠使人信服的演說家就好比那些傳教士。他們之所以能夠說服別人，其焦點不在別人身上，而是在自己身上，因為他們相信自己所說的，說他們相信的。他們每一次演講，實質上都在進一步強化他們在演講中所體現的那些信念。記得我們前面談到：眼見為實。而對於人類來說，還有一件重要的效應：口說為實（saying is being）。這句話的意思是你所講的會引導你的行動，最後使之成為事實，當然這還需要一定的條件。具體而言，你對自己所講的是你所信仰的，你所信仰的會堅定地付諸行動。

根據這種事實，心理學家在班杜拉（Bandura）的自我效能（self-efficacy）理論的大綱下提出了一種自我對話（self-dialogue）的方法。它可以提高你的自我效能，進而使你在面試過程中受益。這種自我對話就如同自我暗示。例如，你可以對自己說「我可以自信地走進面試間」，「我可以微笑著與面試官握手」等等。有些人有個習慣，會在每天早上起床後對著鏡中的自己說「我可以」。其實這都有異曲同工之妙。這種自我對話可以在不同的時間、不同的地方完成。它的目的在於提高你的自我效能，從而使你在面試中發揮得更好。

心理檔案

話語標記詞（discourse marker）：是指本身並無意義，獨立於整個語句之外的插入成分的詞語，它們能起到表現話語結構、使話語延續、表達交際意圖等功能。

逢迎（ingratiation）：透過具體的行動，例如觀點共鳴、戴高帽等來提高目標對自己的好感。

自我抬高（self-promotion）：藉由提升自己的正向特質來促使別人認為自己是有能力的。

組織認同（organizational identification）：是指組織成員在行為與觀念等多方面與其所在組織具有一致性，對組織既有理性的契約和責任感，也有非理性的歸屬和依賴感，以及在這種心理基礎上表現出的對組織活動盡心盡力的行為結果。

組織承諾（organizational commitment）：在工業和組織心理學中，組織承諾是指雇員與其所在組織的一種心理依戀，對組織的一種心理契約。

相似規則（rule of similarity）：指那些在性格、相貌、著裝、興趣、出身背景、生活方式等方面相似的人之間無意識的相互吸引。

心像訓練（mental imagery training）：意象是指知覺經驗，是沒有外在刺激下在心中創造的一種經驗，也是記憶中以往的感覺重現。心理意象訓練則是在他人指導或自我引導下，在心中按照需要創造意象的一種心理訓練。

田野研究（field study）：是指研究者在自然情境而不是實驗室情境中進行實驗，收集資料，其結果更加貼近實際情況，更能推廣到現實生活中。

自我揭露（self-disclosure）：一種有意識或無意識的向其他人揭露你自己的過程，包括你的思想、情感、動機、成功、失敗、夢想、所愛、所惡等等。

工作記憶（working memory）：是一種對資訊進行暫時加工和儲存能量有限的記憶系統，使資訊能夠被進一步推理和理解。

新近效應（recency effect）：是指當人們記憶一系列事物時，對結尾部分的記憶優於中間部分的現象。

自我效能（self-efficacy）：是指人們對自身能否利用所擁有的技能去完成某項工作行為的自信程度。

第 3 節 沒有騙你！用心理學要求加薪

有誰願意領 22K 呢？雖然我們常對新鮮人說經驗比薪水更重要，成長比待遇更重要，但是失去了成長所需要的物質條件，那也是一個大難題。而且，拿一份自己滿意的薪水既是為自己著想，也是為公司著想。

端正你付出與收入的天平

眾所周知，越來越多的年輕人對自己的「錢途」感到擔憂。有人甚至自願以「零薪水」換取所謂的工作經驗。如果一個年輕人抱著先就業再擇業的既定目標，那麼這種求職策略有其好處。廉價勞動力總是受資本家歡迎的。

但是，我們必須想清楚：我們所要求的薪水是否令自己滿意？

薪水太重要了。它是我們生活的「必需品」。工作是我們滿足生存需求的基礎。薪水則是我們的交換工具。一份薪水是否令自己滿意涉及到公平問題。如果薪水太低，你覺得它與自己對公司的貢獻不對等，那麼你就會有不公平感。薪水太低可能是由於當初你要求的起薪太低。為了能夠獲得一份工作而委曲求全，以降低自己的薪資平均作為籌碼，很可能會給日後埋下不良的種子——生長出不公平感。

組織正義（organizational justice）是指一個人對自己所在組織是否公平的知覺和反應。組織正義對個人和集體都十分重要。如果你對公司的做法感到不公平，就會為你帶來焦慮。你將透過各種途徑來釋放緊張和不安。例如，你開始審視自己是否應該如此投入自己的工作。你對一些同事或上司產生敵意，從而滋生不合作的行為。這些釋放既對你自己不利，對公司也沒有任何好處。組織正義的影響範圍涵蓋了信任、工作效率、工作滿意度、組織承諾（我們前面討論過）、反生產力工作行為、職業倦怠（burn-out）等多個方面。

判斷組織是否公平的理由來自各方面。薪資作為你與組織進行互動的方面之一，發揮著重要作用。分配正義（distributive justice）是支撐組織公平的柱子之一。分配正義是指員工對公司報酬的分配結果是否公平的感受。作為生活「必需品」的薪資（或者說金錢）是我們衡量公平與否的最形象的天平。不管你是否已經工作，或者正準備要跟公司談到職後的待遇問題，不妨問問自己當前的薪水，或者正想拿去談判的薪水，是否讓自己感到公平。想想如下問題，可以幫助你理清自己對公平感的知覺：

1. 你對工作的投入程度是多少？ 你收獲的東西能夠反映你的努

力程度嗎？

2. 你覺得拿到的報酬跟你完成的工作任務對等嗎？

3. 你的薪資跟你對集體的貢獻價值相符嗎？

4. 你的表現值得那份薪資嗎？

薪資在組織和個人之間架起了一座天平。同時，我們自己心中也有那麼一桿秤子。薪水的多寡對我們的重要性不言而喻。那麼，如何去爭取高薪呢？ 首先要注意的是我們這裡談的高薪，是指對比於自己的能力和努力，應該感到滿足的薪資水準（pay level）。我們的目標即在於獲得心靈的滿足和平靜。這對公司和個人都十分有益。如果你正在面試一家新的公司，或者你得到了一次新的商議薪水的機會，那麼接下來談到的關於薪資談判的心理學知識對你都是有意義的。

什麼是定錨效應？

設想這樣一個情境：

讓你用手拿一顆網球，並猜猜它有多重。然後讓你拿一顆乒乓球或者一顆籃球，你會不自覺地將後來拿的球跟網球做對自然地說：「這麼貴？ 以前半公斤才十五元！」實際上，由於通貨膨脹，白菜相對於其他商品而言，實際價格可能還是跟以前大致相當。例如，假設以前黃瓜是半公斤二十元，那麼白菜比黃瓜是三比四。現在呢，黃瓜也漲到半公斤六十元，所以，白菜比黃瓜還是三比四。但是，由於你有過買白菜的經驗，所以你將現在的白菜價跟以前做對比，得出當前白菜貴了的結論。如果讓一個從來沒有買過白菜的人現在去買白菜，他就不會認為白菜很貴，因為他沒有能拿來做對比的經驗。

這些現象在日常生活中很常見。在上述例子中，網球的重量感和白菜以前的價格提供一種標準給我們。我們之後對其他事物的重量判斷和價格高低判斷都以最初的這個標準為基礎。心理學家將這些標準稱為「錨」(anchor)。錨是一種參照物，給人們當前的決策提供一種參考。例子中網球的重量感和白菜以前的價格就是一種錨。

我們在估計一個數值（如重量、價格等）的時候，會受到先前經驗中相關數值資訊（錨）的影響。人最終的估計結果會偏向於靠近錨。高錨導致高估計，低錨導致低估計。這就是心理學中的定錨效應(anchoring effect)。

那麼，定錨效應在薪水談判中有沒有發生呢？我們又如何運用它呢？

「錨出」你的高薪

當被問及想要的薪水時，年輕的求職者通常會感到為難。如果說得太高，企業主可能就對你不感興趣了，你就失去這份工作；如果說低了，可能被看作是不自信的表現，更可能的是將陷入低起薪的泥潭。現在是時候打破這種兩難境地了：在談判中提出相對高的薪資要求，能幫助你最終拿到較好的薪水。

在一個實驗中，研究者讓一部分應徵者提出該職位之前的一般薪資標準，是所謂「合理的」薪水要求。一部分應徵者提出了比原本該職位的普遍薪水要高一點的月薪要求。一部分應徵者要求一份超乎尋常的高薪。不過，這部分人是用開玩笑的口吻說的。最後一部分應徵者要求每月只需要一塊錢。這一部分要求也是應徵者用似開玩笑的態度提出來的。

最終，面試官提供給這四部分應徵者的薪水是怎樣的呢？提出高薪或稍高月薪要求的應徵者，最後得到了高於該職位平均水準較大幅度的薪水。而提出一塊錢或者普通薪資要求的應徵者，拿到的是跟平均水準差不多的薪水。

在這種情境中，面試官受到了定錨效應的影響。應徵者率先提出的薪水要求就是我們之前所說的「錨」。面試官在談判過程中乃至最終決策的時候，都參考這個錨來「出價」。「給多少錢是合適的呢？」面試官在問自己。他們對這個問題的估計值會傾向於靠近應徵者提出的要求。一個高的錨最後導致了較高的估值，所以面試官做出了更高的薪水決定。

在上述情境中，我們把普通薪資的要求稱為現實錨或相關錨（realistic anchor or related anchor）。類似於這種跟現實水準基本一致的錨就是現實錨。稍高薪資的要求稱為高錨（high anchor）。這種錨是高於現實水準但又合理的。高薪要求是不合理的高錨。而一塊錢的要求則是不合理的低錨。這兩者都遠遠地偏離了現實的平均值，它們都屬於不合理的錨（implausible anchor）。

可見，定錨的力量是無可阻擋的，不管是合理的還是不合理的錨都產生了定錨效應。不過，需要注意，提出不合理的錨時不能太嚴肅認真，而是帶著開玩笑的姿態來談這件事情。假設你鄭重其事地提出七八萬的月薪要求，而這個職位的一般水準不過才三萬元，那麼對方就只能推測你是一個不知天高地厚的求職者。這樣的錨對方就無法接受。定錨效應也就不會發生了。但是我們知道情境的力量是無窮的。如果你是帶著開玩笑的面容和口吻來說這個事情，那麼提七八萬元的要求也是合情合理的，因為別人都會想：只是開個玩笑嘛！ 別當真。這可謂是暗度陳倉。實際情況是，你已經拋出了你的錨。定錨效應已經開始起作用了，因為「僅僅提到」了第一個數字就相當於設定了一個錨。

當然，薪水談判中的定錨效應的影響力也不是無限度的。很多公司會意識到這個問題，因此對薪資標準會有明確的規定，對於某個職位的薪資範圍也有相應的限制。所以，定錨效應的影響限度由 HR 所能掌控的職位的薪水浮動範圍來決定。最靠近研究前端的一般是大公司，而不是普通求職者，所以最先運用定錨效應到應徵流程中的是大公司，以之來限制 HR 的人為偏誤，從而穩定薪資結構。不過，求職者一方仍然有機會運用這個效應來為自己謀福利，因為只要 HR 手裡有浮動的薪水範圍，定錨效應就會發生作用，哪怕只是一點點。

所以，在薪水面談中，我們不是盡快「出手」，而是盡快出錨。提出自己要求的一個數值，就給整個談判設定了一個錨。這個錨深深地影響整個談判的進程，還有最關鍵的是它的結果。那麼，如何出一個「好錨」呢？

如同我們前面所說的，錨有不合理的和合理的，還有高的和低的。為了拿到高的薪水，我們當然要出高錨。合理和不合理的錨都會有定錨效應。如果我們選擇一個合理的高錨，那麼要事前做好調查工作。你要透過各種途徑，如網路、同學、朋友等，打聽該職位的行業薪資水準，乃至該職位在該公司的薪資水準。也就是說，我們應該事先知道現實的錨大概是什麼水準，然後才能夠提出比現實錨要高的錨。如果實在不清楚或者已經來不及進行相關調查，就要面談了，那麼嘗試一下不合理的高錨也是可以的。用開玩笑的態度拋出一個離譜的高錨，也能達到預期效果。不過最好不要打沒有準備的仗。儘管研究者還沒有分別鑑識這兩種高錨的成功率，還是推薦大家做好事前調查工作，以便在談判時提一個合理的高錨。這是最穩妥的策略。

該「出錨」時就「出錨」

儘管知道「出高錨」能夠拿到較滿意的薪水，但是不是所有人都會真正去執行這種策略。有些人還是會覺得難以開口。因為開口要高薪會讓他們失去安全感，「萬一我的要求讓對方反感怎麼辦？ 我不想因此失去這份工作機會」。那些猶豫不決的應徵者應該勇敢一點。他們之所以會「知而不行」，是因為他們的決策跟著他們的感覺（如安全感）走。接下來我們要詳細談到的是哪類人會比較「知而不行」。這會幫助他們了解自己，從而改變「老的做派」，選擇跟著科學走。我們應該知而行之。既然知道如何運用定錨效應，就應該勇敢地運用到實際當中。

面對有一定風險的事情，因為擔心焦慮而不敢付諸行動，叫做風險迴避（risk aversion）。這是他們知而不行的原因。當兩個選擇擺在你面前，其中一個能夠穩操勝券，但是結果不那麼理想，就好比拋出一個現實錨（例如，我們上述實驗中的普通薪資要求）；另外一個無法十拿九穩，但是結果令你滿意，就好比給出一個高錨（例如，前面所述實驗中稍高薪資的要求)。你會選擇哪一個呢？ 追求穩定的人會選擇第一種。如果選擇第二種，他們會感到焦慮不安。這種情緒波動促使他們放棄這種有點冒險的行為。這說明他們的風險承受度(risk tolerance) 是比較低的。風險承受度是用來評估一個人風險偏好度的指標。風險耐受力高的人就是風險厭惡的反面——風險偏愛(risk seeking)。總有些人會分布在風險耐受力的低處，有些人在高處。假如將他們分成兩類人，那麼他們之間有什麼不同呢？

我們先要了解一下流行的 MBTI 測驗。MBTI 全稱 Myers-Briggs Type Indicator，邁爾斯—布里格斯性格分類指標，是一種自陳式心理量表（self report questionnaire)，用來測量人們在內外向、獲取資訊、做出決策、對待生活等四方面的性格類型。它基於著名心理學家卡爾· 榮格（Carl Jung）的心理類型理論，由美國心理學家 Katherine C Briggs 和 Isabel Briggs Myers 母女倆編寫而成。根據 MBTI 的理論，人在做決策時分成兩種類型：一種是思考型（thinking)，一種是感覺型（feeling)。思考型的人把注意力集中在對現實情境的分析方面。他們追求邏輯和客觀。也就是說，思考型的人在做決策時是「跟著理性走」的。

感覺型的人把注意力集中在主觀方面，他們尋求內在經驗的和諧，很注重決策的後果。也就是說，感覺型的人在決定某事時是「跟著感覺走」的。

回到我們之前的問題。感覺型的人的風險承受度比較低，即集中在風險承受度的低處。相反，思考型的人集中在風險承受度的高處。感覺型的人對安全感的需要也更加敏感。他們在做決定時首先考慮的是他們情緒能否平和。因此，感覺型的人是更加風險迴避的。他們在薪水談判中，顯得比較保守。這類人容易在薪水面談中失去設定錨的主動權。甚至會主動放棄行使這一權利。事實上，他們是有點焦慮過度了。

我想要提醒讀者的是，這兩種性格類型沒有優劣之分。它們各有好和不好的地方。我們的社會不能夠缺少其中的任何一種。要知道，在人群中，這兩種類型的人是各占一半的。只是，在如何提高我們的薪水這一問題上，我們要讓自己更加偏向思考型。這樣有利於我們「敢於出錨」。有時候，我們要警惕自己，不安全的感覺會引導我們的知而不行行為。我們要有意識地去理智客觀地看待我們是否出錨的決策。俗話說「不入虎穴，焉得虎子」。調查顯示，在薪水談判中「有所要求」的員工的起薪比沒有開啟談判之門的員工要高百分之四到百分之十。薪水的重要性不言而喻，是時候勇敢一點了。

談判時，要為自己著想

勇於談判的應徵者拿到了較高的起薪，善於談判的應徵者將拿到更高的起薪。除了定錨效應，我們還有什麼武器嗎？

在進行談判的時候，有兩種心理因素影響著我們的行為。一種是為自己利益著想的動力。在它的驅動下，我們在談判時會比較自信和專斷，步步緊逼對手，可謂寸土必爭。另一種是為雙方關係著想或為對方著想的動力。它驅使我們很注意談判對雙方關係的影響。在它的作用下，我們在談判時會為對方著想，產生同理心和親社會行為。可以說是抱著「以和為貴」的理想在進行商談。這兩種不同的利益考慮相互作用，使我們產生了五種不同的談判策略。

競爭策略是一種相互對抗的互動。雙方沒有澈底地交流自己的需求和看法。這種情況下，應徵者可能在提出自己的薪資要求後就堅定不做讓步，要達到自己的利益最大化。遷就策略正好相反。應徵者完全將自己置於弱勢的地位，一味地讓步以討好面試官。他們可能只為了與對方打好關係，覺得鬧僵了會阻礙他們得到這個職位。當兩種力量——為自己利益著想和為雙方關係著想——都很強大的時候，雙方會盡最大的努力找到最佳的解決方案。這時，大家會坦誠相待，明確雙方的需求和意見。這是合作的策略。當這兩種力量都很均衡的時候，應徵者再尋找折中的方法，做出一些讓步。

當我們在薪資面談時拋出高錨後，接下來就是不同的談判策略在引導著我們的錨會落在何處，是落得更多還是更少。一個同理心強的人，把人際關係看得很重的人就會在這種拉鋸戰中輸得更多。當然，這裡所說的輸掉的，是指金錢方面。這類人對於人際關係比較敏感。哪怕只是短時間接觸的關係（應徵完後雙方可能就不會再有往來），他們也要不自覺地「好好珍惜」。

在談薪水的時候，為自己或自己家人想多一點會拿到更高的起薪。在進行實際的調查和觀察後，我們發現那些採用合作和競爭策略的人會拿到更高的起薪。而那些採用折中和遷就策略的人即使一開始就提出較高的薪資要求（高錨），最終也會跌到比前面兩者要少的水準。我們不難得出一個結論：談錢的時候還是要對自己狠一點！

這些模型告訴我們，如果不為自己著想，那就是自己吃虧。人際關係的和諧是幸福之源。在採用競爭和合作的策略進行薪水談判後，應徵者會感到不愉快，因為他們感到自己為了爭奪自己的利益而撕破了一點臉皮。在採用折中和遷就策略之後，應徵者感到比較愉快。這個結果跟自己樂於助人後的感受是一致的。它服從了為他人著想的心理驅動力。不過，問題在於你是想在職位上賺更多錢，還是想面談後感覺愉快一點。我們一開始就討論過，前者對一個勞工的好處是長遠的。

心理檔案

組織正義（organizational justice）：是指個體對組織內部公平的知覺和反應。

分配正義（distributive justice）：亞當斯（Adams）在一九六五年提出，是個人對所獲報酬的公正知覺，也就是依據一定的標準對分配最終結果的評價，亦稱分配公正。

現實錨（realistic anchor）：即對事物的一般正常估計。

非現實錨（implausible anchor）：即嚴重偏離一般水準（或高或低）的估計。

風險迴避（risk aversion）：是一個經濟學、金融學和心理學概念，用來解釋在不確定狀況下人的行為。風險迴避是一個人接受一個有不確定的收益的交易時，相對於接受另外一個更保險，但是也可能具有更低期望收益的交易的不情願程度。與一個人的風險迴避程度相對的，稱之為風險容忍（risk tolerance）。

風險尋求（risk seeking）：一種追求刺激的人格特質。

Myers-Briggs Type Indicator, MBTI：是一份性格自測問卷。它由美國的心理學家布里格斯和她的心理學家女兒邁爾斯根據瑞士著名的心理分析學家榮格的心理類型理論和她們對於人類性格差異的長期觀察和研究編寫而成的。

榮格（Carl Jung）：瑞士心理學家和精神分析醫師，分析心理學的創立者。早年曾與佛洛依德合作，後分裂。與佛洛依德相比，榮格更強調人的精神有崇高的抱負，反對佛洛依德的自然主義傾向。

雙向關切模型（dual concern model）：該模型認為人在處理談判衝突時的方法基於兩個潛在的維度：專斷（assertiveness）和同情（empathy）。

第 4 節 信不信由你，工作滿足感一百分

記得有一次在心理諮商中心，一個年輕人感慨地對我說：「最近老爸居然問我工作快不快樂、幸不幸福。這是從來沒有過的！」

一份工作是一個飯碗。這句話看起來很刺眼。大家已經不再滿足於僅僅把工作當成生存的工具。實際生活中，我們越來越少問別人：「你月薪多少？」漸漸地，這樣的提問開始多起來：「你工作幸福嗎？」

我們在這一節要討論的即是關於工作中的幸福感。

工作滿足是一種態度

我們在上一節剛剛談到了工作中的薪水問題。從追求工作高薪中走來的人們又奔向追求工作幸福的路途。我們自然會問：薪水越高，就越滿足嗎？

這可不一定，關鍵是你的付出和收穫是否對等。心理學家盧克（Lucke）早在一九七六年提出了工作滿足（job satisfaction）的情感理論（affect theory）。這個理論的核心思想是關注我們在工作中的期待是否得到滿足。我們工作中的情感是否得到滿足在於我們是否在工作中得到我們想要的。所以，當一個人開始抱怨自己的工作時，周圍有些人會建議：問問你自己想要的是什麼？

我們想要的最基本的東西當然是飯碗了。但是，現在幾乎所有工作都不會讓我們餓死。可見，溫飽問題顯然不是我們「工作的第一要務」了。所以現今很多人的工作滿足感不在於是否拿到更高的薪水，而在於薪水是否公平。《論語· 季氏第十六》中有這樣一句話：「不患寡而患不均。」對於一個國家的財富來說，不擔心分的少，而是擔心分配的不均勻。對於一個人來說，工作是否滿足不在於回報的多少，而在於是否對等、是否公平。

公平涉及尊嚴。現在溫飽解決了，我們更看重的是尊嚴。我們每個人都需要別人的尊重。如果把乞討看作是一門工作（對於職業乞丐來說的確如此），那麼乞丐也是需要尊嚴的。據報導，二〇〇四年二月五日的晚上，在中國廣州白雲機場，一乞丐因不滿乘客的施捨態度，要求該乘客賠償其尊嚴損害費兩百人民幣，因施捨者不答應，該乞丐聲稱要到法院起訴，討要尊嚴損害費。由此可見，即使是乞丐，在衣食無憂之後，關心的當然是自己的自尊問題。而這個嚴重關切到他的「工作」滿足感。

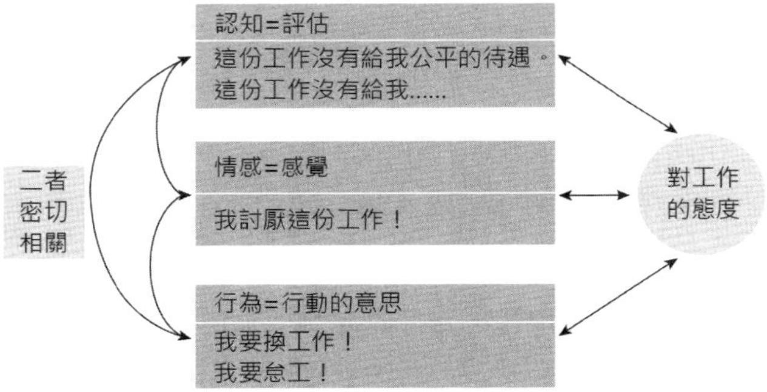
認知=評估
這份工作沒有給我公平的待遇。
這份工作沒有給我......
情感=感覺
我討厭這份工作！
行為=行動的意思
我要換工作！
我要怠工！
二者密切相關
對工作的態度

在工作的情感理論之後，現在，我們已經把工作滿足看作是一種態度，而不單純是一種情感。態度包括了三個方面：認知評估、情感反應和行為傾向。我們沒辦法脫離這三者之間的相互影響。你怎麼看待你的工作，你是否喜歡它會使你做出不同的行動。這就是態度的ABC模型：A即Affect，情感；B即Behavior，行為；C即Cognition，認知。上圖概括了這個模型運用到工作滿足感中的情形。

那麼，我們該如何確定是否滿足於自己的工作呢？不妨思考一下以下十句話。你多大程度上同意下面這十句話呢？

1. 這家公司是非常好的工作場所。
2. 如果我努力的話，我可以在這家公司裡出類拔萃。
3. 這家公司的薪資水準比其他公司有競爭力。
4. 員工升遷決策都很公平。
5. 我了解公司提供的各種福利待遇。
6. 我的工作能充分發揮我的能力。
7. 我的工作具有挑戰性，但負擔不重。
8. 我相信並信任我的上司。
9. 我可以隨時將我的想法告訴我的上司。
10. 我知道我的上司對我的期望。

你越同意這幾句話，你的工作滿足感就越高。如果你的自評很低，那也沒關係，在接下來的章節裡，你將認識到影響工作幸福的心理規律。

三種不同回饋的結果

首先，我們來思考一個問題。一個給好的回饋（feedback），即獎賞，例如表揚之類；一個給不好的回饋，表示你做得不好，甚至加以懲罰；另一個不給任何回饋，不做任何表示。這三種處理方式，哪種對員工的工作滿足感影響最大呢？

很明顯，第二和第三個員工的工作滿足感將受到一定的打擊。不過，時間是個調節因素。不同的回饋跟時間具有交互作用。（關於交互作用，我們在本章第 1 節解釋過，若有需要請返回參閱）不好的回饋必定使員工的情緒低落一段時間，但一般不會持續很長時間。而沒有任何回饋給員工的挫折感將是長遠的。

有一條心理規律是：人類不喜歡沒有反應的東西。面對深幽幽的一口井，投一顆石頭下去，如果可以聽到回音，小孩子可能會樂此不疲地繼續投石子，就像在欣賞音樂旋律一樣；如果聽不到任何動靜，再好奇的孩子也會失去繼續探索的興趣。

這跟親子關係是相似的。賞識教育已經非常盛行。當然，也有亞洲父母喜歡「打罵是愛」。先不管這兩種親子教育孰優孰劣。事實上，無論是偏重獎賞還是偏重懲罰，對孩子的負面影響都沒有冷漠來得大。人際關係中的冷漠就是對人的冷淡、不關心。這種沒有任何雙向互動的關係對小孩子的負面作用是最大的。

這種不同回饋的效應是跨人際性的，存在於各種人與人的關係中。工作場所中的這種回饋效應影響著人們的幸福感。這個因素也被收入到了工作特性模型（job characteristics model）中。這個模型用來描述哪些工作特點會跟人的工作滿意度相關。其中，回饋性（feedback）是其中一個特性因素。

回饋性是指員工能及時明確地知道他所從事的工作績效及其效率。根據人類喜歡有反應的東西這條規律，我們對在工作中跟自己發生互動的人也有反應的要求。我們的視覺、聽覺，甚至第六感都在察覺著周圍人對我們工作的態度。如果你是上司，如果你「手下有人」，請記得多給他們回饋；如果你是別人的同事（除非你的工作是一個人做），也應記得對同事的交流行為給予相應的回饋。如果望眼欲穿，也得不到期待中的反應，他將備受挫折。

我說，我們的「各種覺」都在期待著周圍事物的反應。這並不是毫無根據的。讓我們再來思考一個問題：什麼懲罰能夠使人精神崩潰？或許大家會想到「滿清十大酷刑」中的「凌遲」，或者傳說中地獄裡會有的「上刀山，下火海」。然而這些血淋淋的刑罰雖然殘酷到無以復加，卻是以身體的傷害為前提，對心理上的衝擊卻不一定是最殘酷的。真正最能讓人精神崩潰的懲罰是感覺剝奪（sensory deprivation）。據傳，在第二次世界大戰中，這種懲罰被某些國家用於對待戰俘或國內的反對勢力。其基本目的是進行「洗腦」。這些史料沒有真正被公開，所以相關實驗資料也無法知曉。不過戰後，有心理學家進行了相關的研究。當然，這些研究是在通過科學研究道德審核後才進行的，對受試者（subject，應徵來參加實驗的人）沒有傷害。

所謂「感覺剝奪」，指的是剝奪人的視、聽、嗅、味、觸等五官刺激，讓人的感官接收不到外界的這些刺激。二十世紀，心理學家做了一個在當時被認為是莫名其妙的實驗。受試者要戴上半透明的塑膠眼罩、紙板做的袖套以及厚厚的棉手套並且，除了吃飯和上廁所，他們必須躺在一張床上什麼也不做，要盡可能地堅持長時間。他們將獲得「高薪」，即每天有二十美元（約新臺幣六百元）收入。而當時，北美大學生打工一小時大約只能賺五十美分（約新臺幣十五元）。二十美元的天文數字報酬吸引了眾多的大學生自願擔任受試者。這種「不勞而獲」的美差，誰不垂涎呢？

但結果是出人意料的。過沒幾天，受試者紛紛要求退出實驗。他們表示十分難受，注意力無法集中，思維活動不斷地跳躍。有一半的受試者出現了各種幻覺。視幻覺：出現光的閃爍；聽幻覺：似乎聽到狗叫聲、打字聲、滴水聲等，觸幻覺：感到有冰冷的鋼板壓在前額和面頰，或感到有人從身體下面把床墊抽走等等。

這個實驗說明，人類需要周圍的事物對自己進行刺激。如果沒有任何「風吹草動」，我們自己也會透過幻覺來彌補我們的感官期待。對人也是如此。我們在與別人交流時，需要對方有所反應。如果接收不到周圍人的回饋，即使身處在熱鬧的人群中，我們也會感到孤獨，甚至會發瘋。例如，分裂成雙重人格，自己跟自己對話。

誰都不喜歡反應單一的東西

其實，人不僅不喜歡沒有反應的東西，他們還不喜歡反應太單一的東西。前者讓人覺得乏味，沒有趣味；後者使你覺得無聊，過於單調。人是複雜的動物，人也愛複雜的事物。人不一定是花心的，但人都愛花一般豐富多彩的事物。

在教育領域，一堂課，如果老師只用一種方式來傳遞知識，那麼學生會感到無聊，很快就失去注意的興趣。學生喜歡多樣化的教學方式。一堂課，如果對於學生來說，這些要教授的知識太簡單，他們會感到乏味；如果太難，他們也沒有興趣。在工作場合，道理也是一樣的。人們喜歡具有挑戰性的、憑藉自己努力能夠達成的東西。

不過事與願違，當前很多工作都是單調乏味的。現今白領之所以謂之白領，也許可以釋義為他們的工作太過蒼白了。「圍城」外的人羨慕著他們的工作。殊不知眾多坐在辦公室上班的人們正像籠子裡的小鳥，欲飛出去尋找外面的樂趣。每天面對著一群相同的人，服飾之變化也無法轉變自己在他們心中的印象；每天走進辦公室，要找到並坐下來的是相同的位置；抬頭尋找一點景色時發現，窗外都是相同的風景；速食依然是不變的速食，就連送速食的大叔都是同一個大叔；每個月等的都還是那一份薪水。工作上的一致性是有好處的，它使你「熟能生巧」。但是如果日復一日地遵循同樣的軌跡，就會顯現出不好的一面。它會使你情緒低落、疲憊不堪，並且喪失對工作的熱情。工作就像是圍城，在一個行業裡做的時間長了，做著一成不變的工作，就想到另一個圈子裡混混。跳進去之後，發現自己其實是進了另一個圍城，開始了新的重複性工作。

人天生具有創新潛質。因為他們不喜歡一成不變的事情，所以日久不變的東西會產生讓人難以忍受的無聊感，從而驅使人們做出改變。

做一些不一樣的事情！ 擺脫固定的軌跡，用全新的眼光看待事物。為你的日子注入多樣性，哪怕是最簡單的。例如，選一條不同的路線去上班；搭配一次新的午餐；換一盆新的植物造就新的風景……

最重要的還是尋找具有挑戰性的任務。你是否已經對當前的工作瞭若指掌？ 那麼重複的事情應該創新地做，哪怕只是稍微為自己的工作增添一些難度。

心理學家米哈里· 齊克森（Csikszentmihalyi）提出了一個關於挑戰難度和工作技巧兩者搭配的情緒模型，見下圖。

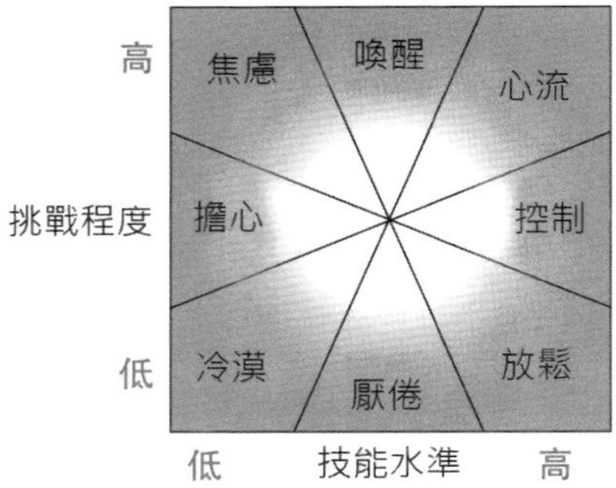

任務挑戰程度與個人技能水準交互作用下的精神狀態模型

我們大部分人的個人技能水準都處在平均值附近。太厲害或太愚笨的人在人群中只是很小的一部分。而當我們能夠熟練處理工作事務時，這些任務對我們來說就是小菜一碟。在這種情況下，按照該情緒模型，我們將處於厭倦的狀態。這是一種無所事事的狀態，對周圍司空見慣的事情不感興趣。

在這些精神狀態中，心流（flow）狀態是正向心理學所宣導的，也是難以找到的一種狀態。如果你達到了福樂狀態，你會感到自己有無窮的力量，時間在不經意地流逝，而你卻樂在其中。這種狀態無疑是最幸福的。擁有這種工作狀態的人無疑是工作滿足感最強的人。

為了趨近於這種狀態，我們要為自己定一個清晰可行的目標：更高的任務難度和更強的個人能力。不要給自己過高的難度，也不要太低，最佳水準是稍微高出自己的能力，能夠在付出一定努力的情況下完成，而不感到太疲憊。要在工作中改善自己的技巧，及時替自己充電，樂於掌握新的技能，提高自身能力水準。

心理檔案

情感理論（affect theory）：該理論認為所想要的和所能滿足的對比構成了人的工作滿意度。

工作特性模型（job characteristics model， 簡稱 JCM）： 也稱工作特性模式，是由哈佛大學教授理查· 海克曼（Richard Hackman）和伊利諾依大學教授葛列格· 奧爾德漢姆（Greg Oldham）提出的，用以解釋如何設計出具有高工作滿意度的職務。

感覺剝奪（sensory deprivation）：故意減少或去除人一個或多個感官的刺激，包括視覺、聽覺，乃至嗅覺、觸覺和味覺。

厭煩（boredom）：當人無所事事時所產生的對周圍環境沒有興趣的一種情緒狀態。

心流（flow）：對所做的事情充滿控制感和成就感時的一種情緒狀態。

第 5 節 什麼？心理學能提高工作效率

「以前，桌子底下總是藏了一堆沒歸檔完的檔。桌子上總是擺了一堆永遠做不完的事和吃不完的零食。我的桌面就是一片混亂。能弄成這個樣子也是滿有才華的。這就是我們辦公室的 style。現在，我很想念小位置的時候，同事之間的距離比較近，相互間偷聽和八卦都比較方便。現在距離遠了，聊個天都得很大聲。但這樣子我們的東西才有空間放，擺放也更加有條理，不然早就被各種檔案和零食淹沒了。」米薇很感慨地告訴我她們辦公室的變遷：從凌亂到簡潔有序。

這種變化是好還是不好？從工作效率的角度考慮，工作環境對我們有什麼影響？我們需要怎樣的環境布局？

改變環境，提高工作效率

環境對人的影響就像一首詩句所描述的一樣：隨風潛入夜，潤物細無聲。身邊事物對人的影響是潛移默化的，哪怕你感受不到它們的存在。

人時時刻刻都在接受外界的資訊刺激，包括周遭物體給我們的視覺刺激和聽覺刺激。然而，有時候我們對它們視而不見，聽而不聞。這是為什麼呢？這一方面源於我們沒有把心思放在它們上面，另一方面是因為它們給我們的刺激沒有達到足夠的強度。這些客觀上進入了我們的大腦，卻不被我們所留意的資訊刺激叫做閾下知覺(subliminal perception)。不被我們察覺的資訊輸入叫做閾下刺激(subliminal stimuli)。很重要的一點是，閾下刺激也進入了我們的大腦，只是我們沒有意識到罷了。

那麼這些我們沒有意識到的東西會對我們施加影響嗎？這個是持久爭論的話題。儘管還沒有確鑿的證據證實所有的閾下刺激都會導致我們心理和行為上的不同，但是「信其有」好過「信其無」。

外界刺激必須達到一定的強度，才能被人所意識到，我們才能夠聽清楚、看明白。而這個「一定的強度」就是心理學上所說的閾限（threshold）。閾就像一個閥門，把人的精神層次分成兩層：我們能夠察覺到的意識活動和我們無法察覺到的潛意識活動。潛意識的東西我們無法意識到，但可能對我們產生一定效應。

心理學家維克利在一九五七年做了一個實驗。研究者在電影院裡播放一部電影。這部電影被「做了手腳」。他們在電影的膠片加入了「請喝可口可樂」、「請吃爆米花」的廣告語。不過，這些廣告語只在電影中呈現了千分之三秒，而人眼睛能夠辨別畫面的速度是二十四分之一秒，所以這兩條廣告資訊的速度快到讓人無法察覺到。但是，實驗後（看完電影後），電影院周圍的可樂和爆米花銷量分別提升了百分之十八和百分之五十八。這說明即使刺激的強度沒有達到足以引起人們注意的程度，人們也接受了這些資訊。

由此可見，我們無法忽視周圍發生的一切。雖然你主觀上感受不到，它依然影響了你，因為它的的確確存在著。日常生活中，我們接收的大量資訊都來自潛意識。我們的意識活動太過狹窄了，容不下過多的資訊。

資訊太多會使我們資訊超載（information overloaded）。我們曾在前面章節中談到資訊過於匱乏所產生的感覺剝奪。而資訊過多也使人應接不暇，從而不堪重負。網路伺服器如果一時間接收過量的資訊，就會崩潰。人也一樣。所以人要有選擇性地拾取資訊。換言之，我們的心理資源是有限的。在一定時間內，我們的心理只能承受一定量的資訊刺激。

那麼，還有一大部分資訊刺激滯留在我們的腦子裡而沒有被處理。打個比方，它們就猶如 HR 桌面上或電子信箱裡不斷堆疊的履歷。它們從遠方來，大部分將來會到垃圾桶裡去，只有少部分被留意到了。其實，在這個過程中，這些沒有被特別留意的資訊也印入了人們的腦海中，形成你對環境的印象。

「繁和亂」PK「簡和齊」

外部環境給予我們的大部分資訊就是這樣，像一個小偷潛入我們的潛意識裡。關鍵的一點是，在潛意識裡潛伏著的這些資訊，在它們被完全排出腦子時，隨時都有可能獲得我們的注意，而進入到人的意識被加工處理。當然了，工作環境並非像春雨那樣，總是「滋潤」著你的。它既可能促進工作效率的提高，也可能阻礙你的工作效率。

有句話是：「男女搭配，做事不累。」這個人之常情已經被心理學研究所證實。工作中，不僅人員之間的搭配會影響我們的工作效率，人員與物理環境之間的搭配也非常重要。誠如我們在上一小節所講的那樣，外部的環境因素正時刻尋找縫隙鑽進我們的心裡。個體與環境契合理論（person-environment fit theory, P-E fit theory）認為個人和環境之間的契合會決定個人工作的很多方面。其中個人的因素當然包括一個人所做工作的性質。環境之一則是物理的環境。我們要關注的就是個人與物理環境之間的契合問題，不同的匹配將擦出不同的火花。

回到我們本節最初的問題。我們需要怎樣的工作環境：繁亂（繁雜、混亂）或簡齊（簡單、整齊）？ 哪種環境更能提高我們的工作效率？ 答案是要看具體的工作性質和工作環境的搭配。我必須先在這裡說明一下什麼是繁亂的環境。這裡是指物理上的繁亂，即在工作空間的可視範圍內，眾多的物品和沒有統一秩序的擺放。反之，則是追求精簡主義的，有人稱之為商務風格的物理環境布置。

如果你想要了解一個藝術家或者他們的專業創意，一個好方法是觀察他們的工作環境。你可以知道什麼工作環境啟發了他們。一個藝術創作者的工作環境通常是紛繁雜亂的。你不能期待一個空曠無物的空間能夠勾起他們的工作靈感。藝術總在錯綜複雜的矛盾當中產生。跟這種凌亂的工作環境相伴的是自由的意志。藝術家需要的環境是毋須花太高代價就可以得到的太平、安靜和快活的地方。

這種工作環境的取向延伸到其他需要創造力的工作領域。例如，在技術創新方面具有優勢的 Google 公司的工作區，員工可以自由地展示自己，個人大頭照遍布房間的每一個角落。員工們可以充分發揮想像力自由布置自己的工作空間。公司鼓勵這種行為，還會為這些創意頒獎。他們的工作環境裡有各種裝飾品，琳琅滿目。有人甚至把床和蚊帳搬到了工作間。這種現象恐怕不是 Google 公司一家獨有，而是所有希望走在創新前端的機構的共性。這些工作與生活（甚至自然）的界限相模糊的環境配置，都是激發員工創造力的其中一個環節。

充滿各種事物的環境的確會增進腦部神經通路的縱橫交錯程度，反映在行為上就是一個人的活躍程度。

生物心理學家馬克·羅森茨威格曾經做過一個實驗。他選擇了一批基本一樣的老鼠，任意分成三個組。第一組的老鼠被關在同一個鐵籠子裡飼養，稱之為標準環境；第二組老鼠被一個一個地隔離開來，各自處在一個三面不透明的籠子裡，光線昏暗，幾乎沒有刺激，此之謂貧乏環境；第三組老鼠被關在一個大而寬敞、光線充足的籠子裡，內有鞦韆、溜滑梯、木梯、小橋及各種「玩具」，這是豐富環境。

經過幾個月的觀察，豐富環境中的老鼠最「貪玩」，而貧乏環境中的老鼠最「老實」。研究者將這些老鼠的大腦取出來進行解剖分析，發現三組老鼠在大腦皮層厚度、腦皮層蛋白質含量、腦皮層與大腦的比重、腦細胞的大小、神經纖維的數量突觸的數量、神經膠質細胞的數量以及與智力有關的腦化學物質等方面存在著明顯的差異。豐富環境組的老鼠優勢最為明顯，擁有更多相互連接的神經突觸。

針對人類的研究不允許進行腦的解剖，但是透過行為觀察，心理學家們發現一致的結果。環境的豐富程度與想像力程度是相連的。想像力（imagination）是創新的源泉。在心理學上，想像力指的是對心理表徵（mental representation）的操縱。而表徵（representation）是環境中事物的反映。沒有豐富的表徵，就不會有豐富的想像力。繁亂的工作環境在一定程度上提供了創造性發展的材料。

當然，不是所有工作都需要我們慢悠悠地尋找靈感。很多工作的問題解決方式都有現成的模式，而不需要進行思維的醞釀。我們要的就是遵循綱要（schema）。心理學上將綱要看作我們內心已經形成的行為經驗。簡單地說，它就像一段電腦程式，用來處理相應的問題。對於每件事情，我們都在心裡建立怎麼做的綱要。綱要一旦被啟動，就會像程式一樣被嚴格執行下去。這種心理結構越鞏固，我們完成它所對應的事情就越高效率。

所以，我們需要迅速而專注地完成手頭的事情，就好像流水作業一樣。這時，花俏的東西幫不了我們。我們只需要知道如何專注於我們的工作任務。

我們能否專注工作，工作環境起著重要的作用。工作空間內過多的物品都有可能成為干擾源。這些進入我們潛意識的資訊隨時都有可能「破門而入」到我們的意識水準。這時，它們就分散了我們的注意力。畢竟，一個人的心理資源是有限的。這就好比一部電腦的記憶體一樣，被這些東西占據了心理資源，留給工作用的心理資源就會減少。

一個員工曾這樣描述他工作的地方：「辦公桌上，擺滿了家人的照片，身為一個高雄人，隻身一人來到臺北市。工作的間隙常常會想起家人，照片成了我思念的寄託。」

聽上去很浪漫，但是相信一間公司的主管並不想聽到這樣的報告。不僅僅是照片，我們工作場所裡很多的東西都不經意地勾起我們的聯想。這些聯想對於那些充滿情感的藝術創作者和思維觸覺到處伸展的技術革新人員來說是有益的。但是對一般的工作而言，卻是在浪費時間。

當一個東西出現在它不應該出現的地方時，就是一種凌亂。比如家人的照片，放在辦公桌上，是一個家庭元素和工作環境的交疊。一面看上去是人性化的、充滿人情味的，另一面看上去卻是凌亂的。這種凌亂是工作環境本身元素的不規則性。

我們通常應該將工作上的東西進行組織整理。這體現了一個人的組織管理能力。做到這點並非是件容易的事。據調查，每年平均每個美國人會花掉六週的時間，在凌亂的工作環境中、在亂放的檔案中找尋相關資料。而最理想的情況下，我們每年也只有四十八週能花在工作上。可見凌亂環境對工作效率的影響之大。有些公司因此而「以桌取人」，從一個員工的桌面整理情況來判斷這位職員的工作效率，以及是否提供升遷的機會。簡單和整齊的工作環境對一般的工作而言，是工作效率的最佳助動器，也是你職業形象的一個標竿。

整理環境，提高效率

既然如此，我們要嚴肅地對待腦子裡這些潛在的不速之客。對於大多數人而言，還是需要一個較少分神的工作環境。

工作忙忙碌碌。為了貪圖一時的方便，東西往往堆得到處都是。經常有隨手放著的鑰匙、筆、膠帶、個人數位助理（PDA）、手機、錢包、傳輸線、耳機等東西。不如停下來，花點時間，收拾一下你的辦公桌。

1. 把放在你眼前和手邊的資料、檔案等雜物分類一下，然後擺放整齊。
2. 把那些看似有用卻一輩子也不會再用到的小物品都扔掉。
3. 不要太多的裝飾物，保留一兩件就足夠了。
4. 扔掉那些你不需要的筆。原子筆、鉛筆、螢光筆……每種筆保留一支就好了。

5. 為零碎物品找個安身之處。鑰匙、訂書機、藥膏等東西應收納在一個盒子裡。
6. 把各種資料線也收好。不要讓 MP3、手機或相機等傳輸線纏繞了你的精力。

……

這就好像是在考查你的收納能力。其實，只要你養成習慣了，就毫不費力。這是一個提高工作效率的好習慣。

心理檔案

閾下知覺（subliminal perception）：大腦接收到的，但我們意識不到的刺激資訊。

閾限（threshold）：我們剛剛好能夠意識的刺激的強度。

資訊超載（information overloaded）：最早出現於一九七〇年 Alvin Toffler 的《未來的衝擊》（*Future Shock*）一書中，指人們在應用或處理資訊的過程中，由於資訊量過大超出了個人的有效處理能力，從而產生的面對資訊的低分析決策能力和無形的壓迫感。

個體與環境契合理論（Person-environment fit theory）：指人的性格特點與工作環境要求之間的契合是工作效率和工作滿意度的前提。

想像力（imagination）：是人在已有形象的基礎上，在頭腦中創造出新形象的能力。

表徵（representation）：是事物不在面前時，人們在頭腦中出現的關於事物的形象。

綱要（schema）：是人腦中已有的知識經驗的網路。

第 6 節 忙裡偷閒，你會嗎？

工作日是令人興奮和瘋狂的。我們可能要按時按量完成工作任務，跟「截止日期」賽跑。我們要應付上司、同事和工作。「工作無休，時間不止。」工作可能占去了一天中我們清醒時的大半時間。如何在工作時間裡做到張弛有度呢？ 情緒和音樂會給我們一些啟發。

情緒會耗竭？

當我們努力集中精力投入到工作中時，我們的心情是緊張的。情緒具有動機的功能，驅使我們去做正在從事的工作。我們的身體，包括我們的肌肉也隨著情緒的動員而緊張起來。它們燃燒著我們的精力，例如血液中的葡萄糖等。

就好像機器的發動機一樣，人體也無法承受沒有間歇的運轉。人腦也無法持續地使用。腦健康的一個要求就是不能過度用腦。因此，我們需要放鬆，讓身體和腦力恢復到常態，再開啟下一輪的工作。

放鬆的意義之一是身體肌肉的鬆弛，另一層是情緒狀態的緩和。情緒會像熱量一樣積聚，不斷升高。如果不稍加控制，我們的情緒系統會崩潰，就好像大自然被過度破壞而失去自生能力一樣。這種情況，心理學家稱之為情緒耗竭（emotional exhaustion）。情緒是區別於生理的一種能量。在一般情況下，它是能夠再生的、能夠自我平衡的。一旦被超限額使用，它就失去自我修復的能力。打個比方，湖泊有水，具有生雨的能力。如果被過度使用，失去了應有的常態水位，那麼也就失去迴圈再生的功能，最終耗竭。

很多年輕白領都走上這樣的軌道：剛剛畢業時躊躇滿志，隨著工作的消磨而慢慢失去初出茅廬的激情和鬥志；他們仍然有著血氣充盈的軀體，但是情感已經乾癟成漏氣的氣球。他們每天能夠按時起床上班，但是感覺昏昏沉沉像沒有睡醒一樣。他們默默地站在斑馬線前等待通過；前赴後繼地爭搶著湧入捷運站卻面無表情；見到熟人會機械地打招呼，但心裡沒有泛起半點漣漪；也會打電話給父母朋友，只是找不到太多語言；渴望一份愛情，卻懶得去追尋。總而言之，他們失去了情感。與此同時，他們又會情緒煩躁、易怒、責備和遷怒他人。

如果你身處醫生、銀行員、程式設計師、教師、記者、警察、公務員、演員、計程車司機等職業，如果你每週工作超過五十個小時，那麼我提醒你要特別注意。據調查，六成的教師處於情緒耗竭狀態。這些教齡很短的教師對心理諮商師說：「最近不知怎麼了，做事沒有條理，遇事急躁，工作沒熱情，跟同事的摩擦屢屢增加……」

事實上，所有職業都有情緒耗竭的危險。當我們持續進行高強度的工作時，要小心，不能一下子就燃燒了自己所有的熱情。我們要學會在工作的時間空隙裡放鬆自己，保存情緒情感的再生力量。

音樂是舒緩情緒的良藥

在人類的「音樂史」上，一定少不了這樣的讚嘆：「那優美的旋律撥動了我的心弦。」人們將「心」和音樂聯想在一起並不是沒有理由的。視聽嗅味觸，其中聽覺可能最接近人的情緒中樞。耳膜上聲音的振幅和頻率資訊經過層層傳遞，透過密密麻麻的神經節與掌管情緒的皮層相連。人感到心和樂聲是一起跳動的。既然音樂與情緒關係密切，那麼音樂有可能是打開情緒之鎖的鑰匙之一。

一個心理個案的自白：「自己是個音樂愛好者，喜歡聽歌。獨自做事情時，喜歡有音樂相伴。聽到自己喜愛的音樂就會不由自主地沉浸其中。那便是一種放鬆。放鬆心情，在沒有紛擾的思緒下徜徉，很幸福、很溫暖、很甜蜜。那彷若是一種溫馨的回憶、一個想像的空間，像世外桃源那樣美麗，而自己即是在那裡簡單生活的人，熱愛生活、積極向上。」音樂能夠使人放鬆是老少皆知的常識。但是這裡還有很多問題未曾被注意到。關於音樂和情緒之間的關係，我們要問音樂使人放鬆的內在方式是什麼，以及何種音樂能使人放鬆。

在宗教、醫學和心理學上，有一個詞叫做卡塔西斯（Katharsis）。在宗教上，它的意思是淨化，而在醫學和心理學上，它被認為是一種宣洩（catharsis）。卡塔西斯（即宣洩）的意思是，透過音樂或其他藝術，使某種過分強烈情緒因宣洩而達到平靜，從而恢復和保持心理的健康。希臘哲學家亞里斯多德曾稱讚詩人說，詩對情緒具有宣洩的作用，使心情得以放鬆。

在工作中緊繃著的情緒，當然可以透過聽音樂來得到舒緩。音樂心理學（music psychology）書本上通常都有以下兩句話。

托爾斯泰說：「音樂是情緒的速寫。」心理諮商師麥可·托克（Michael Torke）說：「如果你能聽聽 B 小調彌撒，就毋須花錢進行心理諮商了。」

前者認為音樂能夠攜帶和傳遞情緒資訊。後者則認為音樂能夠影響聽者的情緒。這兩句話相得益彰，它們說明了音樂和情緒情同手足。

如果說被情緒困擾的人面對的天空是灰濛濛的，那麼音樂就是淨化它的雨水。已經有很多科學實驗證明了這一點。例如，有心理學家認為，僅僅接受了十五秒的音樂療法後，受試者的憂鬱症狀就明顯好轉。相比於傳統的療法，音樂元素的加入起到了意想不到的效果。

讓音樂撥動你的心情。在工作休息的間隙裡，短時間內的一段音樂就可以使你舒緩神經。

你能找到合適的音樂嗎？

如果不清楚音樂令人放鬆的生理和心理機制，那麼就會在音樂放鬆上「誤入歧途」。所有音樂都有可能成為令人放鬆的音樂，無論它是來自自然的旋律，例如班得瑞（Bandari），還是來自金屬，例如黑色安息日（Black Sabbath）。但是對於不同的人在不同的心情裡，不是所有音樂都能夠讓他們放鬆。這除了取決於個人的性格，還取決於所聽的音樂是否跟你的情緒匹配。音樂只有跟情緒相匹配，才能釋放情緒的能量。例如，如果感到火氣很大，聽聽表達憤怒的音樂可以使你的肝火得到釋放。你會感到平靜，還可能感到心情被淨化和清理。聽覺跟情緒中樞是相連的。當神經細胞的振動與外部節奏協調時，人就會感到舒暢和愉快。

我們要找到跟自己的情緒狀態相匹配的音樂，才能夠放鬆自己。另外，音樂跟個人性格也密切相關。心理學家曾分析了三個不同交響樂隊的兩百多名成員的心理狀況。他們發現：經常演奏古典樂曲的大部分成員的心情都趨向平穩愉快；經常演奏現代樂曲的成員中，七成以上的人曾經神經過敏，六成以上的人比較急躁，兩成二以上的人情緒低落。心理學家還分析了音樂愛好者的心理狀況：古典音樂愛好者的人際關係比較融洽；浪漫主義音樂愛好者的性格開朗，思想活躍；而熱衷於嘈雜的現代派音樂的人則出現較多的人際困擾問題。

有些機構在根據身體神經細胞的振動跟耳膜振動要相一致的原理來創作音樂。例如，英國的馬可尼聯盟（Marconi Union）聲稱他們創作出了有史以來最能使人放鬆的音樂 Weightless（〈無重力之歌〉）。據稱該曲可以減少百分之六十五的焦慮感，可以使心率下降百分之三十五。其旋律與身體節奏同步。它還被《時代》（*TIME*）評為二〇一一年度五十大發明之一。

你信嗎？ 不妨一試。不論如何，既然知道了音樂調整情緒的基本原理，我們就可以定位好自己的情緒狀態，然後找出適合自己的放鬆的音樂。

心理檔案

情緒耗竭（emotional exhaustion）：是一種特定的壓力反應，被視為職業倦怠的關鍵成因。

卡塔西斯（Katharsis）：即拉丁文 katharsis 的音譯，在心理學上指情緒排解。

音樂心理學（music psychology）：以心理學理論為基礎，汲取生理學、物理學、遺傳學、人類學、美學等相關理論，採用實驗心理學（experimental psychology）的方法，研究和解釋人從原始到高級的音樂經驗和音樂行為的心理學分支。

第 7 節 績效提高，只需要動一動

身體姿勢是用來做什麼的？一個學過最基本心理學課程的大學生都會脫口而出：它是一種表情。不錯，姿勢或姿態就是人類的肢體語言，尤其是傳達人們內心狀態。接下來你可能還會想到能夠透過一個人的身體姿勢來評估他在想什麼、他的性格如何等等。總而言之，我們往往會認為身體姿勢是一個人心理的反映或表達。但是我們可能還不知道，身體姿勢也會反過來影響我們的心理。

胃也能思考？

身體跟思考有什麼關係？人們可能會馬上想到，身體為思考提供精力。其實，身體並非那麼簡單。「四肢發達，頭腦簡單」的說法早就站不住腳了。現在心理學家認為，我們不僅僅用頭腦思考，還會用身體來思考。也就是說，我們全身都跟思考有關，這就是體感認知理論（theory of embodied cognition）。

用胃來思考並不神奇。思考不再是頭腦的專利。

就要面試了、考試了、見另一半了，我做好了充分的準備。我絲毫沒有感到擔心，一切都在平穩進行中。但我這幾天食慾不振，無論是最愛的巧克力還是優酪乳，沒有什麼東西能勾起我的食慾。我這是怎麼了？

因為你焦慮了。頭腦不會告訴你。因為你已經被灌輸了很強的信念：焦慮會讓你搞砸一切。所以，你不斷地暗示自己不要焦慮。你的頭腦非常樂觀或者非常聽話。它不會告訴主人你正在焦慮。但是胃知道！很多時候我們能夠騙過高級的神經系統，但是騙不過交感神經系統。

頭腦沒有告訴你的，身體可以告訴你，因為它也在思考。頭腦和身體的關係不是單向的。我們曾經一直以為頭腦控制身體。實際上，心理學家已經證實，頭腦和身體是相互作用的。

模仿一下，讓你更了解他

回想一下，你跟你最好的朋友是不是在很多方面都很像，其中包括身體姿勢和各種動作。至少，我有這種感覺。為什麼作為好友，會在姿勢和動作上相似呢？原因可能有兩種：

一是，我們相似，所以我們彼此容易相互理解，因而走到一起。

二是，我們在一起，所以彼此無意地相互模仿，因而變得相似。

這兩種可能都符合體感認知理論的假設。我們的思維和情緒都離不開身體的參與。我們既會因相似而成為朋友，也會因成為朋友而更加相似。理由是，我們之間相類似的動作和姿勢能夠幫助我們理解對方。

如果讀者中有美劇《犯罪心理》（*Criminal Minds*）的粉絲，不知道你們有沒有留意到，我們經常可以看到蓋迪（Gideon）、艾米莉（Emily）和摩根（Morgan）他們在察看犯罪現場時，運用了模仿的手段。他們根據已知的嫌疑犯的身體狀況：左撇子或右撇子、高或矮、胖或瘦等特徵，用自己的身體來模仿罪案發生時，嫌疑犯最有可能的動作和行為，據此來揣摩嫌疑人的心理。

因此，如果能夠模仿一下對方的表情或手勢，會讓你更加了解對方的心思。

心理檔案

體感認知理論（theory of embodied cognition）：強調身體在認知的實踐中發揮著關鍵作用。

第 8 節　怎麼辦？電子郵件有心理問題了

像很多整天坐在電腦前的人們一樣，我沉溺於收寄電子郵件之中。經常要查看自己的收件箱，很難連續十五分鐘以上集中精力完成一項任務。如果電腦網速很慢或者手機訊號不好，幾小時都不能訪問電子郵件，我會感到焦慮。打開收件箱卻沒有收到新郵件，我會覺得很失望。通常，我早上起來的第一件事和每晚入睡前的最後一件事都是查看收件箱，以防遺漏新郵件。你跟我一樣嗎？

什麼是行為成癮？

對於大多數人來說，上癮常常跟酒精、尼古丁、古柯鹼和海洛因等毒品聯想在一起。對於平常人，如果想起上癮這個詞，馬上聯想到的是對應的具體事物。但這已經是過時的想法了。人們對於任何事物幾乎都會成癮，包括抽象的行為。心理學家提出了行為成癮（behavioral addiction）的概念，即人們對行為也會成癮。例如，賭博是最常見的行為成癮。美國高爾夫球明星老虎伍茲還患上了性行為成癮。屬於行為成癮的，還有購物癖、網路成癮等。

某種行為過度並不一定說明成癮。關鍵在於這種行為是否對個人的心理造成了困擾。我們每天都要用電腦，但是這不能確定我們「電腦成癮」。因為電腦是我們工作的工具，就好比沒有人會說你「鍵盤成癮」或者「鉛筆成癮」。如果某種行為過多，並且會產生影響身心健康的副作用，那麼就說明行為成癮了。

作為行為成癮的一種，賭博成癮就會使你付出巨大的心理和生理代價，包括喜怒無常、關係問題、曠職、家庭暴力和破產，包括焦慮、沮喪、失眠、腸道功能紊亂、偏頭痛、壓力造成的精神紊亂、胃病和自殺想法。假如不滿足這種行為，就會產生失眠、頭痛、食慾不振、身體虛弱，心悸、肌肉酸痛、呼吸困難和打寒顫等軀體症狀。

不是所有行為成癮都會帶來上述所有症狀，不過必然會影響你的生活和工作表現、工作效率。

是什麼引發了我們對這些行為的磁力呢？如果一種行為具有重複的特點，並且伴有高度情緒化和高頻率的內在經驗，那麼這種行為就會引起腦神經對其的適應，使神經迴路發生變化。因此，這種行為就被長期固定下來成為機械化的「例行」行為。跟藥物成癮一樣，行為成癮也與自主控制的缺失有關。兩種成癮的模式基本一致，即藥物（行為）——大腦神經——成癮行為。這裡的基本原理是腦神經引導了我們的行為，而我們的行為也能改變我們的腦神經迴路。

郵件也能成癮？

我們在這裡要提醒的，是工作中的成癮行為，即郵件成癮（E-mail addiction, Emailoholism）。郵件成癮的症狀就如我們在本章節開頭所描述的那樣。

很多企業已經察覺到員工可能存在郵件成癮的問題。美國蜂巢式電話（cellular phone，又稱行動電話、手機）、德勤會計師事務所（Deloitte Touche Tohmatsu）和英特爾公司（Intel Corporation）等正在實行或嘗試「無電郵」的週五或週末，除非是跟客戶進行交流或者處理緊急的事務，否則不允許進行公司內部常規的郵件溝通。這種規定不一定合理，但它也反映了我們當前工作中電子郵件的過度使用可能帶來的問題。調查顯示，大約三分之一的人在工作時間內，一個小時要查看三十到四十次郵件。

在心理學上，郵件在這裡應被稱作干擾項（distractor）。干擾項本來是源於心理學認知實驗當中用過研究注意集中的實驗材料。後來人們發現現實當中也存在很多干擾項，使人的精力和注意力分散。查看郵件的行為就使我們無法長時間集中注意力在一項任務上。對於大部分人而言，這會影響其工作效率。另外，郵件作為一種溝通方式，一方面方便了同事之間的交流，另一方面減少了面對面的交流。

限制員工使用內部郵件的目的就是鼓勵員工多跟客戶和同事做面對面的溝通或電話交談，以提高工作效率，也讓員工暫時遠離越來越多的電子郵件，喘上一口氣。

自己所面臨的工作任務可能是比較繁重和有難度的。但是查看郵件卻是比較輕鬆就能完成的。我們很容易從中得到欣慰感。外人看來可能是很枯燥的工作，在面對更難任務的人面前就覺得是輕鬆之舉。回覆或者刪除郵件成了一種帶來快感的行為。它會激發一組神經迴路，釋放「快樂傳遞物」多巴胺（dopamine）到大腦裡。這樣就使你未來查看電子郵件的頻率增加，強化了你檢查郵件的行為。回到我們在上一小節說到的腦神經迴路變化，這種行為機制就會使其發生突變，從而使之成為一種成癮行為。

事實上，頻繁查看的行為不僅僅存在於電子郵件上，也表現在我們常常忍不住查看我們的 LINE 或 FB，乃至 IG 的成癮行為上。

試一試，把成癮的東西變成獎賞

我們的錯誤是把這些分心的事情變成了我們工作中的大部分。一名電子郵件成癮者說：「我喜歡閱讀並快速回覆電子郵件。這就像是瞬間獲得的成就，這會讓我的收件箱不被未讀郵件填滿。」 既然這種行為能夠帶來快感，那麼將其變成一種獎賞，而不是工作的全部，就會帶來良好的效果。這也是我們擺脫行為成癮常用的辦法。

首先要最小化或關掉電子郵件的視窗，另外最好關掉新電子郵件的提示音。規定自己在十五或二十分鐘內埋頭做自己手頭上的事情。這段時間後有三或五分鐘用來休息。休息的時間內允許查看和回覆郵件。這樣就把「不讓未讀郵件填滿收件箱首頁」帶來的成就感變成了當前要做的工作任務的獎賞。

思維靈敏並且對本章節有很好理解的讀者會問，這不也是成癮的模式嗎？ 是的，也許你會建立這種新的「成癮」，不過它跟郵件成癮不同，它沒有損害工作效率，反而促進了我們的工作表現。

心理檔案

行為成癮（behavioral addiction）：是指不依賴於物質的成癮，也被稱為過程成癮（process addiction）或非物質成癮（non-substance-related addiction）。行為成癮者被自己重複進行某種行為的衝動所困擾，並且導致生理、心理或社會性的負面後果。

郵件成癮（E-mail addiction, Emailoholism）：重複地查看郵件並因此對工作效率有不良影響的行為成癮。

干擾項（distractor）：對集中注意力於當前工作任務有轉移和分散作用的事物。

第 9 節 高獎金等於高績效？心理學說不

金錢是一個無法避免的話題。我們在之前的章節中已經談到不少關於金錢的問題。在這一章節，我們依然要討論高獎金是否能夠帶來高的績效，即是否越高的金錢激勵會迸發出越強的工作表現。

錢，是強大的激勵因素

李雲龍（都梁小說《亮劍》主角之一）會亮劍，老闆會「亮鈔」。有些孩子的父母也會「亮鈔」：「如果你這次考一百分，我就獎勵你一百元。」這是很典型的金錢激勵學習的案例。美劇《謊言終結者》（*Lie to Me*）第一季第一集，老闆萊特曼（Lightman）到機場安檢處僱用他看中的新成員芮雅·桃樂絲（Ria Torres）時，特意帶了一箱現金送給她。瞧，老闆兼心理學家的萊特曼也會承認金錢的誘惑力：金錢可以加重讓桃樂絲離開機場安保部門而加盟他的公司的砝碼。整個過程並沒有太多的談判，也許萊特曼知道，他最後扔出的那箱現金已經足以讓桃樂絲臣服。

心理學把這種能夠激發個體動機的東西稱為誘因（incentive）或者激勵因素（motivator）。金錢就是一種重要的激勵因素。為什麼金錢具有如此大的能力呢？這要從心理學家馬斯洛的需求層次理論（hierachy of needs）說起。馬斯洛將需求分出了由初級到高級五種：生理需求、安全需求、愛與歸屬的需求、尊重的需求、自我實現的需求。在大多數情況下，可能幾種甚至全部的基本需求同時存在，共同影響和支配著人的行為。不過，越往底部的需求，其驅動力就越強大。

金錢之所以有如此魔力，並不在於它本身，而恰恰在於人類自己。越往底部的需求，越能夠透過金錢來滿足。我想成為一個自我實現的人，要多少錢？這幾乎不會有價碼。錢買不到自我實現的人。

但是，錢能夠輕易地買到食物、水，乃至性。需求金字塔越下層的需求越有清晰的標價，越上層越模糊，以至於沒有標價。

晉朝的魯褒在〈錢神論〉中說：「有錢可使鬼，而況人乎。」況且不論這世上有沒有鬼，至少我們清楚金錢的力量是無窮的。難道不是嗎？ 西方同樣有關於金錢的諺語：Money makes the world go around（錢使地球轉動）； Every man has his price（每個人有他的價格——也就是說每個人都可以被收買，只要你出得起錢或是能滿足這個人的需求）。可以說，金錢也許就是這個世界上最具有魔力的激勵因素。

錢，不是最強大的激勵因素

當金錢在世人眼中閃閃發光時，卻不知還有更多「有實力」的激勵因素在冷笑。過去幾十年中，心理學家對動機進行了很多研究。你所不知道的是，金錢並不是人類動機的最有力的誘因。如果建立一個激勵因素的排行榜，金錢毫無疑問會進入前十，但是我不能保證它一定能排在第一。我們在前面章節已經說過，公平與否是對心理平衡的重要變數。如果員工被加薪，他們會感到很興奮，同時也會感到這是他們賺來的，是值得的。也就是說，他們覺得這很合理。但是如果他們感覺沒有拿到應有的金錢回報，那麼，他們無論如何都會覺得不合理。這個時候金錢反而成了去激勵因素（demotivator），就是跟激勵因素相反作用的東西。

人們常說：錢乃身外之物。這句話不是沒有道理。動機心理學（motivation psychology）認為，金錢終究是外在誘因（extrinsic incentive)。能夠使一個人永遠執著的，肯定不是外在誘因。

心理學家德西（Deci）曾講過這樣一個故事：有一群孩子在一位老人家門前嬉鬧，叫聲連天。幾天過去，老人難以忍受。於是，他走出來給了每個孩子十美分（約新臺幣三元），對他們說：「你們讓這裡變得很熱鬧，我覺得自己年輕了不少，這點錢表示謝意。」孩子們很高興，第二天仍然來了，一如既往地嬉鬧。老人再出來，給了每個孩子五美分（約新臺幣一元半）。五美分也還可以吧！孩子們仍然興高采烈地走了。第三天，老人只給了每個孩子兩美分（約新臺幣零點六元），孩子們感到憤怒：「一天才兩美分，知不知道我們多辛苦！」他們向老人發誓，他們再也不會為他而玩了。在這個故事裡，老人的方法很簡單。他將孩子們的內部動機「為自己快樂而玩」變成了外部動機「為得到美分而玩」，而他操縱著美分這個外部因素，所以也操縱了孩子們的行為。

社會心理學家把這種心理策略叫做動機外化（externalization），即把一個人的內部動機轉化成外部動機。本來內部動機對於堅持一件事情是好的，但是轉化為外部動機後，這份堅持就失去了原生力量。一旦外生力量（外在誘因）撤走後，就再也沒有動力去堅持最初的事情了。這種現象也被稱為德西效應（westerners effect）。這種心理機制說明了金錢作為外部的激勵因素，終究不會成為個體行為的最重要誘因。如果真的有「單純的」守財奴，完完全全只為金錢而活，那麼只能說這是一個人生「悲劇」。但這種情況幾乎不會發生。

誰是最強激勵因素？

既然金錢被公認不是最強大的激勵因素，那麼誰最具有魔力呢？關於最強大的激勵因素，恐怕暫時還不會有勝出者，目前只有候選者。其中，恐懼（fear）是候選之一。

比如，在民主政治的歷史上，幾乎所有政治選舉候選人都會透過喚醒民眾對犯罪、外來者、恐怖分子、移民、幫派、性侵犯者或毒品的恐懼來爭取中間選民的支持。藉由散播謠言或聳動新聞來製造恐慌，用恐懼來影響選民的觀點判斷，被前美國副總統艾爾·高爾稱為「杏仁核政治」。

如果說金錢之所以能夠激勵人心，是因為它帶給人們快樂，那麼使一個人恐懼比使一個人快樂更加讓人產生動力。事實上，人類把逃避恐懼感置於獲得愉悅感之上。

> 寶鹼公司（P&G）的海倫仙度絲品牌曾經有這樣一段廣告，其大意是：某女子有頭皮屑，在男友及同事面前出醜了，同事笑話，影響工作，男友不滿意，認為這樣的女生髒，戀愛告吹。這就是在製造人的恐懼感。

從行為主義心理學（behavioristic psychology）來說，逃避恐懼感是一種負強化，也就是去掉一個令人討厭的刺激是在對某種行為做出獎賞，而最讓人難受的刺激就是恐懼。恐懼是人最原始的本能之一。在遠古時期，恐懼是人類賴以生存的一種情緒反應。「一朝被蛇咬，十年怕井繩。」只要我們經歷了恐懼，就不會忘記這種感覺，並在未來的時間裡盡量去避免這種感覺。人類最深刻的記憶是由恐懼塑造的。腎上腺素的大量分泌使得我們無法忘記恐懼的那一刻。

心理檔案

誘因（incentive）：驅使有機體產生一定行為的外部因素。

需求層次理論（hierarchy of needs）：心理學家馬斯洛（Maslow）於一九四三年提出的一種關於人的需求結構的理論。

去激勵因素（demotivator）：是相對激勵因素而言的，它是指抑制或削減人們工作積極性的因素。

外在性誘因（extrinsic incentive）：來自外部的動力。

動機外化（externalization）：一個行為的發生由原來出於內部動機轉化為出於外部動機的過程。

第10節 週一症候群？

週一究竟有什麼可怕的？關於週一症候群的爭論還沒有定論。不管如何，週一是新的開始，大家理應重新煥發活力投入到工作中。

你有週一症候群嗎？

壞事情似乎總是發生在週一。股票市場在這一天萎靡，自殺率在這一天飆升，性病諮詢電話常在這天被打爆。

在股票市場，有一種現象叫做週末效應（weekend effect）。週末效應說的是，在週末過後的第一天，即星期一時，股票收益偏低，低於一週中的其他日子。有心理學家分析這種現象，說是因為投資者在週五和週一之間，即週末期間，變得對市場不那麼樂觀了。有趣的是，這種現象在醫學和健康領域也有出現。比如，在一週中，星期一自殺的人數最多。另外，醫院在週一接到的關於性病的諮詢也是在一週中最多的。

週一症候群可能還侵襲了學生和上班族。週一的早晨，很多人冒冒失失地去上班，工作時感覺如同夢遊，注意力難以集中，毫無效率可言。週末的舒適和上週五遺留下來的工作任務一起疊加起來堆在腦海裡，我們當然感到沮喪。

很多人都相信，週一應該是我們一週中心情最不好的一天。但是，心理學家最近的研究顯示，週一沒有我們想像中的那麼可怕，而週末也並非那麼美好。總之，一週的每一天對待我們都是公平的，對我們心情的影響基本上都是一樣的。

心理學家測量了人在一週中的心情狀態的起伏。結果發現並非像人們所說的那樣：週一心情最差，而週末心情最好。實際上，人們一週內的心情都差不多。相對來說，週三的時候心情才是最差的，而週日心情最好。但是兩者之間的差別也非常小。

所以，週一症候群不一定真實地存在。

罪魁禍首——記憶偏差

那麼，為什麼人們覺得週一心情最差呢？是因為記憶的偏差(memory bias)。當我們讓人們評價哪一天比較糟糕，哪一天比較開心的時候，其實我們已經受到認知的影響。因為我們意識裡知道人們常說週一是不愉快的，所以當我們回想過去哪個日子最糟糕的時候，我們就會在週一裡面選：回想最糟糕的那個週一。當我們被問及哪天最開心時，由於刻板印象的原因，我們會去回想最愉快的週末，而不是回憶實際最愉快的某一天。

不過我們的確應該注意，在心理上對雙休日不要要求太高，也不要因為週末就狂歡無度，以免到了週一時筋疲力盡。

心理檔案

週末效應（weekend effect）：指股民在週五時預測週末兩天政策面會出現什麼變化，從而導致週一、週二股市收益不高的現象。

週一症候群：指在星期一上班時，總出現疲倦、頭暈、胸悶、腹脹、食慾不振、全身酸痛、注意力不集中等症狀。

記憶偏差（memory bias）：指人們回憶事物的時候對自己的記憶進行篡改的現象。

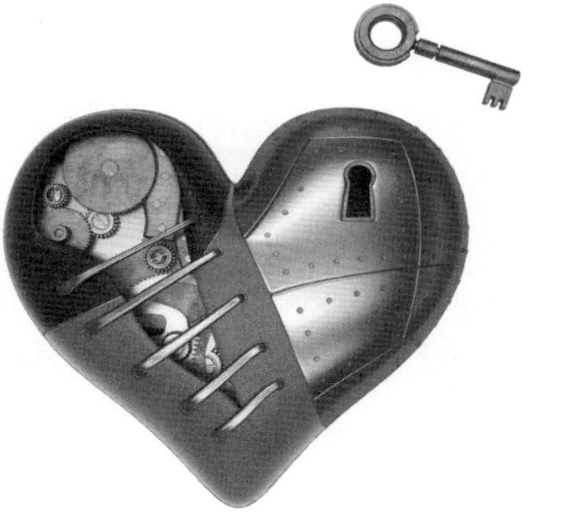

第 3 章

大千世界——社會

有哪個人不處在社會當中嗎？ 魯賓遜（Robinson）？ 不對，他最終還是回歸社會了。反過來，如果不處在社會中，還算是個人嗎？這句話有點過分，但的的確確是這樣。人在社會中是一個人存在的必要條件。那麼人在社會中又有什麼樣的心理和行為規律呢？ 社會心理學（social psychology）的成果簡直是繁花似錦。我們只拾其中一二，以幫助人們從科學心理學的角度了解社會。

第 1 節 「人間」冷暖你自知

我們常會聽到人間冷暖、冷暖人間這些詞。為什麼我們用要衡量溫度的詞來修飾社會？我們真的能夠感受到社會的冷暖嗎？我要告訴你什麼是心理溫度（psychological temperature）。

心理也有溫度

冷暴力、熱暴力……人們無意識地喜歡用跟溫度相關的詞來形容社會關係。其實，並非暴力有冷熱之分，只是人們的心理感覺有冷熱。

明天會冷還是熱？天氣預報會給你一個晴雨錶。其實，心理學家發現，人自己也有一個溫度計。這個溫度計量的不是氣溫，也不是體溫，而是你心的溫度。你的心理溫度可能大於高於氣溫，也可能低於氣溫。心理溫度跟生理溫度會發生相互的影響。

為了研究社會隔離（social isolation）這一現象，心理學家開發了一個名叫「Cyberball」的遊戲，專門用來激發拒絕社交（social rejection）。在這款遊戲裡，三個人一起拋球。你可以選擇拋給其他任意一個人。在遊戲前，玩這款遊戲的受試者被告知是跟另外兩個受試者一起玩，每個人扮演遊戲裡的一個角色，而實際上只是一個受試者在玩，電腦畫面中呈現的另外兩個角色是電腦模擬的。而且，遊戲設定在開始的幾個環節裡，兩個虛擬的人都會選擇拋球給受試者，但隨著時間的推移，慢慢地就不拋球給他了。最後，遊戲變成了兩個虛擬人在互相拋球，而受試者相當於旁觀者。這個遊戲模擬了現實生活中經常會遇見的拒絕社交現象。即其他人在一起玩，而不跟你玩，不讓你加入他們的圈子。人在這種情境下一般會產生被孤立的感覺。

心理學家在實驗中發現，讓受試者在一個簡單布置的（因此不會有其他東西干擾你的判斷）房間裡玩過這個遊戲之後，他們會覺得這個房間變冷了。但實際上房間溫度一直由冷氣控制，溫度保持不變。

後來，心理學家假裝請一批人來幫忙體驗一間房子的室溫，然後報告給維修工程師，好讓工程師改善這間房子的居住體驗。研究者把幾十個受試者分成兩組，要求第一組人回憶生活中被其他人孤立的情景，要求第二組回想生活中被包容接納的情景。然後，讓他們彙報房子裡的室溫。結果，第二組估計到的溫度要遠高於第一組。事實上，他們所體驗的房子溫度都是一樣的。

更有甚者，玩過遊戲後，讓他們自由地選擇喝冷的飲料、熱的飲料或者平常室溫下的飲料。在大熱天下，當中很多人居然沒有選擇喝冰凍的冷飲，而是選擇了加熱的飲料。這是不合常理的，一般人在酷熱的夏天都會喜歡喝冰涼的冷飲。

這說明社會疏離感使我們感到冷，所以我們才想著用熱乎乎的東西來暖暖身子。例如，久疏家庭的溫暖，放假飛奔回家，老媽燉了香濃滾燙的雞湯，喝完身體都暖和起來。但是，即使離家在外，你也能夠買到更加香甜的雞湯喝，為什麼就沒有家裡的暖身呢？ 這是因為在外面喝的雞湯能提升身體的溫度，但沒有直接溫暖心靈、直接提升心理溫度，所以稍遜一籌。

心理溫度反過來也受生理溫度的影響

美國耶魯大學（Yale University）心理系的心理學家曾經做過一個熱咖啡實驗。研究者在學校裡發布心理實驗受試者招募廣告。有一些同學應徵而來。耶魯心理實驗室在教學樓的四樓，所以需要由心理系的學生去樓下帶路。在這個帶路的環節裡，心理學家「做了手腳」。對於一部分同學，櫃台負責接待的學生會把他從電梯帶上實驗室，在電梯裡，一邊上樓一邊記錄受試者的基本資訊。碰巧的是（實際上是故意的），負責接待的同學剛好拿了一杯熱咖啡，所以記錄受試者資訊的時候只能請對方幫忙拿一下手裡的咖啡。

到了實驗室後，研究者向受試者描述了一個人：某某某聰明伶俐、樸實節儉、果敢謹慎等等；然後給受試者一張問卷，請他在十個方面替這個某某某打分。裡面有一些方面是跟熱情有關。結果發現，受試者會更傾向認為這個某某某是個熱情的人。

對於另外一部分應徵而來的同學，研究者在帶路環節讓他們拿著的是一杯冷的咖啡。結果發現，儘管描述的是同一個人，這一部分同學卻將這個人評價為冷漠的人。

因此，我們很清楚地知道，手上的溫度也會影響我們心理的溫度。手上的熱量會傳遞到心中，調節心靈的溫度。心理溫度高的人會把這個世界看得更加美好，對未來更加樂觀。而心理溫度低的人對這個世界上的人和事物就沒有那麼多的好感了。

隱喻，就是不那麼直接

在文學上，隱喻是一種修辭手法；在心理學上，隱喻是一種心理手段，溝通我們的心靈世界和外部世界。

身體和心靈靠得很近，很多方面都存在相互作用的關係。正像一位散文家所說的，「冷，像無根的浮萍，期待溫情的港灣；暖，像親人的禮物，貼近寂寞的心靈」。冷和熱本身是生理和物理上的概念，但是透過隱喻的手段，它們被用來指示我們的心理情感，一下子變得形象化了。

透過隱喻，我們把很多內心的經驗投射到外部世界，讓看不到摸不著的心靈世界能夠透過外部事物來更加視覺化。善良的人會被認為是熱心腸的；兇手會被看作是冷血的。還有人說《終極追殺令》（*Léon*）；有些老師是《熱血教師》（*The Ron Clark Story*）。有一種環境氛圍叫做溫馨，有一種笑話叫做冷笑話。

總之，隱喻連接了我們的心理、生理以及環境。根據這種隱喻的理論，當你感覺孤單了，就不要再喝冰水、冷水，專心地泡一杯熱咖啡、熱茶給自己吧！ 這真的能夠幫助自己抵禦「寒冷」。前天翻開《心靈雞湯》（*Chicken Soup to the Soul*）這本書，在裡面找到了共鳴，作者說，溫暖的雞湯可以應對社會孤寂。

有一個很好的例證，心理學家艾瑞克森（Milton H. Erikson）開創了隱喻心理治療法。他小時候曾經得過小兒麻痺症，在自己戰勝病魔的同時，他也走上了心理治療之路。可謂久病成醫啊！ 他天生具有幽默感，擅長透過講故事來促進心理諮商效果。

他在心理諮商中大量使用言外之意、雙關語及幽默技巧，引起來訪者關注和疑惑。這些情節充滿變化曲折的故事往往也有出人意料的結局。來訪者在獲得澈底放鬆和成功感受的同時，其潛意識也獲得改變認知的能量。

他在故事中根據來訪者的生命故事，透過隱喻的方法編進去，從而創建了隱喻故事治療法。隱喻（metaphor）一詞源自希臘語metaphora，意為「傳遞」，即將真實的事物用影射、類比的方式傳達出來。隱喻故事治療師像裁縫一樣，根據來訪者的故事和心理問題「量身定制」故事，來幫助他們減輕困惑。這種方法比類似說教的認知治療（cognitive therapy）具有無可比擬的優點，易於被接受。

這說明了，隱喻作為心靈和外界事物的橋梁使我們能夠到達和認識自己心理。以後，我們不能只關心自己身體的溫度，在替身體保暖、添衣的同時，我們還要多關注自己的心理溫度是否符合常態。為自己的心靈添點溫暖吧！ 怎麼做呢？

例如，常回家看看，偶爾在老家住一段時間；多交個朋友，同時也多打電話給以前的好友，或者出來聊聊聚聚；看點正向的電影，不要看太冷酷的。

我們也要關心身邊人的心理溫度，尤其是老人。怎麼為老人的心靈添衣保暖呢？ 多陪陪他們吧！ 不要「子欲養而親不待」。心理溫暖才是幸福感的外套。再多的金錢，再好的美食，再大的房子也比不過一件心靈的發熱衣。

最後，也為自己的愛人、孩子添一件吧！

心理檔案

心理溫度（psychological temperature）：由社會支持感（social support）、歸屬感等心理情感所影響的抽象的心理溫度，會透過影響人的生理溫度知覺而表現出來。

社會隔離（social isolation）：指個人與社會整體之間關係的斷裂和隔絕。

拒絕社交（social rejection）：指個體想與他人建立並保持某種關係、卻不被對方所接受的現象，以及伴隨產生的心理感受及行為反應。

心理隱喻（metaphor）：用在比較兩個好像無關事物時製造的一個修辭的轉義。在心理學上，指人用外部事物來表現知覺、情緒、思維等心理內容。

第 2 節 回憶，可以抵抗孤獨

你的 LINE 經常處於上線狀態嗎？你很想說「LINE 我吧！」卻又不好意思嗎？其實每個人或多或少都想得到別人的關注，並想跟別人保持聯絡。這是人的本能。當我們的社會支持感下降時，寂寞環繞著我們。如何抵禦孤獨感的侵蝕呢？找個人來陪就可以嗎？其實，有人陪也不一定不孤獨。心理學家有辦法讓你靠自己的記憶來戰勝孤獨。

你孤獨了嗎？

人是群居動物。每個人都有歸屬感（belongingness）的需求，都本能地渴望與他人建立友誼。研究已經證明幸福的人往往是那些「愛」得很好的人、婚姻和家庭和諧的人和社會關係良好的人。這比金錢和名譽更加重要，甚至超過身體健康。如果留意新聞報導，我們可以看到，真正擊垮獨居老人的不是疾病傷殘，而是親情和關懷的缺失。缺乏這些情感支持，就會產生孤獨（loneliness）。

有人曾在日記上寫：「又是獨處，又是空蕩蕩的，又是大大的房間，小小的我。我現在所做的任何一件事情的最大驅動力都來自於其他人。我想成為某個人，或者我想跟某些人在一起。我在想很多人，一個一個地在腦中數過去。我在想他們，但他們是不會想我的。大家都很忙。他們也有自己的朋友要聯絡。我不會被他們所想起。這樣的夜晚是多麼無趣。音樂也不動聽，洋芋片也不夠脆，冷氣有點太冷了。因為沒有陪伴的人，也沒有人聯絡我。我清楚自己離不開其他人，但是我感到沒有人需要我，沒有人在意我，至少在今晚。」

這就是一個人在內心深處對於社會支持感的呼喚，對孤獨之感的真心自白。

當你獨自走在深山老林，迷了路，只有聲音與你做伴時，心裡那沉沉的驚愕之感就是孤獨。或者，當你剛剛跟伴侶吵了架，獨自在房間裡低聲哭泣，那種空蕩蕩的感覺就是孤獨。還有，當你走在鬧哄哄的街上，在人群中擠來擠去，然而放眼望去盡是陌生面孔，那種在天地間的迷茫之感就是孤獨。

這麼說來，單身的人更加孤獨？不是這樣的，孤單不等於孤獨。孤獨跟身邊有多少人無關。孤獨是一種沒有跟其他人連在一起的感覺。所以說有時候熱鬧正好映襯了孤獨。監獄裡擠滿了密密麻麻的人，但是有多少人會不感到孤獨？都市裡的樓群層層疊疊，但是有多少住戶不感到孤獨？打開手機通訊錄，名字形形色色上千個，但是有多少人敢說不感到孤獨？

孤獨是一種感到與別人連接不上的感覺。這裡的「別人」可能是任何人。父母、好友、戀人、同學、同事等等都有可能。孤獨就是「心連心」的感覺的反面。

也來談談多愁善感

遙記大學時代學校教學樓的後面就是鐵路，下課時站在後陽台遠眺，時常會碰到列車經過，那轟隆轟隆的聲音由遠及近，再由近及遠，到最終消逝，借著悠悠的涼風，思緒常常會被列車帶到遠方，或者是家鄉，或者是曾經待過的地方，或者是記憶中的那些歲月。這就是懷舊（nostalgia）。翻開懷舊的歷史，人們最早認識的懷舊就是思念家鄉。令人驚奇的是，這種思鄉之情居然曾經被當作是一種生理上的疾病。甚至，有些人把它歸結為動物靈魂吞食了人的大腦，因而造成腦疾。還有些人認為這是由於當時瑞士國王的傭兵從阿爾卑斯山脈轉移到平原地區時，氣候急遽變化導致血液衝擊大腦所造成的病症。幸好，後來到了十九世紀，思念家鄉不再被誤以為是生理疾病，但依然不被真正了解。它又被認為是一種心理疾病，是憂鬱症的一種形式。

的確，「每逢佳節倍思親」。懷舊的感覺不一定好受，或者惆悵或者悲愴。呆呆地懷念過去還會被認為是純粹在浪費時間，一點用處都沒有。所以，人們對於懷舊沒有什麼好印象。

然而，無論如何，每當春節、清明、國慶或其他節日到來的時候，思鄉病和懷想過去的思緒都會縈繞在我們周圍。我們會想起父母、同學、朋友、親戚，想起在一起歡度節日的情形，想起那時候的天空、清風、草地、陽光、細雨，想起家裡可愛的貓咪、狗狗和金魚。這種時候最能重新激發那些被時間、灰塵和生活瑣碎所掩埋的情感。

而這些情感不一定是快樂的，甚至可能是傷感的。但是，它像是一碗苦口良藥，能夠趕走孤獨的病毒。是的，正是這些懷念幫我們驅除孤獨感。而且，我們還要打破另外一個對懷舊的偏見。即懷舊不等於思鄉，任何過去的事物都可以是懷舊心理活動的內容。思鄉只是懷舊的其中一種形式而已。

懷念過去真的能戰勝孤獨嗎？ 為了回答這個問題，心理學家讓受試者完成三個方面的調查問卷，分別是孤獨、懷舊和社會支持問卷，從而測量受試者這些方面的資訊。而且，透過一些實驗方式，研究者激發出一部分人的孤獨。結果發現，當孤獨被誘發後，受試者的社會支持感就跟著下降，不過他們的懷舊感卻顯著增強，並且，懷舊感的增強在一定程度上提升了社會支持感，從而反過來抑制了孤獨。也就是說，當人感到孤獨的時候，同時會造成社會支持感下降、懷舊感上升，接著，懷舊的心理反過來又協助抵禦了的侵襲。這是一個有趣的迴圈。

為了證實懷舊確實能夠限制孤獨滋長，研究者又做了一個實驗。他們設置實驗環境，讓其中一些人回想過去能勾起自己情感的事情，讓另一些人回憶一些普通的事情。之後，研究者測量了他們的社會支持感。結果，懷舊的人感受到更多他人的支持，感覺如果有需要，親人朋友都會來幫助自己。

想念故鄉和家人並非是一種負面的情感。相反，如果你假日無法回家與家人團圓，那麼你至少可以在夢裡跟家人團聚。也許專注於現在、活在當下是一種不錯的活法。當然，面向未來、以未來為導向也是一種活法。但是，活在過去並沒有什麼不好。當你感到孤獨的時候，活在過去可以使你坐一回時光機，回到過去，重溫那些充滿社會支持感的時光，讓自己的孤獨煙消雲散。

當你來到一個新的地方上學或工作，你將會面臨各種新的挑戰。首先，最大的挑戰就是戰勝孤獨感。這時，你也許可以不必迴避自己的思鄉之情。實際上，那是你的心理在自我調節自身的應對系統。心理學家說，在鼓舞他人、讓人產生樂觀情緒的懷舊過程之後，人會重新體會到被愛的感覺，孤獨感也隨之消失。

家裡幾十年前照的照片已經發黃了、模糊了，依然不捨得丟，留著等科技發展到能夠復原它們。很多物品本屬「垃圾」，沒有多大用處，我們卻捨不得扔，因為「它們是來自從前」。人們似乎先天就有一種保留「懷舊機會」的行為，例如拍照片、買紀念品等。這些東西在日後能夠勾起我們對往昔的回憶。誰敢說那些代代相傳的族譜不是懷舊的方式之一呢？

還有那些影視作品。例如，《西遊記》、《水滸傳》、《三國演義》播了又播，而我們也看了又看。從小到大，可能已經看了好幾遍。反正，電視台不厭其煩地重播，我們也來者不拒地「複習」。翻拍的新版也有了吧？ 但是相信大多人還是喜歡曾經看過的舊版。大家都說人是喜新厭舊的。但在這件事情上，人們並不是這樣。

說到喜新厭舊，就拿服裝來說，我們喜歡新時裝，追求新款式，時裝秀可以讓女人尖叫。但是，偶爾我們也會刮起復古風。那些過去的流行，看在現代中眼中是多麼的溫馨。不知道從什麼時候起，我們開始愛說「想當年」。其實，即使日子過得再怎麼不盡如人意，也是一種人生財富。能夠說「想當年」的人，都是有經歷、有過去的人，都是能夠有所懷念的人，所以都是幸福的。

心理檔案

歸屬感（belongingness）：是一種人被接受成為某個群體成員的情感需求。

孤獨（loneliness）：感到自身與外界相隔絕或受到外界排斥所產生的負面情感。

懷舊（nostalgia）：在心理學上，懷舊是一種對於過去事物的偏好。懷舊的內容可以是各式各樣的，去過的地方、見過的人、經歷過的事情和情境等，都可以是懷舊的依據。

第 3 節　一個自我肯定的訓練

一個在人際交往中遊刃有餘的人，一般是充滿自信的人。他們有較強的社交安全感（relational security），所以能夠生出社交的勇氣。自信和社交安全感來自於自我肯定（self-affirmation）。在這一節，我們先來測測自己的自我肯定得分，然後談談如何進行自我肯定的訓練。

你，自我肯定了嗎？

如表 3-1 所示，一共有十八道題，根據這些描述符合你的真實情況的程度來選擇，分別是「從來沒有」、「很少」、「偶爾」、「大多如此」、「總是如此」等五個選擇。

表 3-1 自我肯定測試題

	從來沒有	很少	偶爾	大多如此	總是如此
1. 當一個人對我非常不公平時，我會讓他知道。					
2. 我很容易做決定。					
3. 當別人占了我的位置時，我會告訴他。					
4. 我對我自己的判斷有信心。					
5. 我能控制我的脾氣。					
6. 在討論或辯論中，我容易發表我的意見。					
7. 我通常會表達我的感受。					
8. 當我在工作時有人在注意我，我不會受影響。					
9. 當我和別人說話時，可以輕易地注視對方的眼睛。					
10. 我容易開口讚美別人。					
11. 我很難對推銷員說不，因此買了自己實在不需要或不想要的東西。					
12. 當我有充分的理由退貨給對方時，我會遲疑不決。					
13. 在社交場合中與人保持交談，我覺得有困難。					
14. 我覺得別人在言行中很少表示不歡迎我。					
15. 如果有位朋友提出一種無理的要求，我能拒絕他。					
16. 如果有人恭維我，我知道該說些什麼。					
17. 當我和異性談話時，會感到緊張。					

18. 當非常生氣時，我會開口責罵對方。					

讓我們來計分一下吧！看看你在多大程度上肯定自己。「從來沒有」計 1 分，「很少」計 2 分，「偶爾」計 3 分，「大多如此」計 4 分，「總是如此」計 5 分。注意了，第 11、12、13、17 題是反向計分的（即「從來沒有」計 5 分，「很少」計 4 分，「偶爾」計 3 分，「大多如此」計 2 分，「總是如此」計 1 分）。將所有題的得分相加即得到你的自我肯定分值。

如果你的分數在 72 分以上，說明你的自我肯定還滿高的，能經常適當、適時地表達自己的意見與感受；如果你的分數落在 31 到 71 分之間，說明你的自我肯定屬於中等，有時候能表露自己的意見與感受，但有時候做不到；如果你的分數在 30 分以下，說明你的自我肯定程度偏低，比較無法適時地表達自己的意見與感受。

你的得分是多少呢？分值很高？那麼恭喜你，但是接下來的自我肯定訓練還是會給你幫助。分值很低？不必恐慌，稍稍努力一點進行自我肯定的練習，在生活中多為自己喝彩，你也能在人群當中談笑風生、揮灑自如。

自我肯定，可以訓練

如果你喜歡一個人，但是你信心不足會怎樣？葵子已經喜歡櫻花很久了，很想告訴她。但是葵子又擔心櫻花不喜歡自己，如果向櫻花告白，櫻花可能會拒絕自己。葵子就在這種猶豫中越想越多，越想越亂。因為他假定櫻花會拒絕自己，所以

> 葵子對櫻花很冷淡。於是，葵子沒有向櫻花展現過笑臉，也不曾和櫻花有過熱情的聊天。因此，櫻花不可能會對葵子有所注意。這樣，兩個人就進入了冷冷的迴圈中，越來越不可能打開話匣子和友情之旅。兩個人很可能就此錯過。沒有行動就沒有結果。

這源於葵子不夠自我肯定，信心不足。如果他能夠正向地自我肯定，覺得櫻花將接納自己，那麼他就會樂觀對待櫻花，從而熱情勇敢地跟櫻花交往。相對於前面所講的那種互動，這種互動就很可能導向完全不同的結果了。

這種現象並不少見。有多少人是在退縮中失去社交機會的呢？這種現象並不止於戀人關係中，而幾乎存在於所有人際關係中。

> 例如，我很想跟某個德高望重的老師交流，但是又害怕自己的 idea 不被老師認可，擔心被拒絕，擔心對方對自己不感興趣。所以，我沒有鼓起勇氣找老師約談。也就失去了社交機會。

在其他社會關係中莫不是如此。所以說我們要「厚臉皮」。如果提升自我肯定的關鍵在於「厚臉皮」，那麼我們該如何做呢？

在一項實驗中，心理學家先是測量了受試者的社交安全感。然後，他們要接受自我肯定的練習。受試者將評價十一種價值對個人的重要程度，例如智商和創造性等對個人的重要性有多大。根據重要性評估的大小對這些價值進行排序。每個人都對這些價值有一個排序。

接著，一部分人被要求對自己將其排在第一位的價值進行解釋，詳細講述自己認為它最重要的原因，以及這個價值是如何影響自己生活的，為什麼它是自己個性的核心部分。

另外一部分人則描述排在第九位的價值，寫下為什麼該價值對其他人也很重要。注意，前面那部分人講的是為什麼第一位的價值對自己重要，而後面那部分人講的是為什麼第九位的價值對他人重要。

在隨後的兩個月中，所有受試者還會兩次回到實驗室參加這些討論，並測量社交安全感的程度。

可以看到，前一部分人所做的任務是在肯定自己身上最重要的價值，所以他們是在做自我肯定的訓練。這些完成自我肯定任務（self-affirmation task）的受試者中，那些原本表現出社交不安全感的人在接下來的兩個月內好了很多，在跟他人的交流中更加放鬆和積極了。

心理學家斯廷森（Danu Anthony Stinson）認為，「自我肯定」（在這個任務中，是指人們深度思考與其個性直接相關的個人價值）看來是為有不安全感的人提供了心理上的緩衝，讓他們把社交恐懼、焦慮放在一旁，行為舉止上更加熱情、有吸引力。而且，這種效果能夠延續兩個月之久。做完自我肯定後，你的社交焦慮消除了，你會對見到的人抱以微笑，你臉上寫滿笑容。在以前，如果你看到親人或好友的心情不好，不太愛搭理你時，你就會非常敏感地胡思亂想，猜對方是否在針對自己。現在，你不會了，你會主動去幫助對方開心起來。你在與人交往的過程中感到越來越自在，真正做到遊刃有餘。

自我肯定就是那麼簡單：深深地思考你認為的自己最重要的價值，描述它為什麼對你而言很重要，它會如何影響自己的生活。

價值列表（僅供參考）：智商、EQ、學業成績、創造力、自信心……

心理檔案

社交安全感（relational security）：對人際關係中對方滿足自己期待的預期。

自我肯定（self-affirmation）：關注和確認自身某些價值的重要性。

第 4 節 你有社交畏懼症嗎？

社交畏懼症（social phobia）是一種心理障礙。其實，許多人不是真的患有社交畏懼症，而是「畏懼社交」，即害羞。我們來談談社交焦慮症和害羞的話題。

害怕「眾目睽睽」

社交畏懼源於內心害怕自己出洋相。在參加任何聚會或者參與任何公眾場合時，他們會感到焦慮，因為難以想像如果自己出醜會怎麼樣、怎麼辦。比如說，自己成績沒有其他人的好，自己要長相沒長相、要錢沒錢，別人都有男女朋友唯獨自己沒有，這些都可能讓社交焦慮者胡思亂想。從而，他們只好「宅」了。

人的社交能力是動態的，如果不常用，就會退化。有的人在家宅了三四個月，才出來活動，參加同學聚會，突然感覺很不適應，失去以往的談笑風生，一時找不到話題，而且感到有點恐懼和緊張。

我們不能太宅了，否則會宅成社交畏懼的。如今，在美國的心理障礙疾病的診斷中，社交畏懼症已排名第三，前兩名是憂鬱症和酗酒。羅斯福曾說：「害怕是我們唯一應當害怕的東西。」社交畏懼症患者害怕那種「令人害怕」的社交情境，這就是他們不斷逃避人際交往的本質問題。在「社畏」患者心中，人際交往常常意味著尷尬、出醜、被嘲笑、被批評......徹頭徹尾的失敗。一想到這些社交的後果，他們就退縮了。

你可以做一些運動來克服社交畏懼。例如：將兩腳平穩地站立，然後輕輕地把腳跟提起，堅持幾秒鐘後放下，每次反覆做三十下，每天這樣做兩三次，可以消除心神不寧。焦慮的時候我們的呼吸會變得急促，所以，可以先做幾次深而長的呼吸，讓自己放鬆。我們都知道，有些人在跟人談話時喜歡抓頭皮。其實那是一種緩解緊張的無意識的動作，這也可以拿來應用。在聚會時，不妨手裡拿著一樣東西，書、手帕或小玩偶等，都會讓你感到更加放鬆和舒服。

社交畏懼症跟害羞是不同的。前者是一種要得到輔導的心理問題，而後者只是一種性格特點。儘管害羞跟社交畏懼不同，但是極度的害羞很可能導致社交畏懼症。害羞很正常，但當害羞干擾到你和他人的日常交流，且變得複雜時，那它就成了一種心理疾病。警惕害羞！

猶抱琵琶半遮面，你躺槍了嗎？

有些人剛開始時並非真正害怕社交，而是天生不懂得如何接受別人傳遞的資訊。他們是害羞（shyness）一派。他們在跟好友一起時能夠談笑自如，但是跟陌生人在一起時就會變得非常沉默。別人問一句，他才會回一句。這樣的交流顯得非常被動和無趣。這常常讓談話無法繼續下去。也許他並非對話題不感興趣，而是內心有一種不安，使他無法 hold 住這種要面對其他人的場面。

害羞並不少見。在害羞研究上具有很高造詣的心理學家菲利普·津巴多（Philip George Zimbardo），曾經調查過害羞族群的數量，其中，在臺灣和日本社會中，「認為自己害羞」的人占了百分之五十五以上。

害羞的人隱藏得很深。我們常常沒有意識到對方是害羞。我們常常誇一個人很守規矩、非常安靜、行為良好。我們覺得他們「沉默是金」。

其實，害羞有很多不好之處。害羞者情感大門深鎖，不但無法與別人共享關懷與親密，而且抑制憤怒；但當憤怒爆發時，有時會使用暴力。害羞者常引起社交上的誤會。誠如詩人丁尼生（Alfred Tennyson）的描述：「害羞的她呀，教我以為冷若冰霜。」他們看似對別人說的話不感興趣、或不友善、或不值得信任，以至於不敢正眼視人。假如他們很有吸引力，害羞會被誤解為擺架子。

問題的原因有一部分出在如何讀懂他人。當你向害羞的兒童扮鬼臉時，他們不但無法感受到你所傳遞的幽默，反而會感到不安。

心理學家曾經找來小學三、四年級的小朋友，測量他們的害羞程度，然後分組。隨後，大家一起觀看了一系列面部表情各不相同的照片，例如快樂、憤怒以及沒有任何感情的冷漠等。他們要完成辨別出這是什麼表情的任務。結果，心理學家發現害羞的兒童難以精確辨識這些表情是在表達什麼心情。他們難以解讀那些表達憤怒的和沒有任何感情的表情。

在這個實驗過程中，害羞程度越高的兒童，其腦電波顯示大腦高級皮層活動程度偏低，原始的扁桃體活動程度更高，被檢測出了焦慮和驚慌。

這說明，那些被當作情感交流的表情信號，原本是為了促進相互了解的，但是到達敏感、害羞的兒童大腦時，則會引起不安和慌亂。

所以，當你向害羞的孩子做鬼臉時，他不會對你笑，而是「羞澀」地轉過頭去。

改變害羞現狀的方法就是增多自己的面對面社交活動、擴大交友圈子，鍛鍊自己解讀他人的社交能力。害羞的人關鍵在於過於關注自我了。他們戰勝害羞的唯一途徑是把意識的注意力從自己身上轉移到他人身上。凡事不要總往自己身上去想。多點體會他人的情感和理解他人的意見和思考方式。

人本身就因為「安全」的考慮而少跟陌生人說話。害羞的人則更加畫地為牢了。他們的社交圈子可能很小。為此，他們更加需要主動跟陌生人說話，改善自己的害羞心理。如果害羞的你想改變現狀，那麼在跟熟人在一起的時候，應該強迫自己找話題說話。

害羞並不像其他性格特點那麼「本性難移」，只要你走出第一步，立即行動。

心理檔案

社交畏懼症（social phobia）：又名社交焦慮症（social anxiety）、人群恐懼症，是一種對社交或公開場合感到強烈恐懼或憂慮的精神疾病。患者在陌生人面前，或可能被別人仔細觀察的社交場合，有明顯且持續的恐懼感，害怕自己的行為或緊張的表現會引起羞辱、難堪。

害羞（shyness）：一些人在與他人交往過程中產生的一種尷尬或憂慮感。

第 5 節 與陌生人談話的樂趣

你是否想一直混在熟絡的圈子裡？圈子越熟，越依賴，越舒服，越不想踏出新的一步。為什麼不多嘗嘗「新鮮」呢？為你的人脈增添新的領地。

自我呈現的好機會

如果給你五分鐘，讓你選擇跟一個好朋友聊天或者跟一個陌生人聊天，你會選擇哪個？大部分人可能會選擇好友。更何況我們常常被告誡：

不要和陌生人說話。

更充分的理由是，我們跟熟悉的人聊天不需要花費腦筋。跟好友交談，我們可以做真正的自己，一切都是舒服、放鬆和熟絡的，對方很容易聽懂自己的意思。但是跟陌生人聊天時，我們必須動腦筋、找話題去應對。

人天生就在乎別人對自己的看法。我們總要在別人面前表現出一定的形象，以控制別人對自己的看法。這就是心理學家所說的印象管理（impression management）。所以，在跟陌生人聊天過程中，我們會不自覺地付出意識上的努力，這會讓一些人感到畏懼。人都喜歡做容易做的事，不是嗎？所以我們當然不想在聊天的時候刻意操縱自己的行為，使自己的腦子吃力地運轉。

但是任何好友都是從陌生人轉變而來。跟陌生人聊天是我們結交朋友的第一步。況且，跟陌生人聊天對自己心理健康的益處遠遠超出我們的想像。

跟陌生人交談不僅僅是一個緊張的（stress）過程，而它背後有好的心理效應。為了證明這一點，心理學家鄧恩（Dunn）做了這樣一個實驗。他招來一批受試者，讓他們預一下跟誰聊天更加愉快，一個是自己的伴侶，一個是異性陌生人。然後他們被隨機地分成兩半，一半人跟自己伴侶聊天，另一半人跟異性陌生人聊天。聊完後，他們馬上評價整個聊天過程的感覺如何。結果發現，跟自己伴侶聊天並沒有事前想像的那麼愉快，而跟異性陌生人聊天卻比事前預測的更愉快一些。

這就奇怪了。按照常理，跟自己熟悉的人聊天不需要花費太多精力，理應更令人感到輕鬆。跟陌生人聊天要花費一定的精力，而且或多或少會緊張，為什麼事後讓人回味良好呢？

這跟是否進行正向的自我呈現（self-presentation）有關。正向的自我呈現是人類社交活動行為的一部分。任何善於社交或者想處理好社交關係的人都會使出渾身解數來表現自己的溫暖、幽默、可信賴、魅力、吸引力等好的品格。它的最終目的就是讓對方喜歡自己。

在自我呈現的過程中，我們其實在調整自己的心情。剛認識一個人，我們本能地會以好的心情去迎接他。誰也不想被看到自己病懨懨的樣子（除非一個人的精神已經懈怠到了可以不考慮別人看法）。

在進行社交談話時，我們也竭力表現出微笑，因為一般的社交規範就是這樣子，社會不歡迎冷冰冰的人。不知道你有沒有注意到，即使是很小的孩童，如果他想跟你玩的話，也會對你笑。這是人的天性使然。而面部肌肉的微笑表現會反過來造成內心相應的情緒經驗。也就是說，你的內心也會泛起漣漪，泛起溫暖的、快樂的感覺。（我們曾在第二章談過，還記得嗎？）既然如此，為什麼人們不知道自己跟陌生人交流時會更加愉快呢？ 因為人已經選擇忽略這個事實。一個優秀的正向自我呈現者，他並不知道自己在展示自己的優勢。就好像舞台上的表演者，那些傑出的演員在表演的時候，幾乎不會認識到自己是在表演，到達一種「忘我」的境界。所以，人們常常低估正向的自我呈現的好處。

我並非是在「教唆」大家要多跟陌生人聊天。其實跟熟悉的人聊天也可以回味無窮。在下一個實驗中，心理學家讓所有人都跟自己的伴侶聊天，但是要求一半的人盡量處在自我呈現的狀態，另一半人還是一如既往地正常聊天。結果發現，前一半人事後感到更加快樂。

因此，這個心理學研究的真諦在於啟示我們：在跟別人聊天時，盡量表現得正向一些。也就是說，我們最好勇敢地、快樂地去擁抱我們的生活，要對人際交往抱著正向的態度。如此一來，我們的心情也會跟著愉快起來。

在跟自己伴侶的聊天時，我們懶了。我們懶得去表現自己好的一面。有時候，我們還可以將自己不好的地方告訴伴侶或者好友。當然，這也有好處。它讓我們宣洩出不愉快。這就是為什麼我們將伴侶或知己比作「溫暖的港灣」，在疲倦的時候可以懶洋洋地停泊在那裡，悠閒無顧慮地徜徉。這也是一種放鬆的心理療效。

如何「破冰」

但是，我終歸還是要鼓勵大家跟陌生人聊天。想要拓展人際圈子，就得先學會跟陌生人交流。

陌生人和我們自己之間存在所謂的「隔閡」。這些阻礙交流的因素包括我們自身的社交畏懼或害羞（上一章談及）、害怕被拒絕、沒有找到恰當的理由好接近對方、不知道自己想在交往中得到什麼等。最主要的還是我們害怕別人對自己的評價。每個人的自尊心都那麼脆弱，如果沒有經過歷練，很少人能勇往直前地游刃於陌生人群中。所以，很多人喜歡被動。比如，有些人將自己打扮得更加吸引人，意在以自己的妝容來鼓勵他人與自己「搭訕」。但有時太過這樣，反而會把別人嚇跑。

因為，陌生人之間隔著一層厚厚的冰塊。心理學把打破障礙，建立關係稱為「破冰（break the ice）」。直接跟陌生人說「我想認識你」恐怕就像一頭撞去冰山一樣，效果當然不好。破冰也需要一定的技巧。

一般而言，禮物是打開交往之門的鑰匙。根據互惠原則（principle of reciprocity），你給別人東西，別人就不由自主地想回饋你東西。所以，老菸槍經常用香菸來開啟話門。遞去一根香菸，開始一段閒聊。不過，有時候「給予」並不是一個好的方式，弄不好別人還會猜測你別有用心呢！反過來，「接受」卻是一個讓別人喜歡你的好方法。如果你想要一個人對你產生好感，打開交往之門，不妨從提出一個小小的請求開始。例如，你假裝要去買瓶水，請對方幫你看一下手中提著的東西；或者假設要擦一下手，請問對方有沒有手帕。要求別人幫自己做事情，會使對方對自己產生好感。這叫做班傑明·富蘭克林效應（Benjamin Franklin effect）。

為什麼叫班傑明·富蘭克林效應呢？這要從十八世紀的美國科學家和政治家班傑明·富蘭克林說起。有一次，班傑明·富蘭克林想找賓州立法院一位議員商討事宜，但是這個議員非常難纏，不愛搭理富蘭克林。於是富蘭克林採取了一種巧妙的方法來應對他。富蘭克林知道這位議員有一本好書，便向那位議員借來看。該議員同意了。結果，接下來一切都變得順其自然。再次見面時，那位議員開始跟富蘭克林說話，而且一改之前冷冰冰的態度，變得很有禮貌。經過此事，富蘭克林認為：曾經幫過你一次忙的人，會比那些「你幫助過的人」更願意再幫你一次忙。一個世紀後，俄國著名作家托爾斯泰也對這個觀點產生了共鳴：「我們並不是因為別人對我們好而愛他們，而是因為自己對他們好而愛他們。」

又過了一個世紀，到了二十世紀，心理學家用科學的實驗證明了這個觀點。在一個心理學實驗後，等受試者拿到報酬離開實驗室時，研究者請求受試者幫忙，解釋說這次實驗是自掏腰包的，但自己現在很「缺錢」，問是否能將酬金退還給他；另一個研究者則以心理學系缺錢為由，請求另外一部分受試者退錢幫助自己。後來，所有受試者都被要求評價自己對這兩個研究者的喜愛程度。結果，前一個研究者更受喜愛，因為他是以私人名義要求幫忙的。

當其他人幫助你的時候，他們會更加喜歡你。所以，不要只想著透過幫忙他人來獲取對方的好感，而是要反其道而行之。這就是破冰的心理學戰術之一。

另外一個有力的破冰工具是問問題。問他比較擅長的問題。這相當於是你在考他，而他要透過回答問題來證明自己。不要覺得不好意思，盡量顯得很好奇。不要認為他的答案都是完美的。你可以做點批判性思考，進一步提問。當然，不要咄咄逼人。你提問的目的是讓對方感到有成就感。他會覺得自己又多了一個粉絲。誰不喜歡新粉絲呢？ 就好像每天在 IG 上看到粉絲增加一樣，令你感到爽快。所以，他會對你產生好感。

心理檔案

自我呈現（self-presentation）：對目標觀眾表現出自己擁有、而且他也喜歡的特質。

班傑明· 富蘭克林效應（Benjamin Franklin effect）：相比那

些被你幫助過的人，那些曾經幫助過你的人會更願意再幫你一次。換句話說——讓別人喜歡你的最好方法不是去幫助他們，而是讓他們來幫助你。如果想得到別人的好感，主動開口是沒壞處的。

第 6 節 越熟悉越喜歡 or 越熟悉越討厭

我想要他喜歡我。社會心理學家告訴我，你應該經常出現在他面前。如，你要從他的座位旁經過，你要故意等到他出門時才「恰巧碰見」。也就是說，你要讓他抬頭不見低頭見（你），奇怪的是，有些人我見得越多越討厭。我會不會是他眼中的那種人？

有些東西，會越熟悉越喜歡

熟悉的東西往往被認為是好的，陌生的東西則會被當作不好的，甚至被認為是危險的。其中的決定性因素可能取決於大腦處理外界資訊的困難程度。越是容易認出來，大腦處理資訊越輕鬆，人的感覺就越良好，從而導致了積極正面的評價。

一九六〇年代，社會心理學家扎榮茨（Zajonc）做了一個經典的心理學實驗。研究者讓受試者看一些個人的照片。這些照片裡面的人都長得差不多。不斷地呈現這些人的照片。有些呈現了二十幾次，有些呈現了十幾次，有些只呈現一兩次。在看照片的環節結束後，研究者讓受試者來評價他們看過的這些照片，替各個單人照打分，表示自己的喜愛程度。結果發現，呈現次數越多的照片就越被人們喜愛。

心理學家把這種現象稱為單純曝光效應（the exposure effect or the mere exposure effect）或者重複曝光效應。它只需要簡簡單單地經常出現在你面前，就會增加你對它的好感。社會心理學又把這種效應稱為熟悉定律（familiarity principle）。日常生活中善於社交的人都會利用這種效應。他們「神出鬼沒」，時不時出現在你眼前，或偶然打電話給你聊聊天。你會不知不覺地感到他們與你是熟悉的、關係好的，因而產生了好感。這種戰術經常被用於求愛中，不是嗎？

比如，後來研究者又做了一個真人實驗來證明這一點。在大學新學期開始之際，研究者讓一個女生分別在三個班級上課時去聽課。這三個班級的學生都不認識這個女孩。而且這個女孩每次去聽課時，都不跟這個班級裡的同學講話，只是每次都坐在同一個位置上聽課，下課就離開。在這個學期裡，這個女生在其中一個班級一共去了十五次，一個十次，還有一個五次。在學期結束之際，研究者突然調查這三個班級的學生，問他們是否見過這個女孩，然後讓他們評價她。結果顯示，曾看到女孩十五次的學生對她的評價最高，且感覺她很有魅力，而另外兩個班級則依次遞減。

這個實驗再一次真真切切地證明了熟悉定律的存在：越熟悉就越喜歡。如果你經常在一個人面前晃來晃去，他想不喜歡你都難。至少，他會尊重你，會發現大家共同的興趣愛好，聊一些話題，就算你實在不是他所喜歡的類型。

有些時候，越熟悉越討厭

如果你翻開一本較老的社會心理學的教科書，裡面全是這樣的說法：越熟悉越喜歡。但是，所有信條或教義都要接受挑戰。

幾年前，有心理學家透過新的實驗來質疑這種說法。他們發現，熟悉不僅不會孕育好感，還會滋生厭惡。

他們對一個線上交友網站的會員進行調查，問他們更喜歡熟悉的人還是陌生的人。結果，百分之八十的人都回答喜歡熟悉的人。接著，他們又以同樣的問題來調查大學生群體。一樣地，有百分之八十八的大學生表示喜歡熟悉的人。這都符合我們的熟悉定律。

但是挑戰舊觀點的研究來了。研究者概括了一個人身上的特點。這些特點都是具有普遍性的，無所謂絕對的好或壞。然後，他們把這些特點分別隨機抽取成四個、六個、八個或十個特點，形成四種不同的特點列表。研究者告訴受試者，這個人有這些特點，請他們評價這個人。結果，知道這個人的特點越多，受試者就越對其沒有好感。也就是，越熟悉越討厭。

為了進一步證實這種現象，研究者又做了一個真人實驗。他們讓每個受試者寫下關於自己特點的列表。一般來說，自己寫自己的特點都喜歡寫下比較正向的部分。他們把這些特點彙總起來，然後打亂，隨機以不同的數量和不同的數序組合，形成全新的特點列表。每個特點列表代表了一個人。又讓所有受試者評價這些列表所描述的人。

結果發現，一張列表上特點越多，其所描述的人就越被人討厭。

為什麼呢？因為人們對他人的認識越深，就越可能發現跟自己的態度觀點不相一致的地方，異己者當然不受歡迎了。反之，人們喜歡那些跟自己保持距離，不怎麼相互了解的人。這也許可以被稱為「朦朧美」吧！

研究者詢問過很多線上、離線（即不是在網路上，而是在現實生活中面對面地）跟自己喜歡的對象見過面的交友網站的會員，對比了他們在現實見面前和見面後對對方的好感度。結果發現，大部分人在見面後比見面前更加了解對方了，但是好感度也大打折扣了。對約會對象的熟悉度從見面前的五分（滿分十分）增加到見面後的六分時，好感度卻從七分降低到五分。當然，不是所有人都是如此，有一小部分人見面後更加喜歡彼此，最後有情人終成眷屬。但是，大部分還是從剛開始朦朧美的喜歡到「真相大白」後的失望與討厭。

我們喜歡跟自己相似的人，相似的政治觀點、相似的作息習慣、相似的口味等。當我們結識新朋友時，腦中也帶著這樣的前提假設，潛意識裡認為對方跟自己是一樣的。一旦我們發現了「真相」，就打破了這種美好的願望。實際上，是我們自己欺騙了自己。

不過，就算是自欺好了。如果有些人你認識了很久、了解透澈也不覺得討厭，說明你們真的是最佳拍檔了，請好好珍惜吧！

討厭 or 喜歡是有條件的

社會是如此複雜，所以人在社會當中的心理和行為的很多細節，也取決於不同的社會場合和情境。社會心理學家每當發現一個心理規律的時候，都要考慮它在不同情況下是否適用。同樣地，越熟悉越喜歡還是越熟悉越討厭，取決於我們自己身處於怎樣的情境當中。

當我們感到寂寞，想找個人相陪的時候，或者社會支持（social support）系統的強度不夠大，有點薄弱的時候，我們就容易去搜尋哪些人是比較靠近我們的。當然那些我們經常能見到的，經常能夠了解到對方資訊的人，會被人們覺得跟自己離得比較近。

當我們想接近某人的時候，往往會去考慮對方跟自己有什麼共通點。比如，如果在一個陌生人的旅行團當中，你一定想找一個旅途中的同伴，那麼哪種同伴最可能跟你親近呢？ 首先，你會考慮對方是否與你同齡、是否同鄉、是否出自同校等等。在陌生人的場合，你肯定有過這樣的經驗。當然，一旦發現有共通點，你就對對方產生了好感。

一個人來到一座新的城市工作，沒有任何一個熟悉的同學、朋友或親戚，還和一群陌生人同住，你一定想找個伴週末出去散散心。在這個剛開始找尋朋友的階段，那些經常跟你在居住社區碰面的，或者在同部門認識且常常共事的同事首先映入你的眼簾。在這個初識的過程中，人會毫不猶豫地去找對方身上有什麼與自己相同或相近的部分。一旦找到相似點，你就會感到開心和安全感。相信沒有人會一開始就去挑剔對方與自己的不同點，特別是那些你不喜歡的缺失。

人就是這樣的動物。當社會支持感被滿足之後，隨著雙方越來越熟悉，你把所有相似點都找完了，這時，你就會開始挑剔了。對方身上不好的地方、跟你的觀點不符合的地方開始浮現出來。你越熟悉對方，就能夠找到越多的不同點。於是，你可能會開始討厭對方，暗自說：「原來他有這麼多缺點，我當初怎麼沒發現，真是瞎了眼睛。」

單純曝光效應生效後的另外一個影響因素，就是你給別人的第一印象。如果第一次見面就留下了不好的印象，那麼你想要「鹹魚翻身」可謂難如登天。那樣的話，每見一次，討厭就會多一點。最後成了「恨之入骨」，這是關於動機的問題。如果別人想接近你，把你當成潛在的朋友，簡單曝光效應就會更加明顯。如果別人不想跟你做朋友，就會往相反的方向發展了。所以，第一印象即使沒有給人好感，也千萬不要搞砸，普普通通的第一印象依然能遵循曝光效應。

在本節當中，我們看到了情境性（situational）在社會心理學當中的重要地位。在我們運用任何一個心理學規律的時候，都不要忘記考慮它所適用的時間地點和條件為何。

心理檔案

單純曝光效應（the exposure effect or the mere exposure effect）：又稱重複曝光效應，是一種心理現象，意指我們會偏好自己熟悉的事物，我們見到某個人的次數越多，就越覺得此人招人喜愛、令人愉快。

情境性（situational）：是指無意識活動是以情境為條件的，其活動往往依賴於某種情境和刺激物的特徵。

第 7 節 透過自我揭露贏得朋友

人際交往需要錢、時間。簡而言之，社交活動需要資源。除了經費和空間外，我們還有什麼社交資源嗎？如果有，那必然包括隱私。所謂隱私就是關於你的私人資訊。它們也是你的社交資源。你可以透過它們來獲得人際間的信任和喜愛。個人資訊是寶貴的，否則為什麼要保護隱私呢？但是，它們還需要透過一種方式來釋放，那就是自我揭露（self-disclosure）。

自我揭露，就是讓別人了解你

不管你對人際關係抱有何種浪漫主義的情懷，你都改變不了真誠的人際關係難以被輕易建立這一事實。尤其是當你們之間的社會連接並不存在社會認同（social identity）的時候，即不在同一個家族、不在同一個工作單位、不在同一個組織機構、不是同一支球隊的粉絲等等，你們就更難維繫親密關係了。沒有共同的身分，你們如何保持親密？每月出來吃飯一次，每週通電話一次，還是每天在 LINE 上傳貼圖？相信這些交流方式的頻率都會漸漸變小。除非你「坦誠」相見。自我揭露是指在交往、談話過程中，跟對方說說關於你的情況，讓對方知道你是誰。

人與人之間在任何場合的互動，幾乎都會有淺層次的自我揭露。例如，第一次認識時，相信大家都要互問尊姓大名吧？如果是在火車、長途客運、飛機上偶遇一個人，你們最開始聊的關於自己的話題會是什麼？一般不會先從名字開始，因為陌生人之間有比名字更加淺層的自我揭露。可能是你做什麼工作？在哪裡高就？你是哪裡人？這些就是在問你的社會認同。如果你們具有一樣的社會認同，彼此的關係就會更上一層樓。甚至有些人其實跟你來自不同地方，只是兩個人的家鄉近了一點，他也會說：「我們是半個老鄉。」關係就是這樣被拉近的。這個方法叫做自我揭露。

自我揭露有多重要？還記得你和另一半熱戀的時候嗎？那時你每分每秒都想知道對方在幹什麼，忍不住打電話、發簡訊一探究竟。那時你也迫不及待地想跟對方說你今天做了什麼。甚至陽台上今天又結了幾個花朵，你也會一一述說。那時候的通話時間都很長，約會的時間怎麼樣都不夠，交流中自我揭露的「品質」也相當高。你們相互答應不允許有祕密，什麼事情都要告訴對方。那時你們也確實幾乎沒有向對方隱瞞的祕密。真是完全的自我揭露！相比於熱戀期的真誠的自我揭露，有研究顯示，結婚多年的夫婦之間的自我揭露逐年減少。一方面是因為雙方都知根知底，失去了興趣，另一方面是沒有主動採取自我揭露的方法，來維護和促進雙方之間的關係。其實，你永遠都有新的祕密可以拿來分享，它並不會隨著關係的深入而枯竭。

個人資訊是不斷成長的。例如，你今天在單位有所見聞，你喜愛的歌手有什麼新曲，你喜歡的球隊進了新球員，這些個人的日常經歷和興趣愛好也是私人資訊的一部分。所以，自我揭露並沒有一個「底」。你應該認同：沒有哪個人的祕密是有限的，我們心中的祕密時時在成長。

自我揭露的方法也被很多電影明星等娛樂圈人士運用了。曾經有一個頗受歡迎的、剛出道的年輕演員在一部影片中飾演一個帶有種族主義（racism）的角色，因而受到影迷的抨擊，受歡迎度急遽下降。她陷入了人生的低谷，心情十分憂鬱。為此她去請教了社會心理學家，她被告知應該藉由記者招待會，誠懇地說出自己真正的想法。她後來舉辦了兩次影迷見面會，跟粉絲進行了溝通，告訴他們她並非種族主義者，在飾演這個角色的時候，感受到了強烈的認知失調（cognitive dissonance），自己的真實態度跟角色的行為要求不相一致，但是為了演好這個角色，她不得不換位思考，把自己當成真正的種族主義者，才成功飾演了一個種族偏見（ethnic bias）者的形象。雖然在專業演技上，她受到了好評，但卻傷了影迷的心，因為沒有哪個粉絲願意與自己不合拍的偶像為伍。為此，自己也非常後悔和矛盾......

在這兩次的見面會中，她相當於參與了兩次團體心理輔導。透過自我揭露，她重新贏得了大家的同情和喜愛，自己也不再感到精神壓力。輿論開始轉好。這使她獲得了更多的讚譽。這就是自我揭露增強他人對自己好感的一個例子。

仔細想想，是不是常有公眾人物在鏡頭前泣不成聲？例如，有時候政府在施政過程中出現差錯，政府發言人也會在鏡頭前摘掉嚴肅認真的面紗，表達自己的真實情感。這種揭露個人心情資訊的做法也是一種自我揭露。它常被用來挽回個人或機構的形象，因為自我揭露能增強對方對自己的好感。除非有些人把它當作一種「伎倆」來濫用。

你們是什麼關係，取決於揭露什麼

判斷你跟朋友之間的關係有多親密，也可以透過觀察自我揭露的程度來決定。

只跟你聊日常生活，比如打麻將、撲克牌、線上遊戲之類的娛樂活動，或者只聊哪種茶葉好喝、麥當勞又出了什麼新品，或者穿得好不好看、喜歡哪個牌子，說明他向你揭露的是最淺的層次：興趣愛好。

部門裡來了一個新的男職員。過沒幾天，身邊有同事私自跟你聊新同事的相貌是否帥氣，聊他的性格是否溫順，聊他的工作能力是否符合一個大學畢業的人的身分。然後她表態了：這個人好還是不好，討厭他還是喜歡他。這就是一個人在向你揭露他對某人的態度。你可以認為她是在進行第二個層次的自我揭露。好友之間能夠八卦各種東西，而不害怕向大家坦承自己的態度和立場，說明你們的關係比較親密，是較好的同伴，但還沒到「死黨」的程度。

人傾向於把好的一面展示給別人。這是關乎自尊心的表現。如果一個人勇於向你「大吐苦水」，把不好的一面告訴你，就代表你們的關係已經到了非常密切的地步。當然，這還取決於你也向對方有這麼深的自我揭露。單方面的深入自我揭露只能表示單方面的信任，而無法證明另一方是否信任這份關係。最深層次的揭露包括自我的人際關係狀況，例如跟另一半的關係如何，跟哪個朋友很親近，跟哪個同事鬧翻了，跟子女的關係緊張了等等。若他不厭其煩地聽你訴說這些亂七八糟的人際關係並予以建議，說明對方是真心把你當朋友，除非他實在是精神崩潰無人訴說才跟你說。所謂知己應該是那些不會對你隱藏自己弱點和壞心情的朋友。他們會坦然對你訴說自己的自卑、失落或無助。因為他們信任你，你也信任他們，所以他們不介意跟你說他們最陰暗的一面，例如偷窺的念頭、第一次性經驗等等各種人類最原始的欲望。

他的心事你知多少？ 你的心事他又知多少？ 這是衡量你們關係的真正標竿。

揭露要適可而止

自我揭露也不是越多越好、越快越好。俗話說：食緊弄破碗。假如你剛剛認識一個人，就馬上向對方要求「脫光」，那麼很可能別人不僅對你沒有好感，甚至會反感，恨不得立刻逃離現場。我們之所以需要主動地自我揭露，是因為你不揭露，別人就不會「禮尚往來」，但是不能一下子把自己內心的東西全盤托出。

自我揭露是循序漸進的過程。在交談過程中，人不喜歡囫圇吞棗，喜歡慢慢地品嘗，慢慢對你的「身世」感興趣，從而慢慢地揭露，慢慢地了解你。

自我揭露的範圍也因人而異。有些人比較自我封閉，也許揭露到第二層對他而言已經相當於非常信任你了。有時候我們不能苛求對方要毫不保留地告訴你所有東西。畢竟，對你自己來說，也有些隱私不到恰當時機、恰當地點，不宜透露給其他人。

線上聊天也會涉及自我揭露的過程，你必須警惕的是，對方可能並沒有把真實的東西揭露給你。自我揭露是一種社交藝術，在適當的場合和適當的時間向別人透露真實的自己。

心理檔案

社會認同（social identity）：個體認識到自己屬於特定的社會群體，同時也意識到作為群體成員帶給自己的情感和價值意義。

自我揭露（self-disclosure）：是一種人們自願地、有意地把自己的真實情況揭露給別人的行為。

第 8 節 禮物與人際關係的祕密

送禮是一個受研究者關注的人類行為的話題。心理學家、人類學家、經濟學家和商人都對此有所心得。送禮是一件既複雜又重要的人際互動，與界定和鞏固家人朋友的關係有著密切的關聯性。又有多少人能參悟其道呢？ 即使是本文，也不能夠完全揭露它的全貌，但卻能提供一個入門級的心理學思考框架。

你會送禮嗎？

節日快到了、生日快到了，走進購物中心或精品店，你會如何選購一個禮物？不像買日常用品，買禮物是件困難的事，這不是一項有貨物、有金錢就可以完成的任務。弄不好還會吃力不討好呢！那些親近的和親愛的人覺得你應該是最了解他們的，因此也應該能送一個得體和貼心的禮物給他們。可能他們不會真的這麼想（意識層面），但是潛意識裡就是這樣覺得的。那麼問題就來了。如果你沒送到令他們覺得滿意的東西，那麼禮物不僅不會促進你們的關係，反倒會損害你們的關係。因為人們的前提是，如果這個人和我的關係比較親密、熟悉，他也應該要比較了解我的興趣愛好和願望，進而應該會送我一件令人滿意的禮物。倘若你沒送到合適的禮物，說明你跟他們的關係還不夠好，你不夠熟悉他們。這是一個否定後件（modus tollens）的邏輯推理，明顯存在謬誤，但人性就是如此。所以，禮物的好壞顯得十分重要。

一個好的禮物是因時、因地制宜的。研究顯示，好的禮物是那些符合接受者需求的禮物，而不是贈予者想送的禮物。也就是說，送禮需要很大的角色取替能力（perspective-taking ability）。在商店裡走動、挑選禮物的時候，你要把自己當成你要送禮的對象，依照對方的興趣愛好來觀察琳琅滿目的商品。這樣才能夠選到比較適合的禮物。

為了送對禮物，我們要保持一個開放的心胸，容納不同的價值觀和思考方式。比如，你送禮的對象也許跟你不是同一個年齡層，假設你要送給小外甥，那就帶著一顆童心想想小孩子喜歡什麼樣的禮物，帶著好奇的眼光去挑選禮物。人們有時會有那種美麗的錯誤，就是把自己喜歡吃的給別人吃，把自己喜歡的東西送給他人，以為對方也喜歡。這就是沒有角色取替的結果。這些錯誤雖然美麗，依然需要避免。角色取替的本質是設身處地為他人著想。可見，送禮也要考驗一個人的 EQ，好好修煉吧！

最不好的禮物是那些讓接受者感到賄賂性的禮物，或者引起他們猜忌你別有用心的禮物。儘管在當代社會，很多關係或多或少存在利益關係，但是根據人的理想化願望，還是不希望現實如此功利，所以，盡量把這些東西隱藏起來，營造一個單純情感性的交換，而不是利益的交換。如果好朋友覺得你送禮的目的是想拜託他幫忙做事，將會大大損害你們之間的友誼。賄賂性的送禮的確有損人際關係，即使你本無此意，也不好讓別人覺得你在暗示這層意思。

送禮和接受禮物的人

實際上，心理學家認為贈禮者在心理上的收穫比收禮者更多。人們透過送禮來獲得尊重。「好客」其實是人們在爭取客人的好感和尊重。你可以說送禮也是有私利的。但是這並不等於自私的表現。如果是自私自戀的人，他們甚至不會考慮禮物這件事。送禮是一種互惠和利他的表現，且聽分解。

在人類漫長的歷史上，人們早已承認禮物的社會價值。千百年來，美洲印第安人在每個冬季的開始都會舉行誇富宴（potlatch）。在誇富宴上，那些最大方慷慨——甚至可以形容為鋪張浪費，乃至破產相送的贈禮者能夠獲得最高的榮譽和聲望。有時候，這種贈禮方式被權勢者用來作為維護自己權威的手段。這種極端的給予在很多文化中都可以看到。例如，在中國粵西地區（western region, Guangdong），每年春節後，各個姓氏的家族開始按照約定俗成的順序來輪流宴請客人。比如，大年初八是梁姓的家庭擺酒請客，初九是何姓的家庭設宴，而初十又輪到蔡姓家庭。這種習俗叫做「年例」。從大年初二到正月二十都有不同姓氏的家庭擺酒設宴。親朋好友都可以赴宴。很多家庭即使花費一年的積蓄也在所不惜。年例在他們眼中，往往比春節更加重要。這就是另一種禮物的形式。

從這些意義上，我們可以看到送禮互動中的贈予者往往獲得更強的心理回饋。贈予禮物於某人，說明你是有愛心和能力的，讓你有存在感和價值感，一般而言是愉快的。

有心理學家研究了人和自己寵物之間的送禮關係。有些養寵物的人會送禮物給自己的寵物。他們的願望是讓寵物感到快樂、舒服和被關心。這個例子說明，人們送禮有時候不是有所意圖的，而是純粹的給予，因為寵物是不可能和你禮尚往來的。送禮對於贈予者而言，是相對重要的心理投資。一個真正的送禮者要的回報通常僅僅是表現自我價值和提升自我意識。

最好是贈予而不是接受。送禮是一種利他主義（altruism）。送禮表現了你對身邊重要他人（significant other）的無私。如果你只是單純送出禮物，而不帶有期待回饋的目的，你將會獲得心理健康。更好的辦法是能夠互贈，達成雙贏（win-win），雙方都有心理上的促進。

男看價，女見情

一般而言，演化心理學認為男性在送禮上是比較慷慨大方的。因為只有那些經濟實力強的男性，才有機會繁殖更多後代，提供後代更好的生活和教育條件。這一點被我們的近親——黑猩猩的社會關係所證實。研究者觀察到，拿得到更多水果和食物來進行交換的雄性黑猩猩獲得了更多的交配機會。所以，女性請不要懷疑，如果有得選擇，男朋友會更加願意送一斤豬肉給妳，而不是一朵玫瑰。

相比於男性在送禮上對價格的敏感和注重實用性，女性更加喜歡送具有情感意義的禮物，而不管是否貴重或實用。所以，男性請不要懷疑，很多時候，比起一疊鈔票，一個奇特的小東西對你們的關係更具有影響力。

但是，送禮的確是一件複雜的事情。女性在一般情況下更重情，但是在論及婚嫁階段的女性就會看重禮物的經濟價值，你送得起才代表娶得起，它反映了你的經濟能力。另一方面，這也體現了女性對物質保障的追求，是本能地為家庭和後代著想。

人情債

人們習慣用金錢來衡量別人行為背後的心理。比如捐款，捐得少代表你不夠有同情心，沒有愛心；捐得越多，說明你越有責任感和奉獻精神。

所以，很多人都迫於情面而跟風捐款。同樣地，人們把這個法則延用到禮物上。「禮輕情意重」只是人們自謙的說法。「禮越重情越重」才是真實的行為作風。若有足夠的錢，很多人不僅僅想送一張卡片加上一句祝福。

但是昂貴的禮物有時讓接受者感到「不爽」，太昂貴的禮物會讓別人有負債感。人際間的交往遵循互惠原則（principle of reciprocity），你來我往。接受禮物的一方會感到回饋禮物的壓力。但是太過昂貴的禮物，別人無法以同樣的標準與你進行禮物交換，就會產生焦慮：我何時可以找藉口回贈禮物給你？

我要買多高級的禮物才適合回贈給你？ 這種焦慮可以稱作互惠焦慮（reciprocal anxiety） 。所以對方反而不好受，甚至認為你這樣有炫耀和諷刺的意思。因此送禮應該考慮對方的身分地位和財富狀況，送那些能夠你來我往的禮物。

這麼說來，禮物送出去前還是要考慮對方的感受。禮物太重表示你的心意重如山，同時也壓在別人心頭。說到底，還是要懂得角色取替（perspective taking），從送禮對象的角度來看待要送出的禮物。有時候一張賀卡是比較好的禮物。很多人幾乎什麼也不缺，就缺少別人的關心。總之，一份能夠互相拿得出手的禮物，除了能使每一個人都有機會成為禮物贈予者，禮物的贈予者也能夠獲得很好的心理回報。

心理檔案

利他主義（altruism）：把社會利益放在第一位，為了社會利益而犧牲個人利益的生活態度和行為的原則。

角色取替（perspective taking）：是設身處地為他人著想，即想人所想、理解至上的一種處理人際關係的思考方式。

EQ（情商）：理解和調節自己與他人的情緒狀態及需求的能力。

互惠焦慮（reciprocal anxiety）：接受別人幫助後，受人際互惠原則驅使而產生的「人情債」焦慮。

第 9 節 男與女：誰更合作

作為主管，你如何搭配男女員工？

男男合作

表面上看這是個無關痛癢的問題。似乎，男生還是女生更具有合作精神跟我們沒有什麼關係。但是作為一個組織的領導者，卻有必要領會這些差異，這有助於你更加有效地駕馭這個組織。而我們每個人都有可能在生活或工作中成為一個長時間或暫時性的領導者。即使你只是一個組織裡面的成員，如果你對於這個問題有所參透，就能更加理解在組織活動中跟不同性別的人合作的基本差異。面對合作中存在的爭執，你就能表現得更加冷靜。

我們都抱持著這樣的信念：男性和女性來自不同的星球。的確是這樣，但是男女之間具體如何不同，一直是心理學家苦苦探索的。合作（cooperation）是現代人生活中的重要行為，幾乎沒有一件事是可以自己獨力完成的，在這方面男女有什麼不同呢？ 如果讓你來組建一個工作團隊或者組織人手去做一件事情，你會怎麼搭配異性人員組合呢？

我們一般覺得女生比較有合作精神，至少比男生好。如果你問為什麼，很多人會說：男生一般比較難管，女生比較聽話。但這是合作性嗎？可能他們把人的順從（compliance）行為誤以為是合作的表現了。這跟女生普遍性格溫順的特點有關，她們只是習慣點頭，不好意思開口說不。

男性和女性哪一個更具有合作精神呢？心理學家總結了五十年來所有關於合作的社會心理學研究成果來回答這個問題。

研究者用一種叫做「囚犯困境（prisoner's dilemma）」的遊戲來做實驗。「囚犯困境」是社會心理學家經常使用的實驗方法。在這個研究中，每兩個人配對進入「困境」，接著做出自己的選擇。兩個都假設自己是共犯。現在他們要選擇是否供認犯罪事實。如果他們兩個人按照事先約好的合作，就是死不招供。如果他們不跟自己的搭檔合作，那麼算是叛變。

但是做出選擇的困難點在哪裡呢？在於金錢的誘惑。如果兩個人都合作，死不認罪，那麼兩個人各自可以拿到十元美金（約新臺幣三百元）。如果其中一個人不合作（認罪），另一個人合作（不認罪），那麼不合作的那個人可以拿到四十元美金（約新臺幣一千兩百元）獎勵。如果兩個人都不合作，也就是都認罪，供出對方，那麼各自只能得到兩塊美金（約新臺幣六十元）。在這種情境下，他們會怎麼選擇呢？

男女的合作性是因場合而異的。如果身邊都是相同性別的人，那麼男生的合作性會好過女生。也就是說，男生跟男生在一起的時候，他們的合作性往往是比較強的。而女生跟女生在一起的時候，他們之間的合作性就不那麼強了。這些差異雖然很小，但是非常穩定。可以想見，一個純男生的團隊比一個純女生的團隊更富有目標性，大家會為了共同的目標而前進。這是可以理解的。人類的歷史就是一個戰爭史。長期以來，男性因為生理上的優勢而在戰爭中扮演主角。軍隊是男性的世界。在長時間的文化發展和演化過程中，男性已經演化出在面對同一性別（男性）的人時更具有合作概念的天性。這有利於民族的生存和發展。

我們看到，男性和女性在同性別團隊中的合作性只有很小的差異。可以推測，最早的男女之間不存在這種差異。千百年來，歷史只是很緩慢地累積出這種微小但穩定不變的差別。

一個女人跟其他女人在工作和生活中要一起合作的事情越來越多了。尤其是在戰爭資訊化和人工智慧化後，有更多的女性可以投筆從戎。女性在社會分工中的比重也越來越大。現代女性基本能夠從事各行各業。可以預見，相比於古代社會，現代社會是在縮小這樣的差異。

男背女配

有趣的是，在異性場合中，這一情況就不同了。當女人跟男人在一起時，女人會比較願意合作，男人卻不那麼願意合作。

當男性面對著女性，女性也察覺到有男性在場時，他們各自清醒地意識到自己是一個男性或者女性。因此，他們的行為會更加受到性別刻板印象（gender stereotype）的影響。

刻板印象簡單地說就是對某一群體的概括。人們為了避免過多的認知負擔而把某一群體的普遍特點抽象並概括出來，從而錯誤地認為這一群體的每個個體都具有這些特點。刻板印象造成了我們認知的許多偏見。性別刻板印象就是人們分別對男性、女性的心理、行為和性格特點有一定的總結和歸納，認為所有男性都應該這樣子，所有女性都應該是什麼樣才符合常規。

在男女合作上，社會對女性的要求簡而言之就是「夫唱婦隨」。女性應該順從於男性，嫁雞隨雞嫁狗隨狗。在兩性關係中，男性比女性更加自私，就是說以自己的目標而不是共同的目標為主。很多女性（特別是職業女性）可以犧牲自我事業，選擇輔助男性的事業，也就是轉移自己的生涯目標與丈夫保持一致，從而達成合作。即使不是夫妻，僅僅是臨時組合的拍檔，女性常常在無意識中受到這種傾向的影響。她們習慣於為男性犧牲自己專斷獨裁的能力。當然，特別出眾的女強人除外。現代社會也在打破這樣的心理屬性。不過，這種差別依然穩定地存在，雖然差異已經很小。

演化心理學認為，在兩性群體中，男性要表現出自己對組織的支配力，所以，他們的合作性就減弱了。我們知道，在很多動物群體中，往往會擁戴一個雄性為王。而為王者能夠獲得更多雌性的青睞。所以，每個雄性都必須在雌性面前表現出競爭性和支配力。這是他們爭相為王的其中一個表現。

在美劇《冰與火之歌：權力遊戲》(*Game of Thrones*) 第一季中，我們可以看到，裡面的草原民族多斯拉其人 (Dothraki) 部落以男性個人的武力和支配力來論英雄，剛開始時首領卡奧·卓戈 (Khal Drogo) 身強體壯、超凡，具有強大的氣場，所以他是首領。但當他病倒之後，王位馬上受到威脅，手下就不再任其差遣了。人類對男性統治力的要求可見一斑。而現代人的血液裡還保留著這樣的記憶，所以，在保證自己獨立決策地位的同時，合作性就被削弱了。

無論跟誰合作，只要在一起工作的時間越長，男性就會比女性更具有合作精神。男人通常是一個能夠長期一起工作的好夥伴。但請各位男性不要指望女人會因為跟你搭檔的時間長，就對你們的合作感到放心。

男女搭配，做事不累

我們永遠不能忘記一句古訓：「男女搭配，做事不累。」

雖然「男男合作」這一原則告訴我們應該傾向於組建純男性的團隊，而且「男背女配」這一原則說明了男性願意跟女性合作，但是純性別的工作容易讓人疲勞。如果有異性的陪伴，雙方都會精神百倍，至少在很多時候是這樣。如果能夠分工明確，就能避免男背女配的現象。例如，讓男性主導目標的選擇，而女性負責後勤輔助。

為什麼男女搭配可以使人（特別是男性）更賣力工作呢？這主要是因為男性比女性更加喜歡透過視覺獲得異性的相關資訊，如異性的容貌、髮型、膚色、身材等外部特徵都很容易吸引他們的注意和興趣，並對他們的感覺器官產生某種衝擊，使他們感到愉悅不已。

另外，社會心理學家還發現，男性在女性面前的表演欲望要比女性在男性面前的表演欲望強烈得多。跟動物世界一致，雄性都有絢麗的羽毛或毛髮，例如孔雀，而雌性則沒有，因為牠不需要表演。

對人類來說，表演行為會刺激人腦產生更多的神經傳導物質（neurotransmitter）多巴胺。我們之前已經談過，這種物質使人感到振奮。

當然，大部分女性也一樣想跟男性一起工作。這主要是因為男性和女性都會分泌費洛蒙（pheromone）。費洛蒙透過皮膚或外部器官的腺體散發出來。這種微弱的氣味可能不為人所察覺，但是已經影響到了你的異性同事或朋友，使他精神興奮。

合作（cooperation）：是指不同個體為了共同的目標而一起活動，促使某種既有利於自己，又有利於他人的結果得以達成的行為或意向。

依從（compliance）：指人因為他人的期望壓力而接受他人請求，行為符合別人期望的現象。

囚徒困境（prisoner's dilemma）：是博弈論的非零和博弈中具有代表性的例子，反映個人最佳選擇並非團體最佳選擇；指兩個被捕的囚徒之間的一種特殊博弈，說明了為什麼甚至在合作對雙方都有利時，保持合作也是困難的。

刻板印象（stereotype）：是指人們對某個社會群體形成的過分簡單化的、滯後於現實變化的以及概括性的看法。

性別刻板印象（gender stereotype）：是指人們對男性和女性在行為、性格特徵等方面予以歸納、概括和總結，它會直接影響到男性和女性的知覺、歸因、動機、行為以及不同職業的選擇。

第 10 節
應該把自己的目標告訴別人嗎？

如果你問其他人或者上網搜尋能讓自己堅定不移地達成一個目標的方法，有一種說法會不斷地重複在你面前，那就是以承諾的形式告訴別人：你要做什麼。跟別人說自己想做的事情，會讓自己感到負有責任和被監視。有些人可能確實適合這種被別人眼光驅動的行為模式，但它並不適用於所有人。

少說多做，先做再說

許多人認為，達成個人目標的最好方法就是把自己的目標公開化。讓更多人知道我們的目標會使我們有壓力去完成。如果沒有完成，我們可能會被笑話。所以，基於對被「輕視」的恐懼，我們一定會努力達成自己的目標計畫。因為我們要保持自我的一致性，如果你說了要做什麼最終卻沒有做，就會讓自我感（sense of self）受到傷害。

這種方法已經被勵志書和作者炒作了很多年。向其他人公開承諾你的計畫可能會使你更有動力和緊迫感去執行，但是，很多我們公開宣稱的目標最後都沒有達成。

早在一九三三年就有學者發現，當大家在一起探討一個問題如何解決時，如果有人提出了自己解決問題的方法，並且得到其他人的贊許時，這個方法會在人腦中使人感覺是被接受的，是已經客觀存在的社會現實，就算這個方法根本沒有解決問題也無妨。這種現象在當代被心理學家用科學實驗的方法所證實。心理學家的實驗顯示，那些跟其他人分享了自己目的的人，實際上不但沒有增加自己的承諾感，反而減少了。在一個實驗中，研究者問幾十名心理學的學生是否想透過影片療法課程，以成為一個更好的臨床心理學家。約一半的學生說願意。然後研究者故意很明顯地認可了他們的這一目的。這一半的學生都互相知道自己的目的和計畫。而另外一半學生的回答是保密的。在接下來的日子裡，他們都要完成影片療法課程——觀看課程錄影。結果，在接下來的一週裡，那些目標被公布於眾的學生所看的課程錄影的時間，要遠遠短於目的被互相保密的學生的時間長度。也就是說，後者更加努力去到達目的，前者則鬆懈了。

這就是說，當我們告訴別人自己的意圖時，完成這個意圖的動機減弱了。為什麼呢？ 這是錯覺惹的禍。在對別人說自己的目標時，我們等於是在「秀」自己的雄心壯志。這樣做的心理後果是，讓我們感覺自己已經開始在達到自己的目的了。即說自己準備做什麼會讓人感覺自己已經「真的」做過什麼，或者已經邁出了第一步，而實際上根本沒有，這完成只是錯覺。為了證實這個錯覺的存在，心理學家又做了一個實驗。

在這個實驗中，心理學家讓一半受試者跟其他人分享自己的目標和計畫。而另一半則悄悄去執行計畫，沒有跟任何人說。結果，讓所有人評價自己的進程時，那些公開自己目標和計畫的受試者比那些不公開的進程更快。也就是說，他們所感覺到的目標完成程度比真實程度還高。而那些不公開目的的受試者的感覺和現實更加一致。

所以，下次如果你聽到把自己的新年目標向家人或朋友進行公開承諾的建議，最好忽略它。因為它不僅沒有效果，可能還會損害你達成目標的成功率。我建議你把自己的目標當作一個祕密。耐心等到成功後再宣布也不遲。要笑就笑到最後，這樣才笑得最燦爛。記得，先做再說吧！

不過，如果把一個人看成一個組織，那麼這個組織的目標執行是否也會有這種現象，就不得而知了。我們知道，一個組織的目標一般都是公開化的。尤其是一個國家的目標可能是「路人皆知」的。但可以肯定的是，一個組織的榮譽和聲望常常建立在自己的目標之上。至於是否落實，則不了了之。這個還有待心理學家的研究。

正向幻想有時是危險的

在網路生活中，這種現象就更加明顯了。很多人在社群網站上向親朋好友宣布自己的宏偉計畫，例如戒菸、減五公斤、每天跑步等。很快地，各種鼓勵和讚揚紛紛到來，使自己感到很受鼓勵。但在你不斷更新關於這項計畫執行情況的同時，也慢慢消磨了繼續下去的決心。

因為，當你說出這些的時候，你其實已經經歷了一次幻想（fantasy）。人是用圖像思考的，說出的話會在頭腦中呈現出一幅幅畫面。這些畫面就組成了你的幻想。描述自己的目標和計畫時，人們一般都會描繪出一幅美好的藍圖。他們做著一個正向的幻想。每更新一次狀態，就難免來一次幻想。例如，「天啊！ 我今天又運動了一下，再這樣下去，我不僅能減五公斤，甚至可以超額完成計畫！」幻想具有虛擬地滿足個人願望的心理功效。研究者已經透過調查發現，那些花費更多時間在找工作、找對象和考試上幻想好結果的人，往往會做得更差。

正向幻想的危險在於人們容易「想歪」。想像好的結果當然是不錯的，因為它能夠給你行動的動力。但是人們在幻想時很容易誇大自己的想法，就像寫煽情的文章時使用誇張手法一樣。因此，有些正向幻想的成分並不建立在理性的基礎上。例如，有些人幻想能夠在今年賺得一百萬。但是他根本還沒有想到任何方法和基礎條件去達成這個目標。沉浸在這種正向幻想中會讓自己無法意識到在達成目標道路上會遇到的麻煩，進而減弱自己的動機。因為，正向幻想也會產生我們在前一小節中說的錯覺：感覺自己好像達成目標了一樣。

所以，盡量少想點過度美好的結果。那些考慮到不良結果的人反而能做得更好。

提高執行力的手段

除了讓自己「shut up」之外，可能還需要一些手段來鞏固自己的執行力。我們要考慮到在執行過程中會遇到的問題，如何去解決這些問題呢？

世界上有兩種人。一種人看到困難時，會想到它就是自己遇到的障礙。一種人看到困難時，想到的是自己的目標。比如，期末考即將來臨，是該唸書的時候了。這時你的目標是「複習」。但是剛好有一場非常誘人的球賽要在複習期間開打。這時候，人們有兩種反應。一種是膠著在這場球賽上。他們也許一邊猜測這場比賽的情況，一邊有意識地告訴自己不能看。另一種是想到自己還有未完成的複習目標。對於前一種人來說，球賽扮演著一個誘惑的角色；對後一種人來說則是鬧鐘的角色，提醒自己當前的目標。

如果球賽是一個提醒，那麼他們抵制誘惑的行為就大大提高了專注執行複習計畫的可能性。問題在於如何在誘惑和目標之間建立起記憶的連結，讓自己能夠在面對誘惑或者其他困難的時候，第一時間想起自己還有目標，「至少還有夢想」。

有人喜歡未做先說，更有人光說不做。執行意向（implementation intention）是一個強有力的工具，幫助你把說到的落實到行動上。執行意圖就是在大目標下詳細建立起的小目標，或者說預先設定的行為反應。凡事豫則立，不豫則廢，執行意向是一種未雨綢繆。

在一次實驗中，研究者幫助一群女生戰勝恐懼。這些女生的目標是「我要戰勝恐懼」。那麼她們要在這個目標下建立一些執行意向。比如，其中一個是「如果我看到一隻蜘蛛，我將保持平靜和放鬆」。研究者把這些女生分成兩組，一組是執行意向組，她們建立了類似上述那些執行意向。另一組則是非執行意向組，即沒有建立執行意向。最後顯示，執行意向組治療恐懼的效果最好。

所以在完成一個目標前，我們要盡量避免過多的、正向的空洞幻想，只要想一點點就夠了。我們要把更多的時間花在預測自己會遇到什麼困難上。例如，如果要達成複習功課的目標，就要先預想自己喜歡的球賽活動可能會在完成目標的過程中成為一個阻礙，並制定自己的應對策略，比如「如果遇到很想看的球賽，那麼我將到圖書館複習，遠離誘惑」。

上述實驗中的女生也一樣，如果只是幻想戰勝恐懼後的輕鬆快樂，而沒有去想假如突然碰到蜘蛛時要怎麼辦，那麼她們可能永遠無法克制恐懼。

心理檔案

自我感（sense of self）：區分自己和他人，獨立於環境之外進行知覺和行為的能力。

幻想（fantasy）：是指個人對所希望的未來事物的想像過程。

執行意向（implementation intention）：是一種「如果……那麼……」式的自我調節策略，在目標之下建立起「如果遇到 XX 情況，我會 XX」這樣的子目標，以達成自己既定的目標。

第 11 節 人群和偶像對個人的影響

單獨的一個人和處在群體中的人是不一樣的。人幾乎不可能離群索居，過魯賓遜式的漂流生活。而人在群體中的心理和行為也常常讓人摸不著頭腦。本節將介紹兩個主要的線索，希望能使大家理解人在群體中的一部分行為。在人群中，我們既受數量眾多的他人的影響，也受特別個人（領袖、偶像）的影響。

在群體中我們離不開他人

小時候，對與錯在於父母；長大後，對與錯在於老師；再後來，對與錯在於幾乎所有的他人。小時候，安全感來自父母；長大後，安全感來自同學；再後來，安全感來自幾乎所有的他人。還有我們的自尊、自信、自卑、自戀……均與他人脫不了關係。

還有工作任務或功課報告沒完成，大多數人會擔心受到懲罰。不過他們第一反應不是繼續投入工作或報告，盡快完成任務，而是不自覺地想著其他人完成了沒有。他們帶著期待的目光，著急地問問這個人問問那個人。如果有人還沒完成，他們就頓時鬆了一口氣，從心底燃起一股安全感。可見，人類多麼需要「同病相憐」啊！一個小女孩在寒冷的街角擦火柴是孤獨的、絕望的，如果有兩個小女孩一起，人們反而會覺得是浪漫。

人類也非常需要「並肩作戰」。在寒冷的冬日，大家要上早八（大學生早上第一節課）。窩在被窩裡的人還不想起來，就問其他人：「你要去上課嗎？」如果有人不去，一同翹課，那麼他就感到心安了。如果大家都選擇去上課，他一個人在寢室裡也睡不好。就算睡著了，起床後還是要問同學自己是否被點名。當然，老鳥除外。

有更多人在一起承擔責任，人們就會產生安全感。我們相信「槍打出頭鳥」，而自己永遠不去做出頭的那一個。如果有更多人在一起衝鋒陷陣，我們就會感到無怨無悔。我們相信：犧牲的肯定不止我一個，自己一定會有「伴」。

有一次，我要在沙箱遊戲室做心理學實驗。那時招了好幾個受試者。在實驗開始前感到無聊，就跟他們一起玩了一個遊戲。因為人數多，沙箱不夠，所以我們把每個沙箱都隔成兩半，一人用一半。接著，我開始指引他們按照我指導的來擺放場景：藍藍的天、藍藍的海、白白的沙，一隻小狗晒著太陽；遠眺著彼岸，你看到了一棟房子……

由於我事前說過，每個人的理解都不同，我要看看誰更能讀懂我的意思，擺放出最合適的方位和物品，所以，當我說結束的時候，每個人都左顧右盼地互相看看別人是怎麼擺的。知道他們在幹嘛嗎？他們在尋找自己和他人擺放的異同點。

有些人看到自己的擺放和別人的不一樣，就會覺得自己可能做錯了。就好比學生走出考場互相對照答案，發現自己跟別人寫的不一樣時，會感到失落一樣，認為是自己錯了。他們都有強烈的從眾（conformity）傾向，如果發現自己特別異類，就會感到不安。

當然，也有些人是非常自信的，認為跟自己不一樣的人才是錯的。不過大多數人會屬於前者。

如果自尊是一塊大蛋糕，這塊蛋糕由不同奶油所製的話，那麼做成集體主義者（collectivism）的自尊蛋糕的奶油裡，有很大一部分來自於群體的自尊奶油，而來自於自己獨立個體的自尊奶油則沒有我們想像的那麼多。也就是說，我們有很大一部分榮譽感是攸關集體的。

因此，群體成了自尊的來源，同時也成了自尊的緩衝器。如果自己做錯事情時，還有別人一起錯，我們的自尊就不會受到太多傷害，因為群體自尊的那一部分還有別人跟自己一起承擔，我們只分到了一部分衝擊力。

這類現象不是很常見嗎？我們尋找增進個人利益的群體，同時又尋找幫助承擔責任和抵擋貶低自我價值的群體。幾乎每個人都這樣。很少人能夠真正游離於群體之外。因為我們太需要他人了。

我們需要偶像的存在

除了需要他人，我們還需要有人站出來。我們把自己的精神和態度投射到站出來的人身上。我們幻想著讓別人去幫自己完成很多事情，以獲得快感，同時又避免自己的血肉之軀與困難正面衝突。有人說，人類是一種古怪的動物，他們喜歡崇拜別人而不喜歡尊敬自己。其實不是這樣，人其實是崇拜自己的。不過，他們是在追尋理想中的自己，而不是現實中的自己。幾乎沒有哪個人完全滿意當前的自己。極度自戀者只是沒看清楚自己罷了。如果他們打破「眼睛的業障」，看清自己的「廬山真面目」，就難以自我感覺良好了。我並不認為這是不好的事情。這種傾向反而能促進人類去發展、改善自己。

古代的神都是人類自己創造的。先創造出來，然後再開設各種儀式來崇拜祂。創造神然後崇拜神這種行為模式直到今天都沒有改變，依然不斷地演化出新的形式。不是說這樣不好，只是我們需要去理解祂。

你曾經是少女時代（Girls' Generation）的粉絲嗎？或者現在依然是？或者是某個明星的粉絲？在臺灣，少女時代曾經紅極一時，眾多年輕人為之瘋狂。當然，追星現象在少時之前就有了。而現在，偶像團體仍然是層出不窮。在歐美，《美國偶像》（American Idol）也依然維持著很高的收視率，甚至有不少臺灣的粉絲。其實，創造偶像就像創造神一樣，早已有之。你應該也有某個明星偶像吧？

即使你並非追星族，你也一定有生活中的偶像。三人行必有我師，身邊有各種達人。他們身上總有一些我們認同卻欠缺的東西。我們希望成為那樣的人，或者善良，或者聰明，或者多金。當我們辦不到或暫時做不到時，難免會產生焦慮感。焦慮了怎麼辦？這時，我們可以藉由自我投射（self-projection）來緩解。

每個人內心都住著一個理想化的自我。在這個自我還無法在自己身上表現出來的時候，我們會將它投射到外在的偶像身上。偶像就是我們理想化自我的一面鏡子。我們崇拜神、追捧偶像，都是一種對理想化自我的表現。

這跟古代人祭神的目的有相似之處，只不過換了一種形式。我們想要跟神一樣充滿超自然的力量，但那是不可能的。可它的確存在於自己心中，而自己最理想化的情況就是那個神。於是，我們只能在文化中創造一個神的模樣，接著便有了投射理想化自我的外在載體。

每一個粉絲群體裡的粉絲都是相似的。他們有共同的理想自我，而這些共同點與他們偶像的某些特點相似，所以他們同時愛上了一個偶像。而且，他們有時候還會透過貶低其他偶像來獲得更大的快感。就像之前所說的那樣，在群體中，個人的自尊與集體連在一起。在這裡，個人的自尊與偶像以及其他粉絲連在一起。

人們把偶像塑造出來後，當偶像獲得成功時，粉絲就覺得自己也有份。就好比生小孩一樣，大家都望子成龍。因為孩子是自己的，如果自己的孩子獲得成功，那麼同時也會提升個人自尊。粉絲也把偶像當成自己寄託夢想的外在載體。可以說，粉絲讓自己的自尊與這個群體的自尊、偶像的自尊「共進退」。偶像就是一個「傀儡」，承載著粉絲的感情和理想。

總之，在群體中的人不能「群龍無首」。心理學家曾經借助學生參加夏令營活動的機會，讓一群孩子到野外露營一個多月。這群孩子剛開始並沒有組織和領導者，大家都是零零散散地一起到野外去。但是，當他們露營結束的時候，居然自立了自己的領導者。

再例如，軍事行動喜歡執行「斬首」。一個人若能成為一個群體的領導者，說明他在這群人的理想自我中或多或少有比較相似的共通點。尤其在宗教主義盛行的地方，這種現象就更明顯了。在民主選舉的情況下，這種趨勢也是很強烈的。如果能夠打擊該群體的領導人，那麼整個群體中每個人的自我都將受到傷害。這會激起更加敵意的憤怒，同時也一定程度上摧毀了群體的自信，恐慌和混亂難以避免。現代社會制度會補償這種不良效應，使它不像古代時那麼明顯了，但也不能說不存在。當一個首領失去地位或者死去之後，人們就要推舉出另外一個首領。

心理檔案

從眾（conformity）：是個體在真實的或想像的團體壓力下改變行為與信念的傾向。

自我投射（self-projection）：將自己內心的自我外化（externalize）到其他事物上，有幻想的成分。

第 4 章

購物中心博弈

我們的生活離不開商品交換。小到柴米油鹽醬醋茶，大到電器、汽車、房子，每個人都要消費。有些人甚至會變成購物狂。很多人沒有意識到，為了銷售商品，商家運用了各種心理學知識來影響消費者。當你逛街、逛購物中心的時候，有想過自己正處在心理戰當中嗎？ 如果你在這場心理戰中擁有更加清晰的思考，能夠知己知彼(商家)，也許就能將逛購物中心的水準提升到新的高度，並做出冷靜的決策。

第 1 節 菜單裡的祕密

到處「吃喝玩樂」，你有沒有留意過菜單？ 你注意過上面有什麼玄機嗎？ 現在，讓我們來探索一下其中一部分，方便大家以後點餐前可以先用心理學分析一下餐廳的菜單。這也是一種樂趣，一個能馬上聊起來的話題。

先做難題還是容易的？

有兩道題給你選擇，一道題比較容易，一道題比較難。你會選擇哪一道題開始做？ 很多人會毫不猶豫地先搞定容易的題目。這是一個再尋常不過的現象。但也蘊含著一些普通人看不到的東西，只有心理學家看到了。那就是認識事物的速度影響著我們的心理和行為。

認知流暢性（cognitive fluency）是認知心理學上的一個概念。通俗易懂地說，就是一個人思考東西的容易度。有些東西我們一看就懂、一聽就會。但有些東西看一千遍也不懂、聽一萬回也不會。這就是認知是否流暢的表現。心理學家發現，思考一個東西的順暢程度會影響我們是否相信這個事物，是否會對其進行投資，是否會覺得它漂亮。總之，它影響著我們的判斷和決策。

每天出去消費時，我們都會面臨著各種選擇和決策。這些決策取決於那些商品呈現出來的方式給了我們怎樣的感受。

一般而言，人們更喜歡容易思考的東西。比如，人們更加喜歡熟悉的臉蛋。但是，在某些情況下又有不同的效果。在商業領域裡，很多看起來無足輕重的資訊卻會對我們的想法和行動帶來驚人的影響。

難者信雅之

路邊攤很方便，坐下一吆喝，很快就有熱騰騰的小菜上桌了。去高級餐廳，它可能就不會讓你如此「輕鬆」了。身為一間高級餐廳，當然不能讓你覺得它是那麼的「簡易方便」。就好像有些教師喜歡故作高深一樣，為了顯示「高級」，餐廳也會在各方面做文章，例如菜單。許多高級餐廳的菜單喜歡用一種優雅漂亮卻難以閱讀的字體。

在一個研究中，心理學家讓受試者從兩份菜單中選擇菜式。其中一份用很容易讀的字體來展示，另一份則用難讀的字體。結果，看上去字體姿態各異的菜單使人們遲遲無法做出決定。對於難讀的字體則有百分之四十一的受試者延緩決定；而對於易讀的字體，只有百分之十七的受試者延緩了決定。在潛意識裡，人們把閱讀字體的難度當成了做決策時困難與否的重要線索之一。一些人會想:「天啊！ 這種字怎麼那麼難看懂啊？做這個決定一定要謹慎，還是再考慮一下吧！」

高貴的東西應該要慢慢品嘗。高雅的行為也應該要慢慢地發生。為了營造這種氛圍，菜單的列印字體成了其中一種操作手段。儘管餐廳不一定知道，但它們確實是依據認知的難易度來形成這種效應。比如，人們往往不會說方方正正的字體漂亮，而稱讚那些讓人看半天看不出來是什麼字的藝術字漂亮。

所以，商人「用心良苦」地讓消費者的舉止更加「得體高雅」。

匆匆忙忙地點菜不是一個優雅的姿態。坐下來，好好「欣賞」（實際是難以看懂）那些菜式，再點餐也不遲。

難者易信之

心理學家發現，人類並不把兩小時當作一百二十分鐘。我們知道，對於每款商品，廠商往往都有誇大的地方。真實情況往往比他們吹捧的要差一點。例如，很多筆記型電腦在販售時說可以續航相當長的時間，但實際上總是令人失望。

在一個研究中，研究者讓受試者預測一顆電池的電量在真實情況下能夠持續多久。其中一顆電池的商家聲稱能夠續航兩小時。另外一顆電池的商家則聲稱能夠持續使用一百二十分鐘。結果，人們預測那顆號稱能續航兩小時的電池最終能夠使用八十九分鐘，而預測那顆聲稱能續航一百二十分鐘的電池實際能夠使用一百零六分鐘，比前者多了十七分鐘。它們所標出的續航時間明明是一樣，一百二十分鐘等於兩個小時，但僅僅是標榜的單位不同，就造成了消費者在感覺和判斷上的變化。

人們更相信那些說得看似比較詳細的東西。詳細的東西能夠在一定程度上加強人的認知難度。一個整數是很容易記住的，例如五點、十點、五十元、六十篇等；而一個精確的數字就比較難記了，例如五點十分二十八秒、九百六十四元。實際上卻是這些精確的數字更能打動人心。在商業領域裡，這些精確到更小單位的數字讓消費者覺得是可信的。如果給出一個整數，消費者才不理你呢。比如，一個菜單上標價五百二十四元的餐點比標價為五百更加令人可信。一個整數可是會「嚇跑」顧客的。消費者要勞神地去讀你那「無休止」的尾數，就沒有足夠精力意識到你這個價格有多麼高。實際上，整數的東西看上去更值得被懷疑。所以，菜單上的價格如果是一組「看似很精準」的、用較小單位來表達的數字，將會讓消費者覺得物有所值，而不是物非所值。

有沒有看過這種菜單呢？ 去過那麼多家餐廳，你有留意過它們的標價有什麼不同嗎？ 下次去的時候，也許你就可以識別出這家餐廳是否運用了上述的心理學知識。

情侶菜單

有不少餐廳會針對情侶族群設計菜單。這類菜單的標價都會非常之高。因為商家抓住了「約會不吝嗇」的心理。的確，誰會在約會的時候計較餐點的價格呢？ 如果讓對方覺得你小氣，這段姻緣就泡湯啦！

所以，情侶間拿到的菜單往往跟普通人不一樣，價格上的差異簡直讓人嚇一大跳。不過，為了得到芳心，犧牲一點又如何呢？ 商家因此賺進大把鈔票。更極端的是，有些餐廳會給男人和女人不同菜單。

林小姐最近跟一個男人約會。兩人到一家餐廳吃午飯。看看菜單上的價格，林小姐發現，才點了兩道菜，就已經花了三百五十元。林小姐心想，他還蠻大方的，不能再讓他破費了。吃完飯，她喜滋滋地回到家，想著遇到了一個有錢又慷慨大方的男友。過了幾天，林小姐因為對那家餐廳的糖醋排骨念念不忘。於是，她約了表妹一起去吃飯。拿到菜單時，她傻眼了——那天看到的糖醋排骨明明是一份兩百元，現在怎麼變成一份七十五元了？也降價得太快了吧！隨後的故事幾乎要讓她「暈倒」了。原來，她那天看到的是情侶菜單中的女性版。其價格比男性版高出很多。而實際上，男性版的才是實際價格。由於結帳時是在櫃台，女生不跟過去就不知道真正的價格。這次因為拿到普通菜單，才發現了真相！

可見，商家特地為情侶設計的這份菜單，也充分利用了情侶之間的心理。

心理檔案

認知流暢性（cognitive fluency）：是指快速完成簡單或複雜認知任務的能力。流暢指的是自動化行為或者發展和運用相關技巧而快速完成任務，不需要太多意志力。

認知心理學（cognitive psychology）：是一門研究認知及行為背後的心智處理（包括思維、決定、推理，以及一些動機和情感的程度）的心理科學。

第 2 節 「商品售罄」是一種怎樣的技巧

稀少性（scarcity）和資訊瀑布（information cascade）會如何影響我們的購買心理？

沒人會踢一隻死狗

是的，只有好賣的商品才是好商品。或者，好賣的商品都是好商品。這是人類的基本思維定勢（thinking setting）。

一九二九年，全美排名第四的芝加哥大學聘請了年僅三十歲的羅伯特· 梅納德· 哈欽斯（Robert M. Hutchins）當校長，這一舉措在當時頗受非議，各種批評紛至沓來：他太年輕啦！他沒有經驗！ 他的教育理念是荒謬的......最後連報紙也不能保持客觀，加入了這場攻擊。

一位友人替哈欽斯打抱不平，他對哈欽斯的父親說：「今天連報紙也在詆毀您的兒子，真令人驚訝！」哈欽斯的父親淡淡一笑，說：「真的很嚴重，不過我們都知道，沒有人會踢一隻死狗。」

同樣地，人們潛意識裡認為，沒有人會買一件廢物。但是謬誤在於，其他人不一定是正確的。人們在這種事情上很喜歡用加法率（addition rule），認為越多人相信的東西就越可信。

暴民心理（mob mind）深入人類的骨髓，購物時也是這樣。當年聽說板藍根和醋能夠預防SARS，於是商家賣瘋了、民眾搶光了。聽說綠豆湯治百病，大家又瘋狂搶了一把，商家則大賺一筆。據說碘鹽能夠防核輻射，於是碘鹽又賣瘋了。總之，人們往往認為大家都在瘋搶的東西就是好東西，所以也跟著搶購。

如果自己沒有搶到，就會沒有安全感，哪怕只搶到一點點也好。人類擁有無窮的欲望，但只擁有有限的資源。凡事物以稀為貴，不是「獨一無二」的、不可替代的、不可複製的，那就是不值錢。所以人們會對具有稀少性的東西趨之若鶩。而「聰明人」就抓住了這種心理。

但凡翻開任何一本經濟學的教材，或者直接點開維基的經濟條目，都會看到物以稀為貴這條鐵律。只是經常被大家誤用。因為人類的狡猾，這條規律既是真理，也是「謬誤」——天然的真理，人為的謬誤。

這個賣「光」了，那個還會遠嗎？

店裡的商品擺得滿滿地不一定好。根據商業心理學的研究顯示，空空如也的貨架反而會促進消費者購買商品的傾向。

如果瞄到一款商品被賣光了，消費者就會升起一股緊迫感。他們會覺得既然這款商品已經賣光了，那麼跟這款商品類似的商品可能很快就會賣光。

比如說，你本來想去鞋店買A品牌板鞋，卻意外發現它竟然這麼熱銷，已經沒有了。這時你就有一種身臨其境的緊急感。這時，你買下店員推薦的類似 A 品牌板鞋的 B 品牌板鞋的機率就大大提高了。

這種現象體現了一種經濟心理學家所說的資訊瀑布效應。售罄的產品使人們推斷：這款商品如此熱銷，不就說明了它是好的？那麼此時不買能夠替代這款產品的產品，更待何時？

心理學家在一個滑雪聖地做過現場研究（field study）。這家滑雪場的門票分為兩種：一種是五個小時一百元，另一種是十個小時兩百元。一般來說，只有百分之六十的消費者願意購買門票進去滑雪。但是當他們聽說兩百元的門票已經售罄時，約有百分之九十的人會選擇買一百元的門票，就算他們不是真的想滑雪。

他們只是覺得別人會那樣做是有道理的，而且稀少的門票實在是一種無意的誘惑。

心理學家還在一家購物中心做了個實驗。一般來說，只有百分之四十九的人想要買 A 牌的啤酒。但是當他們得知擺放在 A 牌旁邊的 B 牌啤酒已經賣光的時候，這個數字就會上升到百分之九十八。

你可以說人們是盲目的。但實際上他們一點也不盲目，他們這麼做是有道理的。「搶購有理」除了受稀少性的影響外，還會受到別人所傳遞出來的資訊的影響。

在緊急情況下，由於時間緊迫，所以大家經常相對混亂地做決策，人們會放棄進一步分析和判斷所獲得的資訊。他們簡單地認為前面的人所發出的資訊是他們的私有資訊，也就是自己經過思考後才說出的，或者認為前面的人所做的行為是他們三思而後行的。

但事實上，前面的人所說的和所做的都不是真的個人的主意，僅僅是跟著別人說和做而已。如此一來，前面的人誤導了後面的人，而後面的人又誤導了緊跟在後頭的人。

這就是資訊瀑布現象。實際上，在這個過程中，我們所獲得的資訊並沒有什麼新意。也就是說，參照多個人的意見會讓我們更明智，但不幸的是，在這種過程中，所有人發出的「幾乎」都不是自己的主意和思考，而是重複「炒作」最前面那些人所發出的資訊。

比如，A 認為這款商品好，所以 A 買了，接著 B 和 C 都跟著買了。D 看到 A、B、C 都買了，認為他們都是覺得這款商品好才買的。實際上，除了 A 可能真的是那樣覺得之外，B 和 C 都只是跟著 A 做，並非認為它有什麼特別之處。B 和 C 所說和所做的並未為 D 提供任何新的資訊以做出購買決策。D 想錯了。

再比如，一個人的私有想法是「這座城市不會發生糧荒鹽荒」，但他跟隨前面的人加入了「搶購食品」的行列。在他之後的人觀察到他的搶購行為，用捷思法（heuristics）判斷，認為他的私有想法是「這座城市會發生糧荒鹽荒」，而沒有意識到他的行為只是跟隨前人做出的，結果也加入了搶購行為。

是不是想到了街頭騙子所採用的「假觀眾戰術」？的確如此，採用資訊瀑布原理的不僅僅是騙子，也包括正規的商家。

例如，身邊很多人報名一所大學，導致其他人也認為這所大學一定很好，就會有更多的人來報名。一家餐廳由於顧客盈門，所以就更加熱鬧非凡，而門可羅雀的餐廳正好相反，越來越冷清。一部分人依賴另一部分人的想法，但是所依賴的那部分人似乎也依賴於其他人的想法。

所以，你知道為什麼新產品上市要製造「攻勢」了吧？當「資訊瀑布」運轉起來，人們就會興沖沖地去買新產品，即使擺在旁邊的舊產品其實更好用。因此，很會商家都會使用相同手法。但是是透過合法的手段，例如促銷、打折、團購等等方式招來，並非自己一人分飾多角，而是借助一部分消費者形成的「人海戰術」。

剛好賣完了，你信嗎？

如果你去一家店買東西，卻怎麼也找不到你要的東西，詢問老闆，老闆說：「哦，剛剛有客人買走了最後一個。」你猜他接下來想幹嘛？你會相信嗎？你必須保持懷疑的態度。

商家在對待顧客想購買某些不熱銷的商品時，所給出的說辭是「剛剛賣完」，希望給顧客一種「該商品暢銷」的錯覺，而事實上他們很可能根本就沒有打算販賣那樣商品。這種欺騙顧客的小把戲實在令人討厭。

記得有一次陪朋友買皮鞋。朋友挑了一款。我朋友是穿二五的。結果那位女店員說剛好缺二五的，只有二四半和二五半。然後又挑了兩款，居然都是缺那個尺碼。這種機率極低的事情居然被我們碰到了。那店員還笑咪咪地說：「您的眼光真好，這幾款都很漂亮，是我們賣得最好的款式。」我當下就想反駁她了。雖然不能完全肯定，但是這種機率極低的事情是值得被懷疑的。那幾款很可能都是斷碼鞋。沒有就沒有，還要說是賣得好、剛賣完。這樣實在有點令消費者感到噁心。

下次到店裡買東西的時候，不妨冷靜觀察、仔細傾聽，看店員有沒有採取這種銷售技巧。你不一定要拆穿對方，因為這是再正常不過的事情，心知肚明即可。也不要讓自己被捲入，你是在選擇自己需要的產品，請傾聽自己的想法，切莫被其他資訊左右。

心理檔案

思維定勢（thinking setting）：是由先前的活動而造成的一種對活動的特殊心理準備狀態，或活動的傾向性。在環境不變的條件下，定勢使人能夠快速思考和解決問題。但在情境發生變化時，它則會妨礙人的思維靈活性和批判性思考。

資訊瀑布效應（information cascade）：誤把他人所說和所做的全部都看成別人獨立思考後做出的行為，並根據這種錯誤的資訊來做出決定，跟著前面的人採取同樣的做法，從而又導致自己後面的人跟著連鎖反應。

現場研究（field study）：在真實場景中進行的實驗，相比於實驗室實驗，它能夠最大限度地應用到生活和實踐當中。

第 3 節 討價還價的樂趣

即使沒有完全統計，但我想市場上有不少關於討價還價的「雜訊」吧？ 作為一種談判方式，它還真的離我們很近。何不從心理學的視角來看看它有趣的地方呢？

殺價，堅持就能勝利？

討價還價具有多樣化的效應。例如，有人說，男人買菜討價還價是「婆婆媽媽」，而女人買菜討價還價則是「勤儉持家」。另外，心理學研究也顯示，在購買商品時，男性更加注重商品的牌子，對價格的敏度度較低，而女性對價格的高低就非常敏感。現在，我們就來看看討價還價有什麼男女性別上的心理效應吧！

「不可以，不能再少了，你去其他地方買吧！」這句話雖然難聽，但是我們經常聽到。這句話通常不是一次談判的結束，而是剛剛開始。我們知道，討價還價是一個「漫長」的過程。我們常常需要那麼一點堅持，才能換來一點折扣。也就是所謂的討價還價。印象中，市場上那些揪著價格不放的人都是大嬸級的。是不是這樣呢？

來自哈佛大學的心理學家對此進行了一些研究，並且得出一些我們可以用到的議價原則（雖然有些原則聽上去不太舒服）。

首先，心理學家在實驗中安置了一個「臥底」，叫做實驗同謀（confederate）。所謂實驗同謀，就是為了完成實驗而由研究者或者研究者僱傭的人來扮演實驗過程中某個角色的人。比如，在一個實驗中，需要受試者跟一個人聊天或者進行其他互動。但是，研究者要讓這個人按照研究者的想法來扮演角色，又不能讓受試者知道這個人是「假」的。這時，就需要一個同謀者跟研究者「狼狽為奸」。（但在實驗結束後，還是會解釋清楚的。）在這個實驗中，這個同謀者就是按照研究者的指示跟受試者討價還價，而且堅絕不讓步、不妥協。受試者被要求去跟這個同謀者談判，買一棟四間臥室的房子。當然，這些受試者並不知道那個同謀者是研究者「特派」的。

這些受試者中有男有女。心理學家想看看，在平均程度上，到底是男性還是女性更喜歡在議價過程中「死纏爛打」。也就是說，誰更能堅持到底、不遺餘力地爭取到更少的價格、更多的優惠。

結果，我們發現女性的確是更加「難纏」的。在討價還價時，女性比男性更有耐性。不過，還有一個細節要注意，女性顧客在面對男性銷售員時，會表現出更加強大的耐心，比面對女性銷售員時更有可能花費大量時間來進行討價還價。因為她們自己知道：女性是很難纏的。所以在對方也是女性的時候，她們往往「知難而退」，繼續下去的動力不大。

但是不是每一次堅持都會獲得勝利呢？非也。這要看你是哪一類的堅持了。你是做「河東獅吼」還是「小鳥依人」？

心理學家仔細測量了她們堅持的時間長度和她們在這段時間裡所堅持採用的討價還價的方式，並把它分成了兩種類別。當男性銷售者給的價格並不令人滿意的時候，看她們是如何表達不滿的。其中一種是皺起眉頭，滿臉愁容。這種類型的女性傾向於用失望和傷心的語調說話，因為價格太貴而無法得到想要的東西。她們的身體姿勢微微駝背，並且表現出生氣和挫折感。總之，一副因得不到想要的東西而受傷或生氣撒嬌的樣子。

這種類型的女人最能勾起男性售貨員的憐憫之心。男性最終都會「忍痛割愛」，把商品降價賣給她們。

心理學家認為，這種類型的女生也在表達自己對價格的不滿，只不過是採取間接的方式，而不是心直口快地說:「我不滿意這個價格，再便宜一點！」她們只是透過言語表情（語調）和身體表情（姿態）在表達自己的期盼和不滿。

與此相反，強勢的女性議價者再怎麼堅持也得不到好處，因為男人不吃那一套。這類型的女性會開門見山地指出自己的不滿，並要求對方給予更多優惠。這種命令、爭吵的語氣和咄咄逼人的態度往往令男性更加堅守價格陣地。

男人服軟不服硬

「哈哈，今天做了一件壞事！一提到就好想笑！前天看到有廣告說試駕 MAZDA 系列車型會贈送禮品，分別是 Costco 價值一千三百多塊的會員卡一張和一疊健身房的招待卷。要知道 Costco 裡有好多外面超市買不到的好東西......我對它的會員卡早就垂涎已久，就是捨不得自己花錢。這下可好，讓我找到一個免錢的機會。我暗暗規劃了一番，今天下午就裝模作樣地去 MAZDA 展示中心試駕，幾乎把所有車型都試駕了一遍，然後口沫橫飛地跟帥哥店員討價還價，人家還以為我真的要買車呢，竟然還給我雙倍的贈品，後來我找個藉口走人，馬上飛奔去 Costco 買了一堆好吃的......」

先不說這位女性的行為是否妥當，但她討價還價的工夫一定是很高超的。能「騙」到做推銷的人還真的不容易。那麼，女性該如何跟男性討價還價才能事半功倍呢？

當女性和男性議價的時候，性別角色（gender role）是一種縈繞在氣氛周圍的「鬼魂」，需要我們承認並且克服它。

在社會刻板印象中，男性是比女性高一等的。儘管現代社會提倡性別平等，但是實際上文化中的既定成見依然存在。男性認為自己應該是社會的棟梁，而很多女性其實也覺得自己應該是依賴於男性的。例如，當面臨就業困難等問題時，有些亞洲父母會幫女兒想到用「嫁」來解決。

向男性示弱的女性會更加得到男性的寵愛，因為這遵循了社會文化的一種期待。如果相互間的地位和溝通是按照社會文化的期待來進行時，「合作」就非常受雙方歡迎。在討價還價中，合作即意味著男性銷售者願意給予優惠價以延續既定的社會文化期待。

所以，如果女性過於強勢，則會為另一方帶來壓力。大家仔細想想，這些壓力是否存在於戀愛、婚姻、職場中？其實，這種壓力存在於生活的各方面，而不僅僅是購物這一塊。示弱效應發生在許多工作場合和生活中。

相反，如果女性撇開所謂的性別關係不談，要在議價上做一個「女強人」，那麼妳將會受到「懲罰」，就是堅決男性不給妳優惠。在這一點上，男人非常倔強，一定要女人先表現出性別上的軟弱，才肯做出妥協。如果妳一副「悍婦」的模樣，就別怪他們不「憐香惜玉」，因為這樣只會更加助長他們「捍衛價格」的決心。整體而言，當商家在面對女顧客時，大部分男性店員吃軟不吃硬的。妳硬他更硬，妳軟他也軟。所以，怎麼選擇就看女性的決定了。

「殺過價」後，心甘了

後悔是一種不好的情緒經驗（emotional experience）。替後悔貼一下標籤吧：自我埋怨、自我譴責，甚至自我懲罰；痛苦、內疚和懊惱。這些情緒經驗組成了我們所說的後悔。

如果你沒有殺價，問了價格就馬上成交，結果回來後發現買貴了。你會後悔買了這個東西嗎？如果你殺價了，回來後還是發現買貴了。你會後悔買了這個東西嗎？

按照常理來說，都會後悔。但是，有討價還價跟沒有討價還價是不同的。哪種情況下更覺得世上沒有後悔藥呢？這要分開來講。如果你買的是小東西，那麼造成的後悔大多數是短期的。你應該不會對五塊、十塊錢的東西耿耿於懷幾個月吧？

短期的後悔遵循了一種心理學效應，叫做作用效應（action effect）。作用效應告訴我們，我們所後悔的是我們所做的。我們常常說：「早知道就不那樣做了。」我們會為自己所做的事感到後悔。

在實驗室裡，心理學家受試者判斷哪些情況下更加後悔。第一個故事是關於投資股票失利，喬治亞本來買的是 A 公司的股票，但他覺得這個股沒有「錢途」了，於是換成 B 公司的。他換了之後，A 公司的股票開始飆升。結果他發現，如果不換這個股票，而是堅持 A 公司的股票，那麼他現在早就賺了一千兩百美元（約新臺幣三萬六千元）。另外一人，保羅買的是 B 公司的股票。他很早就注意到 A 公司的股票很可能有「守得雲開見月明」的一天，應該拋棄 B 公司的股票而買入 A 公司的股票，但是在猶豫當中，他最終沒有實踐這個想法。結果，他發現自己要是早點行動，現在早就賺了一千兩百美元了。

這樣，兩個人都算是損失了一千兩百美元。那麼，哪個人更加悔恨呢？ 百分之九十二的受試者認為喬治亞更加後悔。這是可以理解的。對於同樣大小的損失造成的後悔，由「做」而造成的，比由「沒做」造成的更加令人捶胸頓足。

在第二個故事中，約翰下班回家。因為天氣特別好，所以他決定不走平常路線，而是沿著一條海濱大道（promenade）回家。結果，他的車在一個路口被酒駕的車撞上了，約翰當場死亡。約翰遇難後，親朋好友們感到十分遺憾和傷心。他們想得最多的一點就是：要是約翰不走海濱大道，而是按照平常路線回家，也許就不會發生這種事了。

可見，人們不喜歡「不走尋常路」。如果發生改變，即「做」了某事，結果顯示是錯的，那麼其造成的後悔將遠遠強烈於沒做某事的後悔。

所以，我們往往會因自己討價還價而沒贏得一個好結果而後悔。如果我們沒有討價還價，那麼買貴的時候，我們會說：只是因為我們沒有討價還價。但是如果我們討價還價了，卻沒有真正達到效果，我們就會後悔：為什麼我總是那麼心軟，為何不「殺」得狠一點呢？

如果對於昂貴的商品，例如房子、汽車，那麼你就要小心了。這些商品容易造成長期的後悔。比如，你要住的房子，如果因價格不公平導致心理不平衡，那將是長時間的折磨，因為你必須長期住在裡面，一看到就會想起商家的不公，自責當初買房時沒帶上「慧眼」。

心理學的作用效應只適用於短期的後悔，對於長期後悔它就「無能為力」了。剛好相反，長期的後悔多半是因為自己當初沒有「做」。是啊！為什麼我當初不好好議價呢？現在只能「空悲切」了。

心理學家訪問了很多成年人，問他們「回顧過去，你後悔的是哪些事」。有四分之三的受訪者提到的後悔之事都是一些他們想做卻沒有做的事情，例如在求學階段沒有好好學習、陪伴家人的時間太少、沒有把握機會到外地旅遊等。

從長期來看，我們後悔的都是「沒做」的事情。隨著時間的推移，那些沒做的事情就像河裡的鵝卵石，隨著歲月的流水慢慢浮現出來，讓人們懊悔不已。對於「大事」，已經做了的不後悔，沒有做過的才後悔。所以，just do it ！

心理檔案

作用效應（action effect）：是指面對負面結果引發的後悔，有作為（action）引起的後悔強度大於無作為（inaction），該效應最早由心理學家康納曼（Kahneman）等發現。對於作用效應的出現，一種解釋認為「做」導致個體承擔了更大的責任，所以後悔的程度更深。

第 4 節 博弈遊戲

購物中心時時刻刻上演著一場又一場的遊戲。

買車的博弈

博弈理論的英文為 game theory，直譯即「遊戲理論」。俗話說人生就是一場戲，博弈理論就是遊戲理論。買東西也是一場小遊戲，例如買車。

買車是件不容易的事，我們總是為此猶豫不決。聽聽心理學家的建議吧！買車其實很簡單。而且，這裡有一種非常有趣的買車方式。首先，你要決定什麼車是你想要的，哪個牌子、哪種顏色等。總之，先選定一款車，確定它是你的目標。接著，你可以找到在你附近地區的汽車展示中心的銷售專線，打過去，直接拋出你滔滔不絕的說辭：

「今天下午三點鐘，我要買一輛車（報上型號）。我正在打電話給我家方圓兩百公里內的所有經銷商。我現在對你說的也會原原本本地跟其他經銷商說。那就是，我將在下午兩點整提錢到現場取車。哪家展示中心的價格最實惠，我就到哪家展示中心去。你們中心能給我的最優惠價格是多少？」

展示中心的銷售人員可能會說：「不好意思，我們不接受電話訂購的。您可以先來我們中心，我們一定會給您最優惠的價格。」你可以這樣回答：「我知道我是可以透過電話購買的，因為很多車都是這樣賣出去的。如果你現在無法給我一個價格，那麼我會判斷你們其實給不出優惠的價格。請不要浪費時間了，快點報上你們的優惠價。」這時候，對方可能就直接跟你拜拜了。不過也有人會忍不住拋出一個價格給你。這時你應該明確地告訴對方：「我想要的是最終價格，而不是到了現場後再討價還價。」你說你會帶著鈔票去最優惠的那家，如果反悔，就去第二優惠的。你要進一步詢問：「你確定這是最優惠的價格嗎？」

這種博弈策略是把壓力丟給商家。沒有哪家公司想丟掉一個客戶，但是不知道其他店的價格會令他們在出價時感到十分為難。如果這家公司絕對不要失去這個客戶，那麼他們將會給出一個很接近成本價很的價格，以保證自己能拿下這個客戶。這就是博弈，這就是一場遊戲。

博弈分析

在購物的時候，我們要玩遊戲（理論），可以幫助自己節省開銷。現在，讓我們來談談購物。

很多專櫃衣服的價格都十分高昂，很多人的對策也很聰明：買換季衣服，下個季節輪迴的時候再穿。因此，這類人就是在等特價，等促銷，等打折。就跟炒股一樣，在低價時買入，在需要時穿。

這種策略其實可以透過遊戲理論來做一番解釋。

春天來了，你想買一條裙子。我們假定：對你來說，這條裙子價值三百元。那麼你買這條裙子帶來的收益應該是（300-X）元，X 是你買來時的價格。對於商家而言，這條裙子的成本是一百元，那麼賣出這條裙子後，其收益應該是（P-100）元，P 是指售出時的價格。

假如剛開始的時候商家標價這條裙子為兩百五十元，那麼如果你買了這條裙子，你將獲得五十元的收益，因為你用兩百五十元買了對你來說（心理上）價值三百元的東西。而商家則獲得了一百五十元的收益，因為裙子的成本是一百元，但賣了兩百五十元。

你覺得太便宜他們了。那麼，如果你不買呢？選擇繼續觀望而不急於出手，那麼商家可能會對這條裙子進行打折促銷或者堅持不打折。

如果商家「堅持到底」，永不打折，那麼你什麼都得不到。因為沒有交易，所以你既沒有損失，也沒有回報。這個時候，因為沒有將產品賣出去，所以商家虧了一百元的成本錢。但是假設你變成了「忍者龜」(Ninja Turtles)，換商家hold不住了，將裙子打折到一百五十元。這個時候，你笑嘻嘻地出手了，完成這個心願。這時，你獲得了一百五十元的收益，而商家則獲得了五十元的收益。如此一來，你在這場博弈中就勝出了。

這肯定不是商業經濟的全部，但它的簡單版本就是這樣的。在商業經濟中，我們經常玩這類心理遊戲。這是一種零和遊戲（zero-sum game）。回顧上面的例子，我們可以看到：你贏了多少，我就輸了多少；你輸了多少，我就贏了多少。總之，我們在收益上不會雙贏。這個世界什麼都沒有增加，也沒有減少。

雙方的收益加起來永遠是零。因為當一個人的收益為正的時候，必定有另一個人的為負。

打折，然後商家能賣出裙子，你也能得到裙子。表面上看起來是雙贏的。其實，按照上面那個例子，商家還是輸給我們了。這當然不是他們想看到的。既然是零和遊戲，就要做勝出的那一方。

那麼，商家會如何應對呢？他們咬牙切齒地說：「我讓你等（促銷）……」商家也不是坐以待斃的。他們也有很多商業心理學家在背後幫忙應對和誘導消費者。

例如，著名的服裝品牌 ZARA 就採用了這樣一種策略。他們不斷更新自己的商品。他們的店面每週都會有兩批新的衣服款式。整個店面的衣服最多保留三到四週，超過四週之後，即使沒有賣光，他們也不打折不辦特價活動，而是馬上由新的款式進場替換這些滯銷品。

這樣做是為了「調教」他們的粉絲消費者：如果你看上了不趕快買，下週來時很可能已經不在了；別奢望試穿完就走，別等特價時才來光顧。

這樣的做法使這些服裝品牌的收益比上述我們談到的打折例子中的商家收益要成長六成。他們付出了賣不出的衣服的成本作為代價，換來了消費者全額購買衣服的消費習慣。

回到上述例子，如果商家不打折，那麼你馬上買就會得到五十元收益。否則我們的收益將為零，因為商家已經決定不打折了，我們等不到那一天。

你看，這就是商家的新遊戲策略。

這節內容看似充滿了經濟學的味道。其實，我們在購物中心裡進行的不僅僅是經濟的博弈，同時也是心理上的博弈。在心理上如何看待收益和損失，決定了我們的經濟決策。一件東西是否值得，很大程度上是由心理決定的。然後，它就會反映在金錢中。例如，對於同樣的價格，有些人覺得它值得，有些人覺得不值得。因此，價格更多是存在於我們心中。

但願各位能了解到人類的主觀性，並因此對經濟中的心理有更進一步的認識。

心理檔案

博弈理論（game theory）：又稱遊戲理論，它基本假定人是理性的或者自私的；理性的人在具體策略選擇時，其目的是使自己的利益最大化；博弈理論研究的是理性的人之間會如何進行策略選擇。

零和遊戲（zero-sum game）：源於博弈理論，是指一項遊戲中，遊戲者有輸有贏，一方所贏的正是另一方所輸的，而遊戲的總成績永遠為零。

第 5 節 聲音影響你的購買決定

耳聽為虛，眼見為實。我們一直以來抱有的這種信念讓我們忽略了很多聲音對我們的影響。過去，研究者將重點放在我們能夠看到的東西上。不過，現在我們逐漸了解聲音的心理特性，並深切地感受到它對我們生活各方面有著重要影響。

口音影響你的社交

有人說，女人更相信耳朵。這不完全是對的，但也不無道理。實際上，不管是女性還是男性，人類對聲音的敏感都被低估了。我們的心理其實非常容易受到聲音潛移默化的影響。

一個不是本地口音的人可以馬上被辨別出不是本地人，可能因此遭到排斥或歧視。口音不僅意味著你來自何處，而且標誌著你的社會階層和身分。在電影《茶花女》（*La dame aux camélias*）中，有一個語言學家教一個具有濃厚鄉音的賣花女學習純正英國腔的發音。

結果，透過六個月的發音訓練，賣花女真的改變了自己的社會地位。當操著一口純正英國腔的她出現在倫敦上流社會的舞會時，所有人都覺得她是一個公主。而實際上，她只是一個在倫敦街頭賣花的小女孩而已。

在臺灣，一口無法發出正確捲舌音的「臺灣國語」恐怕會被很多人笑話，被一些人認為是「俗氣」的表現。所以說，口音給人的交際印象是十分重要的。

別人對著你，想著「你是誰」的時候，種族、性別和年齡這些因素固然重要，但是常被人忽略的口音問題也是非常重要的因素。

心理學家找來了一群看似不懂事的孩子。這些孩子很單純，不會受到太多其他心理因素的影響。做出來的實驗結果就能客觀顯示出聲音的效應。研究者給這群孩子看其他小孩子的照片，並且附上這些小孩子說話的聲音。看完之後，研究者問這些小孩子想跟照片中的誰一起玩，結果發現，他們更加喜歡發音跟自己相似的、英語口音純正的小孩子當朋友。可見，即使是偏見比較少的、單純的小孩子，也會無意識地受到別人所發出的聲音的影響。

我們都知道，人類生性較親近跟自己同種族的人。但是，心理學家發現，相對於說話帶外國口音的白人小孩，白人兒童更喜歡說純正英語的黑人小孩。

商品價格會自己發出聲音？

聲音在人與人互動間具有如此大的影響力，你有沒有想過，商品價格和人之間的互動也會受到聲音的影響呢？其實，這些聲音的影響力同樣存在於我們的購物過程中。只要我們把人替換成商品，商品的「口音」同樣讓人感到神奇。

心理學家發現，消費者會記住表示價格的數字的聲音。在人的意念中，不同的數字聲音會產生不同的價值。

很多所謂的關於閱讀技巧的書教我們閱讀的時候不要發出聲音

來。但其實，人在看到文字和數字的時候，即使我們的嘴裡沒有默唸，我們的記憶系統也會幫我們默念。

短期記憶（short-term memory, STM）主要透過聲音的形式來儲存。這種透過聲音在頭腦中保存資訊的方式叫做聲音編碼。

這一會兒的光陰裡，我們對剛剛知道的事情的記憶就是短期記憶。不過，短期記憶並不是記憶中最短的。最短的是感覺記憶（sensory memory）。

短期記憶是感覺記憶和長期記憶（long-term memory, LTM）的中間階段，包括工作記憶（working memory）和直接記憶（direct memory），短期記憶的儲存方式有視覺編碼（visual coding）、語意編碼（semantic encoding）和聲音編碼，其中以聲音編碼為主，維持時間約五秒至兩分鐘。

無論是我們看到的文字還是聽到的資訊，都會以聲音的形式在我們腦海中「餘音繞梁」地迴響一會兒，讓我們隨時都可以「聽」到它們是什麼，這就是我們的短期記憶。

正是因為這種聲音編碼的存在，構成了影響我們價格知覺的基礎。我們看到或聽到商品的價格，然後這些價格資訊就在我們腦子裡縈繞。當然不是真的聽到聲音，不過我們能夠在短期記憶保存的時間內把這些資訊抽取出來用。

數字的聲音具有相當的心理魔力，可以傳遞特定的意義並且影響我們的價格知覺。

人們容易把一些元音、輔音跟不同的物理大小做聯想。也就是說，不同的聲音使我們感覺到不同的大小。例如，a、e、i 這些長的前元音（front vowel）和 f、z、s 這些摩擦音（fricative consonant）會傳遞人們關於「小」的資訊。當我們聽到這些聲音的時候，不管事實是否如此，我們都會感到它們所代表的東西是小的，即我們的判斷會出現偏差。而那些後元音（back vowel），例如 u、o，則表達一種「大」的意義。

這些現象並不少見，也包括在文字上。有些人的名字聽起來讓人覺得非常的大氣或強勢，有些聽起來很小氣或優雅，有些聽起來容易聯想到溫柔和善良，有些聽起來容易聯想到邪惡。

聲音就好像是一個標籤。當人們替商品定價的時候，他們不知道，貼在商品上面的標價其實不是商品的唯一標價。價格本身所指向的發音狀況也是標價的一種，因為它影響著我們對商品貴還是賤的評價。因此，超市裡面的商品至少有兩種物價指數（price index）。我們在這裡特別強調的物價指數就是因發音不同而造成的價格高低誤判。

看到的東西進入記憶後，大部分都會變成聲音。當我們看到價格時，頭腦就會將它們編碼成聲音的形式放入腦中。這些聲音影響我們判斷價格的高低。因此，商品標價影響知覺價格就是透過這樣一條記憶的道路。

之所以如此，是由於人類特有的一種用具體事物來表現抽象東西的能力。

我們來看一個非常有趣的例子。這是從英語系國家的人的角度來測量的。（如果是中文的話效果應該又會有所不同。）一個商品從十塊（美金）開始打折，降到只需要七點六六元就可以購買。另外一個同樣的商品也從十元開始打折，降到只要七點二二元就可以買到。

從字面上看，我們可以非常清楚地看到，後者所打的折是更高的，也就是讓利更多，其價格更加便宜。任何一個學過數學的人都不會對此產生懷疑，對吧？

但神奇的是，人們覺得第一種打折方式優惠的力度更大。因此，人們願意買第一種商品，而不是第二種。為什麼呢？因為七後面的六六用英文讀就是元音 i 的發音。第二個的二二用英文讀就是元音 u 的發音。我在前面提過，元音 i 的發音跟小是被聯想在一起的。而元音 u 則跟大聯想在一起。懂英文的各位，請你們讀一下，體會一下 two 聽上去是不是感覺比 six 還要大一點？

因此，在我們的感覺中，七點六六是小的，而七點二二是大的。人們認為第一個所打的折是更大的。實際上，這點小小的差距根本不算什麼。只是，聲音將它們的大小「歪曲」了。可以說，數字的讀音是價格的哈哈鏡（distorting mirror）。

這種現象對於商家而言是可以利用的。那就是在打折的時候，商品打折後的價格盡量用前元音發音的數字，而額定的價格最好用後元音發音的數字，這樣就能獲得最高的落差效應。例如，標價二十二，而打折後是十六。

這時，消費者要注意了。我們可以看到很多商品標價都精確到了個位數。其實，那一點點個位數上的價格並不能對商品的利潤或消費者的實際經濟利益產生太多影響。它們的出現，只是為了透過數字的不同讀音來影響我們對價格的知覺。它們被用來操縱我們的知覺價格。所以，看價格的時候，我們基本上沒有必要去留意個位數是多少，只要看到十位數就可以了。過於「斤斤計較」反而會中了商家的「奸計」。

當人們在進行比價（price comparison）的時候，這種聲音與價格高低之間的關係就更加緊密了，因為在比價時，人需要不停地複述商品的價格。即我們讓那些價格資訊「餘音繞梁」更長的時間，被它所震撼的力度自然而然就更大了。

值得注意的是，同一個價格用不同的語言來表現，結果是不同的。就同一個數字而言，在一種語言中可能是跟「大」聯想在一起的，在另外一種語言中卻是跟「小」聯想在一起的。這樣的話，價格的聲音效應就會有所不同。

如何？即使不買東西，下次閒逛超市的時候也有一件更加有趣的事情能做了。讀一下數字，仔細體會一下各種不同的價格，看它們聽上去是比較大還是比較小，或者，會不會引起你其他聯想。這種逛超市的方法才叫專業呢！讓我們做一個研究價格的心理學專業控吧！

心理檔案

短期記憶（short-term memory, STM）：又叫做工作記憶（working memory），是指資訊一次呈現後，維持時間在一分鐘之內的記憶。

第 6 節 順序偏好效應

走進一家商店買東西，比如手機，假設你之前沒有調查過相關商品資訊，而是進了商店再挑選，那麼你第一個看到的商品和你最後了解的商品，或者在兩者之間看到的機型，會影響你的購買心理和行為。也就是說，你看到的商品順序將會影響你的最終選擇對。

記憶的序列位置效應

人的記憶有什麼奧祕呢？心理學家曾做過這樣的實驗。他們選取了很多相互之間沒有緊密相連的詞語，以保證相互之間沒有什麼混淆或干擾。並將這些詞語交給受試者來記憶。

在實驗中，受試者在一段時間內看那些詞語，例如「肥皂、氧、楓樹、蜘蛛、雛菊、啤酒、舞蹈、雪茄、火星」等。這些詞語以一定的順序來呈現在電腦螢幕上。看完之後，他們要把自己剛剛看到的詞語回憶出來，但不要求按照原來的順序，只要回憶出來就行了。

這是一個很簡單的實驗，如果你自己做一下的話，也會發現，跟他們的實驗結果一樣，我們更容易回憶出現在前面的詞語和出現在後面的詞語。也就是說，詞語在一系列呈現順序中的位置影響了我們的記憶效果，在系列開頭部分和結尾部分的單字均比中間的單字更容易回憶。

這就是心理學上所說的記憶的序列位置效應（serial position

effect）。其中，開頭部分單字更好記的現象稱為初始效應（primary effect），結尾部分單字更好記的現象叫做新近效應（recency effect）。

我們小時候背誦課文時，經常拿著一篇課文重複朗讀、背誦，而且每次都從第一句話開始。所以，我們往往能夠記熟開頭的段落和結尾的段落。但是，一到中間的部分就卡住了。因為我們不會著重背誦中間的部分，所以當兩端已經背得滾瓜爛熟時，中間還是很生疏。這就是記憶序列位置效應及其初始和新近效應的作用結果。

位置順序偏好效應

那麼，這個記憶的序列位置效應對我們判斷商品有什麼影響嗎？從事商業心理學研究的心理學家發現，位置順序偏好效應（position order effect of preference）跟記憶的位置效應有異曲同工之妙。

心理學家透過一個品嘗酒的實驗，來揭開人們判斷按照順序出現的事物時所帶有的位置傾向性。在依次呈現的商品中，人們出現了「初始效應」，覺得品嘗到的第一種酒是最好的。在特定條件下，還出現了「新近效應」，即認為最後品嘗到的那種也很好。

這要從一個我們生活中很常見的現象說起。無論是演講比賽、歌唱比賽還是舞蹈比賽，乃至我們去面試，我們都會想到一個問題，我抽到的籤是什麼？ 我是第幾個出場（比賽或面試）的？ 我們害怕自己是第一個出場。我們已經分不清自己是因為第一個出場而緊張，還是我們本來就很緊張，所以擔心第一個出場會影響自己的發揮。

的確，無論是評審還是觀眾，都會不自覺地特別關注第一個出場的人，對其抱持很大希望。我們也知道這一點，所以會擔憂自己的表現不好，對自己要求比較高。

有人認為，第一個出場對參賽運動員的心理來說是很大的挑戰。尤其是在評分類的競技項目中，第一個出場的人往往比較吃虧。因為比賽才剛剛開始，從心理上而言，裁判一般很難給出高分。

要考駕照的人說：「我是本場考試中第一個出場的！ 這可是個極不理想的順位，原本平靜的內心又開始咚咚打鼓了。」但也有運動員說：「我心理上比較放鬆，因為我是第一個出場，沒有什麼壓力，所以能夠好好發揮出自己應有的水準。」

那麼究竟孰是孰非呢？ 到底是第一個出場有利還是最後一個有利，或者排在中間最好？ 實際上，在大型演唱會上，歌星往往爭著第一個出場，因為大家往往關注第一個出場的人，那樣就能讓更多人認識自己。他們的目的就是想透過初始效應讓大家記住自己。還有會歌星爭著最後一個出場、當「壓軸」，就是為了新近效應。

那麼，在商品經濟中，面對一個進來挑選自己商品的消費者，這個商品是第一個「出場」好呢，還是最後一個？

心理學家認為，無論是第一個出場還是最後一個出場都有優勢，最不幸的是排在中間的商品。第一個和最後一個都是最引人注目的，都會得到消費者最強烈的好感。就好像我們對詞語出現的不同順序會產生不同位置記憶效應一樣，消費者對商品呈現的順序具有位置偏好效應。

當幾個差異不大的商品出現在消費者面前時，他們會更容易與第一個「一見鍾情」，並且「終成眷屬」。當很多商品出現的時候，消費者也會對最後出現的商品有很大好感。因為這樣給人一種「茫茫人海中找到你」的感覺。在商品出現的款式比較少的時候，最後出現的那些就沒有那麼大的優勢。不過第一個出現的一般都具有較大優勢且易被消費者選中。當消費者是一個「專業控」（對這些消費品非常熟悉）時，這種效應就更加明顯了。

為了證實這種位置上的偏好效應，心理學家做了一個「好喝」的實驗，那就是品酒實驗。研究者在校園和社區發布了廣告，招募了一百多位受試者。他們的實驗任務很有趣也很輕鬆，就是品嘗私人釀造的酒，然後評價哪種釀得更好。研究者將他們隨機分成了四組。第一組受試者每人品嘗了兩種酒，第二組受試者品嘗了三種，第三組受試者品嘗了四種，而第四組受試者品嘗了五種。

在這個實驗過程中，這些人都以為自己嘗到了不同的酒。但實際上，這些酒全都是一樣的。也就是說，這些酒沒有什麼不同，只是被喝到的順序不同而已。

喝完之後，研究者讓他們說說哪一款是他們最喜歡的，按照喜歡的程度將這幾種酒進行排序。果不其然，順序真的在「搗蛋」。在這四組當中，全部組都認為個別嘗到的第一種酒是最醇香的。而在第四組當中，最後一種酒也被認為是最好的。但在前面的三組中卻沒有這種現象。所以說第一個接觸的總是好的；當可供選擇的東西太多時，最後接觸的也會受到歡迎。

為什麼會有這種現象呢？

早在一九八〇年代，那些「感覺科學家」（一群研究人類感覺的人）就發現了記憶的序列位置效應跟「嘗鮮」的經歷有關。請一群人到新開的餐廳品嘗新的餐點時，第一個品嘗的餐點往往令他們印象最深，更容易「回味無窮」，也因而更加喜歡這份餐點。嘗鮮嘛！當然是第一個最新鮮了。

而對於那些品酒高手來說，他們不會嘗到最鮮的那個就直接喊好。他們養成了「三嘗而後行」的習慣。新手嘗到最開始的那個就會對其讚不絕口，因此，後來的那些可能都入不了他們的眼了。先入為主的觀點影響了他們。但是高手就不同了，他們在嘗了第一個之後依舊冷靜，繼續尋找之後的酒是否有什麼差別。

遺憾的是，即使是高手，他們也輸給了人類的主觀性。這類人在品嘗很多種酒的時候，後面的那些酒會讓他們感覺更強烈——因為受到記憶的新近效應影響。因此，他們會覺得後面那些酒更好。其實，他們嘗的都是一樣的酒。

如此一來，我們找到了一個人的感覺和行為規律。幾乎所有人都有一個偏見：第一個總是好的。而對於高手或者耐心比較的人來說：最後一個總是好的。

當然，物是死的，人是活的。對於商品來說，人們對它們的評價有這樣的位置偏好效應；而對於人來說，無論是比賽還是面試，被排在中間出場並不意味著一定不好。實際上，人還是要憑藉實力來獲得讚譽，而不是仰賴出場順序。

但是這個研究發現了一個有趣的結果。那就是每個評審都會拿最新出現的來跟之前認為最好的進行對比。比如，A、B、C、D、E、F 六個人依次出場進行 PK。乍看之下，我們認為這六個人是一起 PK 的。也就是說，任意一個人都在跟另外五個人 PK。實際上，在評審眼中不是這樣的。因為是 PK，所以評審只要找出心目中認為最好的那位就可以了。

因此，當 A 出場時，評審會有一個基本的印象。當 B 出場時，評審會拿 B 跟 A 對比，在心中得出一個自己認為比較好的。當 C 出場時，評審會拿 C 跟 A 和 B 中比較好的那位進行對比。以此類推，直到 F 出場時，考官會拿 F 跟前面五位中最好的那位進行對比。

如此看來，A 事實上是在跟後面五個人 PK。他只有過五關才能勝出。而 B 呢，也要 PK 五個人。C 只需要 PK 掉四個人：A 和 B 之間的勝者（評審內心中的），以及 D、E、F。D 呢，只需要過三關。從競爭者數量上來衡量，F 是最輕鬆的，因為他只需要跟一個競爭者進行競爭，那就是前面五位之中的勝者。

所以，令人出乎意料的是，在評審的心中，最後一位出場的人只有一個競爭者而已！

心理檔案

位置順序偏好效應（position order effect of preference）：依次進入人的決策範疇的事物中，人對排在前面和後面的更加偏愛。

序列位置效應（serial position effect）：指記憶在系列位置中所處的位置對記憶效果產生的影響，即接近開頭和結尾的記憶效果優於中間部分的記憶效果的趨勢。

新近效應（recency effect）：是指當人們識別一系列事物時，對結尾部分的記憶效果優於中間部分的現象。

初始效應（primary effect）：是指當人們識別一系列事物時，對開頭部分的記憶效果優於中間部分的現象。

第 7 節 網購是如何黏住你的

網購有釋放壓力的作用，尤其是對女性而言，往往可以在網購過程中找到成就感。畢竟，團購的貨品如此多，你總能找到自認為經濟又實惠的商品。買到便宜貨就是一種勝利！ 拿到實惠就是成功！ 你掉進了商家為我們設置的「撿便宜」的虛擬戰爭中。

方便的欲望

方便的欲望是指我們的購物欲望透過網路這一便捷的方式來滿足。

不要怪人類喜歡購物，不要怪女性有購物狂的潛能。因為，這可能是人類在遠古時代狩獵和採集的本性的遺傳。在遠古時期，人類的生產力還不發達，所以我們必須像其他動物一樣，男性到處尋找運動中的獵物，女性則到處採集靜態的植物性食物，除此之外，還要把男人打獵帶回來的食物進行較好的包裝和封存。在那個經常吃了上頓沒下頓的時代，收藏食物或者囤積食物是一個非常重要的生存手段。

用心理學家的話來說：我們天生就是用來搜尋物品的，在這一點上，人和老鼠還有狗沒有區別。

看過《沉默的羔羊》（*The Silence of the Lambs*）這部心理學影片的讀者，是否還記得精神科醫師萊克特（Lecter）對 FBI 實習幹員克麗絲（Clarice）的一句經典台詞：人會對自己所看到的東西產生欲望。所以，關鍵在於人的眼睛。它在不斷地搜尋新的東西。

直到現在，人類的食物已經比較充沛了。這種遺傳的特性應該會逐漸消失。但是它又面臨著大敵，即各種商品的誘惑。

心理學家發現，這一遺傳特性位於大腦中的依核（nucleus accumbens）。這個大腦區域會在我們思考一樣商品的價格是否值得購買時產生作用，這個區域的腦細胞會釋放出多巴胺這種使人興奮的物質，然後人們就會下定決心購買。因此，無論是廣告還是促銷活動，都在刺激著我們大腦的這個區域。

本來它應該要慢慢消失的，但是隨著生活中這些刺激的增加，它的功能肯定會越來越多樣化。人類比遠古時期更加愛好搜尋物品了。

而這一切在網購出現後，變得非常的方便快捷。

以前，女性會說：「如果我不在購物中心，那我就在去購物中心的路上！」現在，也許應該改一下：「如果我沒有出門逛街，那就是在逛網拍！」

曾經有報導說，一位女性購物狂在一天之內下了五十筆訂單，購入十副眼鏡框架、二十雙襪子、兩雙鞋以及無數假睫毛。如果要在街上買齊這些東西，恐怕得逛許多門市，花一整天的時間也不夠，但是透過網路購物，就能在短時間內搜尋到很多想要的東西。

另外，心理學家發現，購物網站上美麗且充滿誘惑的圖片是影響人們購物欲望的最大因素。那些圖片可能不是真實的，即使是真實的，也是透過精心的拍攝或者後期處理形成的。商家會從最能吸引你的角度去拍攝，拍到你最喜歡的部分。這跟你在現實中看到的不一樣。在現實中，你可能會透過自己常用的角度來看一件商品，而且可以全面地看一件商品，那麼你就會有諸多挑剔。但在網路上，你就無法如此隨心所欲了。你已經不是在流覽自己想要的商品，而是按照商家設定的方式去看一件商品。他們正是希望你這樣看，從而抓住你的心。

眼睛所到之處都是欲望。最後噴薄而出。這個噴薄而出是需要其他條件的。

如果是直接到門市去買東西，要你荷包大失血並不容易。因為人都有一種戒備心理：不能讓你占便宜，特別是當你可能是奸商，而且正站在我面前的時候。

很多時候，我們害怕的不是被商家所騙造成的經濟損失，而是心理上的損失，即對我們自尊心的破壞。但在網路購物時，我們基本上是匿名的。這樣的話，如果被騙，我們更心疼的是經濟上的損失，對於心理損失則睜一隻眼閉一隻眼，因為即使有一點憤怒，也至少不是在奸商面前出醜。

所以，當我們網購時，心理上的安全感是比較高的。網購提供我們一種比逛街、逛購物中心更加安全、方便、快速的發洩購物欲望的途徑。

虛擬支付不心疼

另外，網購「吸錢於無形」，通常是透過網路來支付。這種支付跟現實中的現金支付不同，讓很多人消費的時候沒想過錢包瘦了。

中國有位劉先生，原本是某電視台的員工。二〇〇七年辦理了中信銀行的信用金卡後，惡意透支人民幣四萬餘元（約新臺幣十八萬元），銀行多次催收無果，最終只好報案將其抓獲。經過中國西安碑林法院審理，他被判為信用卡詐騙罪，依法判處有期徒刑四年，追繳贓款並處罰金兩萬元（約新臺幣八萬六千元）。

據說，他是這樣陷入透支泥潭的：二〇〇七年四月二十四日，劉先生在中信銀行以個人名義辦理了信用金卡。之後，他一下子感受到了花錢的「爽快」，並在不知不覺中揮霍掉了幾萬元，截至二〇〇八年四月二十四日，劉先生已透支消費欠款本金四萬三千九百二十五點零六元（由此產生利息等費用一萬一千五百四十五點三八元）。銀行多次向他催收，他總以各種理由推託，拒不歸還，並將手機、電話等通訊工具也停用了。

在這個事件中，心理學家最關注的是他信用卡透支的原因。在接受採訪時，他後悔地說:「我錯了，可我不是故意的。花在卡上的錢，不像花現金那樣讓人捨不得，也不覺得心疼，糊里糊塗，不知不覺中就透支了，還不完了，越欠越多。」 其實很多人都有這樣的經驗，每次刷卡買東西時，都不覺得心疼。這裡一萬多，那邊兩萬多，買吧！ 累計到十萬，管他呢！ 還款時頭就大了。

事實上，每個人都有兩種「帳戶」。一種是看得見的經濟類帳戶，例如你的銀行卡、錢包等。另一種是心理帳戶（mental accounting）。當你付錢的時候，心理帳戶就像一個小算盤，敲打著告訴你這筆開銷是否值得。如果它覺得不值得，那麼你的心就會「痛一下」，告誡你：「不要傷害我！」

問題就出在這了。如果我們手拿著現金來付錢，將對我們的心靈造成比較大的影響。在電子現金出現之前，人類都是透過看得見摸得著的媒介來進行商品交換，從貝殼到方孔錢，再到現在的紙幣。這些時候，我們的心理帳戶跟我們的消費或使用金錢的行為緊緊連在一起。每支出一分錢，我們的心理帳戶都會算得清清楚楚，逃不過它的「法眼」。

但是，自從線上支付出現之後，我們在網路上付錢只需要敲打一下鍵盤或者觸摸一下螢幕，根本看不到「錢」在哪裡。除了電腦或手機螢幕上出現的幾個數字，支付金錢的行為已經變得非常的「虛擬」。

我們的心理還跟不上時代的變化，還沒有演化出對於這種支付行為的心理感應機制。以前，我們可以透過視覺資訊、觸覺資訊等來感知金錢的支出。但是現在，我們需要更新自己的心理，對於線上支付也發展出相對應的通道，與心理帳戶緊密相連。

給大家一點建議：減少上網的時間，多使用現金；學會記帳，經常統計開銷；想買的東西可以先記下來，過段時間再看是否還想買。學會這些，就可以自如地使用網路購物，而不是為其所累。

心理檔案

心理帳戶（mental accounting）：是芝加哥大學心理學教授理察·塞勒（Richard Thaler）提出的概念。由於消費者心理帳戶的存在，個體在做決策時往往會違背一些簡單的經濟運算法則，從而做出許多非理性的消費行為。

第 8 節 貨比三家的危險

什麼？ 多對比一下就有危險？ 是的。任何一種行為都會付出代價，只是輕重不同罷了。輕重也是因人而異的。我們在這節將談談，心理是如何在貨比三家時「作怪」的。

貨比貨，比不過時間

你知道嗎？ 商家總是想方設法地讓你覺得他們的商品物超所值，但是他們其實一直堅持控制成本和保持盈利的原則：「勿」超所值。所以，實際上你常常買到「無」超所值的商品。

花時間琢磨如何省錢，不如花時間琢磨如何賺錢。當然，這個論點是仁者見仁、智者見智了。不過在購物上，有時候耗得起錢財，耗不起青春。購物者太專注於打折資訊，透過尋找打折商品來省錢，往往會掉進陷阱——省下的錢尚不足以抵消所耗費的時間的價值。因為打折商品琳琅滿目，數不勝數，要貨比三家對比打折資訊，將會消耗大量時間。而且，許多商品僅僅掛著「打折」或「促銷」的噱頭，賣的依然是原價。例如，先標高價格，再進行所謂的折扣優惠。

有些人奉承「不怕不識貨就怕貨比貨」的信念，在網路上等商家減價、折扣和團購，往往一逛就是一天。我們在大街上逛街還會累，但是上網逛街就沒那麼累了，甚至還可以同時搭配其他休閒活動，例如聽歌、喝咖啡、吃甜點等。這種逛街真是愜意。

而且，網路上的商品琳琅滿目。在一個小時內，我們可以在網路上看到的商品種類遠遠多於逛街時所看到的。我們的心理當然不會放過這種好處。饑渴的眼球每分每秒都在等待著這些盛宴。

無論是在實體店鋪還是網路上，貨比貨是一趟感知的旅行。旅行通常是愉快的，讓人流連忘返。

貨比貨的「中庸之道」

時間似金錢，花去本來就應該心疼。更要命的是，貨比貨，不一定能「比到」我們最想要的貨。相反，我們還很可能中商家的圈套。

「中庸」是什麼意思呢？其中一種解釋：「中」是「中正」，不偏不倚；「庸」是普通、平常。不偏不倚而又平常普通，是在說人生行事應該把握一個「度」，既不過分，也無不及。

實際上，不僅僅華人具有這樣的「中庸之道」，全人類都有。也就是針對極端情況時表現出謹慎。似乎所有人類都害怕物極必反，大家都不想要極端。

在購物方面，這個原則顯現得淋漓盡致。心理學家發現，當三個價格高低不同的商品擺在面前的時候，人通常會選擇價格「適中」的那個，而不要價格太高或太低的。心理學家把這種普遍的行為規律稱為厭惡「極端」，即 extremeness aversion，若取上述解釋中庸之道的意思，則可翻譯為「中庸之道偏見」。

人們通常不喜歡極端的東西。一個東西太大、太貴、太重、太小、太輕……都離人們心目中的完美相去甚遠。凡是那些帶著一個「太」字的東西都是優點鮮明，而缺點也同樣鮮明的東西。出於趨利避害的目的，人們往往要朝著中間的地方走，希望達到一種平衡的狀態。雖然這樣子常常無法帶來最終的完美，因為位於中間的事物也有不好的地方，高不成低不就，但是人們還是比較喜歡這樣的做法，認為那樣是達到完美的最有效手段，比極端要好。為此，趨利避害的行為容易產生折中結果。在可供選擇的範圍內，大多數人會採取中庸之道。

心理學家在研究人的經濟行為時發現，當面對數目繁多的可選商品時，大多數人會選擇購買價格排在第二或中間其他位置的商品，而不是最高價格的商品。也就是說，不管這個商品是否最符合我想要的標準，相比於其他選擇，它看上去是更加合理的。

就這樣，中庸之道偏見影響著人們的購物選擇。比如，當人們被要求在小型收音機 A 和中型收音機 B 之間作出選擇時，大多數人會選擇 A，可是當加入第三個選項，即還可以選擇大型收音機 C 時，人們很可能會因 C 的影響而選擇 B。由此可見，多介入一個選擇，即使它本身與整體毫無關聯，卻足以影響人們不自覺地採取中庸的策略。其實，比來比去，你最終還是選擇了商家想要你買的商品。從這個角度上來說，如果你中了「中庸之道」的「毒」，那麼你最終還是輸給了商家。

聰明的商家一般都會推出三款同系列的商品給消費者選擇。儘管三款產品分別突出了不同的功能特徵，但這三個商品之間可能沒有什麼實質的差別。其實，商家最想要你買的可能就是中間價格的那款產品。祕密在於，雖然中間產品不是最貴的，卻是利潤最高的。也就是說，表面上的銷售價格不是最貴，但是相比於成本價，它是最賺錢的。

運用「中庸之道」偏見，消費者一般會避免選擇最貴的那款產品。我們的推理可能是：這麼貴一定有很多「水分」，我不能上當；對於那款價格最低的，我們又覺得它一定是最爛的一款，因為「便宜沒好貨」。最後，我們喜歡選擇價格「適中」，然後功能品質等方面相比於最貴的款式又不落下風的商品。因此，我們還是中了商家的「圈套」。

心理學家建議我們，要以自己的實際需求為問題的中心來選擇商品，不要被商品宣稱的各種不同的先進之處迷惑了。

通常，在店員七嘴八舌地向我們灌輸許多資訊之後，我們有點「茫然」了，開始對「最好的」商品充滿了渴望，而忘記我們買東西的最初目的：滿足自己的需求。我們開始尋找用最低的價格買到「最先進」或「最好」的商品。實際上，我們只要記住，買到最符合自己需求的就行了。

小「題」大作

人們往往把失去的看得比自己得到的要重要。比如，假如你想得到一台筆記型電腦，一旦你得到了，就會產生一些愉快的情緒；另一種情況，你有一台相同的筆記本電腦，然而你失去了、被偷了，這時會產生一些憂鬱的情緒。這兩種情況下，憂鬱的情緒比愉快的情緒更加影響你。得到了未必能永遠開心，但是失去了就終身遺憾。這是人類心理的真實寫照。

所以，人們時刻避免這種遺憾。如果一個商品具有一點更好的功能，儘管區別並不大，人們也會傾向於得到那個商品。

在幾台筆記型電腦中，性能幾乎都差不多。但是其中一台聲稱雖然價錢高一點點，卻可以保證其可以繼續升級，而其他的不行。這時候，很多人往往願意多付一點錢買這台能夠後續升級的筆電。事實上，沒有幾個人後來會拿去升級。

這點小小的差異卻能讓消費者為此掏出腰包，可見人在貨比貨時經常小題大做。微弱的差異其實並不影響我們使用這個商品。明明小到可以忽略不計，但是許多人具有完美主義傾向，樂於買下這小小的優越性。

這種策略充斥著市場，例如所謂的加量不加價。實際上那一點量也並不會讓廠商付出太多成本，反而可能因為生產量大而降低或控制了成本。而且，消費者也並不需要多那麼一點來提高消費經驗（experience consumption）。一餐飯，差個一兩口的量，其實也在胃擴張的彈性範圍內，不會對享受美味造成什麼很大的影響。很多商品所標榜的新功能並不實用，也並非它的優勢，只是用來抓住消費者的心。

只是，如果我們沒有得到這種小小的優惠，心裡就覺得不太舒服。我們將微小差異想得太重要了。消費者的心在貨比三家的時候特別愛計較，就像是一個放大鏡。殊不知也反過來被商家所利用。

「選擇了」後悔

我們追求更多的選擇。其實，人類並不喜歡選擇。如果讓他們做一個複雜的選擇，還不如沒有選擇。

選擇太多，必然會帶來更多的後悔。當我們選擇其中一個走下去而遇到不快的時候，我們就會回過頭來看看自己當初的選擇。而我們總能從其他後備選擇裡找到我們感到遺憾的地方，選擇越多，可能造成的遺憾也就越多。自己可能會無法理解自己：明明有那麼多選擇，為什麼我偏偏選擇了這個呢？ 這時，我們就陷入了自責的深淵中。

心理學家認為，在現代社會中，繁花似錦的選擇讓我們更容易變得憂鬱。因為我們發現，當選擇越多，人的滿足感反而越少。

放在以前的時代，當我們沒有更多選擇的時候，我們反而不會有那麼多挑剔和抱怨。現在，選擇多了，這個也想，那個也要，但是又只能選擇其中一部分。這樣的話，留下的心理隱患就更多了。

心理檔案

中庸之道偏見（extremeness aversion）：人們厭惡極端東西的傾向。在商品選擇中，人們傾向於選擇「中庸」的商品，那些具有極端值的選項的吸引力往往比那些處於「中間狀態」的選項要小得多。

第 9 節 累積經驗大於囤積物品

是什麼讓你感到「我存在於這個世界上」？有些人透過不斷地購置財物來獲得這種感覺。這些人需要擁有實實在在的物體性的東西來維持這種感覺。有些人不需要那麼「負有」，而是透過「到此一遊」來標誌自己的存在。所謂「到此一遊」，就是僅僅體驗過就行了，不需要帶來什麼，也不帶走什麼，輕輕地來，輕輕地走，不帶走一片雲彩。這兩種追求自我感知的做法，哪種更令人快樂和輕鬆呢？怎樣才能活得不那麼累？

你好，物質主義

心理學家將人類的購買行為分成兩類，一類是購買生活經驗（life experience），另一類是購買物質（material good）。其中，經驗只能存在於我們的記憶中。當然，照片和影片可以在一定程度上保留那些時光，不過更多的是一種勾起回憶的線索，因為你那個時候內心的感覺、思維、情緒情感經驗等抽象的東西並不能透過照片或影片來保存。你只能透過回憶那些場景來喚醒當時的經驗。而購買物品就不同了，物品是現實中可以觸摸到的有形的東西，可以被你保存。也許你可以小心翼翼地將它們保留成「古董」呢！可見，前一種擁有是看不見也摸不著的，這會讓我們很沒有安全感：萬一失憶了或者時間磨滅了記憶怎麼辦？我就失去它了！另一種是看得見抓得住的，你可以緊緊地抱住它抓住它，你覺得你能夠控制它，它被你掌握在手裡，因而相對有安全感。

所以，有些人容易陷入想要什麼就購買什麼（實物商品）的惡性循環，但是他們又較少投資精神，此之謂物質主義（materialism）。物質主義者（materialist）渴望獲取和保有財物，他們透過購買和保有實物商品來感知自己的存在。

這會讓他們付出代價。心理學的研究顯示，物質主義者對生活更加不滿，總體上更不快樂，更容易憂鬱，更容易妄想，更容易自戀。這與他們的價值觀相關。如果人的存在只是為了擁有物質產品，那麼是不健康的。

有心理學家做了這樣的調查研究。該調查覆蓋了近一萬人的消費習慣和購物經驗。結果發現那些花錢去旅遊或者去聽音樂會、參觀藝術展覽的消費者比那些只購買實際物品的消費者更加快樂。購買經驗能夠獲得持久的消費滿足感，對生活的滿意度也更高。而那些只購買非必需品的消費者卻成為了「守物奴」，花錢帶來的滿足感消逝得比較快。其原因在於物質性消費和經驗性消費在時間記憶、社會比較和社會價值上的不同。接下來我們將逐一解析。

物質性消費 VS 經驗性消費

讓我們做一個決定吧！ 如果蘋果的產品是你心儀已久的，去日本旅遊也是你夢寐以求的，假設它們的價錢一樣，而手上的資金只能讓你完成其中一個願望，你會選擇哪種呢？

有些人會選擇買蘋果產品。這也是個不錯的決定。它能夠帶給你很大的愉悅感和成就感，畢竟手中握著時下最新潮和最熱門的產品會有一種自豪感。有些人則選擇去日本旅行。這可能有點累，不過也是快樂的，畢竟夢想之旅實現了。

在一段時期內，我們很難判斷哪個選擇能帶給我們更大的快樂。不過隨著時間的推移，去旅行帶給我們的快樂依然在延續，而當初買的蘋果產品可能已經在時代推進中被淘汰了。

之所以一段經驗最終會勝過一個商品，是因為經歷會在腦中不斷發生變化，你可以隨時拿出來細細品味，它依然是如此歷久彌新，回味無窮。但是商品不同，商品就是商品，你買來的時候是怎樣，它就是怎樣，並不會在你腦中發生「改造」。它會被時間所淘汰，除非你把它當作收藏品來欣賞，否則它最終將沒有什麼值得你回味的地方。多年以後，它就會完全消失在你的生活和記憶中。

假如現在讓你閉上眼睛，回想童年時最快樂的時光，你會記起那些充滿歡笑的畫面，但是你很難再去仔細想像你的玩具或糖果的細節，它們只會構成一個抽象的童年畫面的一部分，而不會單獨帶給你歡樂。可以想像，在大多數人心中，去某個景點遊玩的童年記憶會比買到一把玩具槍或洋娃娃更讓人津津樂道。

經不起比較

另外一個理由是，經驗是無可替代的，是你個人所擁有的，而物質商品是具有可比性的。一款物質商品再怎麼「限量」版，它也具有一定數量，而且不同款式之間依然可以進行比較。你在花園裡遊玩的經驗卻是私人的經歷，即使他人也去那裡玩耍，跟你的經驗也不會一樣。

因為是獨特的，所以它不會輕易地被拿來比較。假如你之前去一條美食街尋找美食小吃，當你拿出一系列照片跟別人分享你的經歷時，大家都會問這問那，「挖掘」你的看法和心情。如果有好友跟你一樣去了那裡，他也會跟你交流他的想法。但是不會有人拿兩個人的兩段經歷來做比較，看看誰的心情更好。

但是，如果拿出自己新買的手機，你和別人都會不由自主地比較價格和功能，探討 CP 值和其他地方的優缺點。

如果你覺得上次玩得不夠盡興，還有些小吃沒有品嘗到，而好友嘗到了，你會感到美中不足的「遺憾」，並幻想著下次再去玩一次；如果你的手機買貴了，或者透過比較發現了一些不好的地方，你可能會後悔自己不夠謹慎，很明顯，會減去更多自我評價的分數。前者的不足還可以「補救」，給了自己再去玩一次的理由；後者則沒有更好的解決辦法，只能自我安慰罷了。

社會比較理論（social comparison theory）認為，當找不到一個客觀的標準來評價自己的行為時，人就會跟其他人進行比較。所以，實物商品更容易找到進行比較的對象，因此也更可能陷入令人不快的比較當中。而經驗作為獨特的、抽象的東西，很難進行比較。因此也不那麼容易被「比」出不好的評價來。

為累積生活經驗而花錢

不過，我們也知道，有時候經驗和物品之間的界限並不清晰。例如，你買了一棟房子。房子是一個物品，但由於我們住在裡面，我們的經驗跟房子相隨相伴，是不分離的。所以，關鍵在於我們花錢買快樂的時候，應該注重可能獲得的經驗，而非物質本身。

經驗性消費的另一個好處是，它是社會性的。例如，你去旅遊時可以拉上好友，借此促進彼此的關係。如果你並不是跟他們一起旅遊，也可以跟別人分享自己的經驗。這種分享經驗的社交活動可以持續很久，而且不管面對誰都可以拿出來分享。這讓你的社會交際又多了一個主題，但是物質性消費不同。如果別人對你買的物品不感興趣，你就不可能有機會跟別人分享。

例如，你可以跟你讀幼稚園的姪子分享你去歐洲旅遊的經歷，但是按常理，你不會拿自己新買的冰箱來跟他侃侃而談。所以，一個是「老少咸宜」的東西，具有社會性和跨年齡層的特點，一個則沒有那麼社會性。跟別人談你的經歷沒有跟別人說你買的東西那麼討人厭。人更容易把後者當作一種炫耀。基於這兩點，心理學家認為，經驗性投資更具有社會價值，將促進你的社會支持系統（social support system）。

當今社會，無論是在電視上還是網路上，各種商業資訊模糊了購買、擁有、收集、評價和區分物品之間的關係，導致我們無法知道自己是否已經擁有了足夠的物品。很多時候，我們根本沒有考慮過是否必需。因此，我們買了很多不必要的物品，但是這些物品並不會為我們帶來長久的快樂。

如果想要得到更多的快樂，就應該把錢花在經驗上，而不是物質上。可能你手上拿不到實際的東西，但是它卻在你腦海中留下美好的回憶。所以，不如多買點經驗，畢竟時光一去不復返，把青春多花在累積生活經驗上，比被實物商品所埋沒更好。

心理檔案

物質主義（materialism）：是一種消費者著重於獲得與占有物質的價值觀和行為。

社會比較理論（social comparison theory）：是美國社會心理學家利昂‧費斯廷格（Leon Festinger）在一九五四年提出來的理論，指個體在缺乏客觀的情況下，把他人當作比較的尺度來進行自我評價。

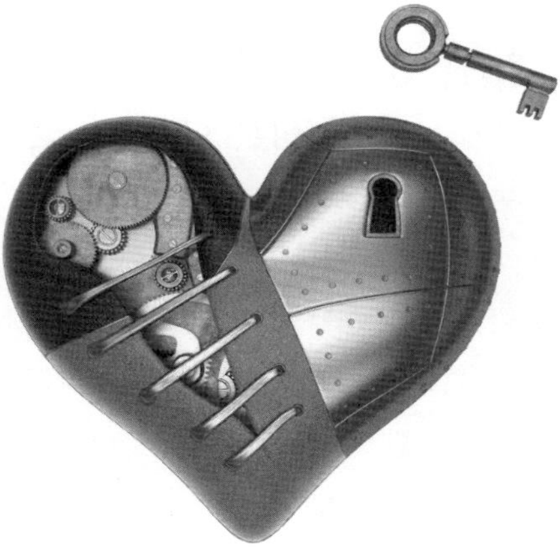

第 5 章

你的戀愛與婚姻還好嗎？

心理學家艾瑞克森（Erikson）認為，在青年時期和成年期，人的心理發展的任務是建立親密的關係和繁衍後代。也就是說，人們戀愛和結婚並非只是社會現象，其本質是一種心理發展的關卡。如果能夠順利通過，我們就能獲得美滿的人生。戀愛不是為了結婚，也不是玩遊戲，不應該被阻止。結婚不僅僅是為了生子，更是一種心理上的成長。本章將要帶領讀者探索一下年少輕狂的歲月背後所隱藏的心理祕密。

第 1 節 你的男女關係是什麼 style

我們跟其他人互動有一定的模式。在小時候，剛出生的我們與撫養者（通常是母親）形成特定的互動方式。這種模式會延續一生，並遷移到其他人身上，包括戀人或者配偶。這種人際互動的基本模式叫做依戀類型（attachment style）。人們有時候會對那些古代的俗語有所牴觸，但我們不得不相信它們有一定道理。俗話說：「三歲看大，七歲看老。」意思是從小孩子三歲時的表現可以預見他們長大後的樣子，七歲時的表現可以預見他們將來的樣子。當然，看哪一方面就沒有具體指出，但從依戀類型上說，一歲時的依戀類型基本上會延續終生。

心理學研究的資料顯示，嬰兒時期的依戀對成人的親密關係（如愛情婚姻等）會產生深遠的影響。什麼是依戀（attachment）？依戀是對撫養者的一種特殊情感，為兒童對撫養者的一種追隨、依附和親密行為，以及由此產生的歸屬感和安全感。依戀最早發現於發展心理學（developmental psychology），後來被遷移到愛情的研究領域。心理學家發現，戀人之間的依戀風格跟他們之前與母親或者其他撫養者形成的依戀類型是一致的。這就出現了愛情的依戀類型理論。

「安全」和「不安全」的依戀

依戀形成於人一出生到一歲間。那麼，在這個期間，我們跟母親之間發生了什麼呢？為了探索這個問題，心理學家愛因斯沃斯（Ainsworth）設計了一系列互動性實驗，來測試嬰兒在陌生人情境和分離情境下的反應。所謂陌生人情境就是把嬰兒置於具有陌生人的情境當中，而分離情境就是當撫養者不在身邊時的情境，即分離撫養者和嬰兒。透過在很多嬰兒身上重複進行多次實驗之後，心理學家發現了規律。

如果母親對嬰兒的反應敏感又有責任心，對嬰兒抱持溫暖和接受的態度，能夠很快察覺到嬰兒的不同需求，並及時做出反應，那麼，嬰兒將形成安全型依戀（secure attachment）。慈母能夠培養出「安全的」嬰兒。母親和藹可親的態度、對嬰兒的愛與信任，會「感染」嬰兒的情緒，有助於形成安全依戀。這種類型的嬰兒感覺自己來到的這個世界是溫暖和安全的。因為安全，所以勇敢。他們積極探索周圍的環境。當媽媽離開的時候會有些沮喪，但當媽媽回來時，他們會恢復開心和平靜。你一定見過這種孩子。你可以帶他去逛街，或者去社區的遊樂場，他很快就會跟其他孩子打成一片。

如果母親照顧不周，就會形成不安全的依戀類型。對這個世界感到不安全的嬰兒有兩種。有一種嬰兒對母親沒有興趣，但若媽媽不在身邊，他一樣會嚎啕大哭，要找媽媽。奇怪的是，當媽媽回到他身邊後，他也不感到開心，如果他會爬行，那麼他就會自顧自地去旁邊玩而不理睬媽媽。這類嬰兒屬於迴避型依戀（avoidant attachment）。

還有一種嬰兒，當母親在身邊的時候，他們也不願意離開母親自己去探索新環境。當媽媽離開他們身邊時，跟迴避型孩子一樣，他們會哭。但當媽媽回到身邊並想靠近他們時，他們又不願跟媽媽靠得太近。他們看起來很生氣。這類嬰兒具有抗拒／矛盾型依戀（resistant/ambivalent attachment）。你想帶他出去玩，但是到了陌生的環境，他或者賴在你身上抱著，或者看著其他小孩子玩，自己在一旁不參與。你想上個洗手間，他也不跟你去。如果你偷偷溜走，再回來時他就會很生氣地哭鬧，你想哄他抱他，但是他偏偏嘟著嘴不接受你的「道歉」。

如果讓我們回到小時候，那麼在我們當中，有約七成的人是屬於安全型，兩成屬於迴避型，一成屬於抗拒／矛盾型依戀。

「安全」的戀人

隨著年齡的成長，我們用對付母親或其他撫養者的方式來應付社會上的其他人。對於戀人，我們基本上也是這樣跟他互動的。在年輕族群中，約有百分之五十六的人屬於安全型，百分之二十五的人屬於迴避型，百分之十九的人屬於抗拒／矛盾型。對照上一節提到的資料，可以看到它們的分布大體一致。

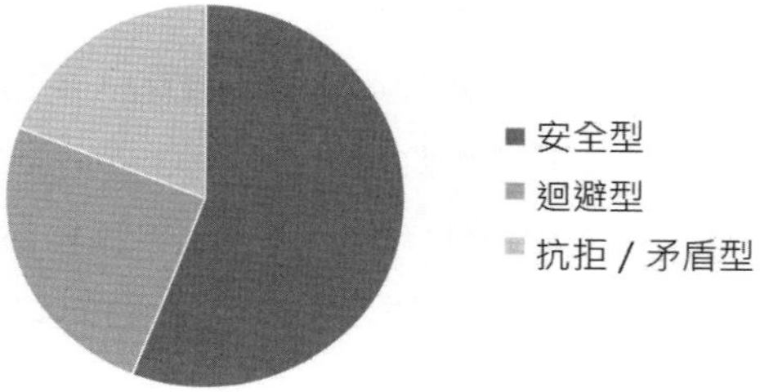

大約半數人是安全型依戀。他們對人有較高的信任感，因此容易跟身邊的重要之人建立親密關係。他們對自己的戀情很有自信，不擔心對方提出分手。他們享受戀愛，並不擔心會有第三者介入。兩個安全型依戀的人在一起，通常會進行愛情長跑而不覺得累。即使分手，這種人也能夠很好地恢復友誼，建立新的親密關係。

一般而言，我們都希望愛情是甜甜蜜蜜的，希望對方多親近自己。但是迴避型的戀人反而會因為對方太過親密而不安。這種人信奉「距離產生美感」。有些人巴不得男朋友或女朋友整天黏著自己，但是他們卻不喜歡那樣，有一種「獨立精神」。因為他們對於親密的關係並不感到舒服和甜蜜。他們不會依賴自己的伴侶，也不會對這段感情有太多付出，分手了能夠輕易地做到「let it go」，甚少傷心。他們相信真正的愛情是不長久的，覺得電影、愛情小說裡描寫的那種不顧一切的風花雪月在現實中根本不存在，更不會發生在他們身上。這種人的戀愛關係是若即若離的，很難建立穩定持久的親密關係。事實上，有一半的迴避型依戀的人壓根就沒有談過戀愛，只是行屍走肉般地經歷一個戀愛的形式，而沒有投入感情。

還有一種人對待戀人的態度就跟小時候對母親的態度相似，很想靠近又害怕被拒絕或拋棄。跟迴避型的人不同，他們不是不願投入感情，而是不敢。對於愛情，他們也可以深深地陷入，但是會頻繁處於愛恨交織的心理狀態，對自己的伴侶時冷時熱。因此，他們也較難保持長久的美滿，通常以失敗告終。你會不會經常擔心你的戀人不喜歡你或不想跟你在一起？抗拒／矛盾型的戀人總是被這些想法所困擾。

你們「配」嗎？

你們的愛情有幾年了？安全型的愛情關係維持十年以上是很正常的，而迴避型的愛情大多不超過六年，抗拒／矛盾型的人承認他們的愛情很少能持續五年以上。

如果屬於不安全型，那豈不是很悲慘？關於這點，大可不必過於憂慮。

我們反覆說過，心理學不是以揭示人的陰暗面為目的，而是以促進人類幸福為終極目標。如果你不是安全型，那也不必沮喪，只要你們兩個「配得上」就好了。就是說，你跟他或她的依戀類型一致。心理學的調查顯示，依戀類型相符的戀人更容易促成一段持久的婚姻，婚姻的滿意度也比較高。

如果你還沒有談過戀愛，不妨試著找一個安全型的人來戀愛吧！如果你本身是安全型，那麼你們的戀愛應該會有一個很好的開始。如果你不是安全型，那麼安全型的人可以幫助你改善一些不利於親密關係的因素。

心理檔案

依戀類型（attachment style）：一個人在親密關係（親子或婚

戀等）中跟對方的穩定的互動模式。

依戀（attachment）：嬰兒和他的撫養者（一般為母親）之間存在的一種特殊的情感關係，在嬰兒與其撫養者的相互作用過程中產生，是一種感情上的連結和紐帶。

愛因斯沃斯（Ainsworth）：美國心理學家，依戀研究領域的先驅。愛因斯沃斯在心理學上最重要的貢獻是早期情感依戀方面的研究。一九八九年榮獲美國心理學會頒發的傑出科學貢獻獎。

第 2 節 是什麼讓男女輕易墜入愛河

你準備開始你的戀愛之旅了嗎？在進入熱戀前，頭腦清醒的最後一刻，也許你需要做一些準備來說明你們跳入愛河：一句態度誠懇的真情告白和一個光線朦朧的求愛地點。

你愛我嗎？

女性對男性的承諾總是充滿懷疑。在她準備將全部身心交予你的時候，如果她向你發問，第一句必然是「你愛我嗎？」第二句很可能是「你真的愛我嗎？」即使沒有發問，她也在暗中觀察你、試探你、考量你。為什麼女性那麼喜歡問這句話？為什麼對關係那麼敏感（所謂的第六感特別敏銳）？男人必須體諒她們這樣的行為和如此神奇的第六感。對於女性而言，投資婚姻和她們的後代是非常昂貴的，需要男性在經濟、物質和精神上給予支持。一個非常明確的承諾是必要的。

有心理學家把愛情當作承諾機制（commitment device）。婚姻是人們真正確定配偶的階段，而戀愛則是尋找配偶的階段。婚姻需要承擔的責任很多，最重要的就是撫養後代。人類和其他動物一樣，有著一個繁衍的本能。

在動物界，有些動物的雄性只需要授予精子，剩下的事情都由雌性來完成。多數雄性動物在令雌性受孕後，即把雌性以及牠們未來的孩子拋在腦後，不聞不問；牠們忙著去尋找下一個雌性，令牠受孕。幾乎所有雄性動物，牠們為子女所做的（如果有的話）要比雌性少得多。

但是一些動物，例如鳥和人類，則不盛行這種生產後的「母系單親」家庭。對於人類來說，撫養後代並不是一件容易的事，一個個體從出生到能夠獨立生存的過程很長，中間他們不太具備生存能力，需要仰賴父母的撫養。如果不能被撫養，他們幾乎是必死無疑。這個成長過程需要很多的時間和資源。這是一個女性無法獨立完成的任務。

人類需要男女雙方共同努力來養育後代。確保男性能夠堅持對共同的後代進行投資的方式之一，就是要他「發誓」。人類的文化將愛情演繹得如此美好或者淒涼，並且夾帶著倫理道德的歌頌或者批判，目的就是為了塑造和維護愛情的神聖使命：為婚姻刻下承諾。

因此，如果把告白（發表誓言的一種方式）當作墜入愛河的標誌，那麼在傳統農業社會裡，男性往往最先投入到愛河中。女追男隔層紗，而男追女隔座山。

在現代化的工業社會，女性的經濟地位增強了，最先給出承諾的也有可能是女性。「肉食女」用於形容那些主動追求男性的女性，這類女性多為白領，她們平時雖然能夠接觸到很多人，卻仍待字閨中，一旦看見中意的男性，會如肉食動物捕食獵物一樣主動告白，且完全不顧世俗的目光。

不過，總體上仍然沒有太多變化。當然，男性同樣在尋求女性的承諾，他們也需要女性的忠誠。

讓承諾聽得見

使一個人相信你的承諾的道路一般是比較漫長的。愛情長跑是為了證明你願意與他共度一生的承諾。如何讓對方盡快相信你的承諾，一起墜入愛河，是人們永遠的研究課題。

現代社會的時間寶貴，很多人都拖延不起。這也是為什麼當今那麼多快速約會（speed dating）和閃婚（flash marriage）的原因。但是，快速約會和閃婚固然節省了時間，卻經常犧牲了品質。因此，循序漸進的戀愛過程是必要的。在正常的發展過程中，一些浪漫的告白方式能夠促進這一過程的發展。社會心理學家和環境心理學家覺得，讓承諾被聽見的最好方法，就是在朦朧的光線中告白。

在正常情況下，不太熟悉的人彼此根據對方的反應和外界條件來決定自己的言語和行為，特別是對還不十分了解但又願意繼續交往的人，既有一種戒備感，又會盡量把自己好的地方展示出來，把弱點和缺點隱藏起來。而在光線比較昏暗的場所，約會雙方彼此看不太清楚對方的表情，容易減少心理戒備，提升安全感。這種環境會加強彼此自我揭露（self-disclosure）的程度，相互之間也會感到更加親密。這種現象也被稱為「黑暗效應」（autokinetic effect）。

這個效應的機制就在於減少人的理性思維活動，使人變得更加感性。人的思維活動是由大腦額葉系統（frontal lobe）和顳葉系統（temporal lobe）來控制的，情緒活動則是由大腦邊緣系統來控制的。兩者之間的關係是「此消彼長」。一方活動性增強，另一方就會減弱。在白天，光線強，大腦額葉系統和顳葉系統比較興奮，所以邊緣系統處於弱勢，人們的理性思維活動達到巔峰；天黑後，光線弱，大腦邊緣系統活動加強，人們的情緒活動相應加強，而額葉和顳葉活動性減退，人變得不那麼理性了。一到晚上，人們的邏輯思維就會下降，卻又富有感情，文思泉湧；白天考慮周全、邏輯縝密、不感情用事，再回頭看自己昨晚寫的文章便會覺得做作。

所以在天黑或者光線朦朧的時候，人的感情豐富，容易被打動。此時，你說出的承諾更能到達大腦的情緒系統。如果到達理性系統，你的承諾難免被大腦拿來分析一番，以確定它的真實性。光線弱的時候，這種可能性就小了很多，人更容易屈服於海誓山盟。

「月上柳梢頭，人約黃昏後」，古人的智慧已經被現代科學所證實。初次約會和第一次告白都可以安排在月色朦朧的晚上，或燭光搖曳的咖啡館。不論身處何處，如果能布置一個類似的場所，將會提高告白的成功率。

除了要讓承諾聽得見，還要讓承諾看得見。戀愛談的不是虛無縹緲的愛，而是承諾。或者說，要有承諾才有愛。那些「說在嘴上、寫在紙上、貼在牆上」的承諾是不夠的。這種承諾沒有受到行動的滋潤，承諾的雷聲再大也不可能打動一個人。如何讓它被看見，那就是每個人自己的事了。

心理檔案

承諾機制（commitment device）：心理學家弗蘭克（Frank）在一九八八年提出的關於愛情的承諾理論，認為愛情是一種承諾機制，扮演著獲取配偶承諾愛情與婚姻的功能。

自我揭露（self-disclosure）：個體與他人交往時，自願地在他人面前將內心的感覺和資訊真實地表現出來的過程。

第 3 節 男女「笑」果不同

古人云：笑不露齒！尤其是對女孩子，華人古文化告訴她們不要大聲笑，甚至不要笑出聲，好當一個「淑女」。對於男孩子，笑應該是沒有什麼束縛的。大聲笑還是男人社交中的重要語言。我們可以在古裝劇和日常生活中體會到這一點。早在一八七二年，達爾文就在他的《人與動物的情感表達》（*The Expression of the Emotions in Man and Animals*）中描述了他對男性和女性在情感表達上的風格差異。笑作為表達情感的形式之一，對於男性和女性有什麼不同？對男女關係又有什麼影響呢？

笑女更美麗，酷男更迷人

有這樣的說法：「笑靨如花，含而不露，羞怯淺笑，映襯梨花酒窩，微微一笑很傾城。」人們應該有這樣的常識：女人的漂亮不僅在於有一張漂亮的臉蛋，更在於有一個爽朗的微笑。我們不難想起蒙娜麗莎的微笑。微笑可謂女人最美的妝容。騷人墨客無不喊出：「女人們啊，微笑吧，因為這個時候你們最迷人。」看到這裡的男性讀者，你們覺得呢？

心理學的實驗已經證實，女性的笑的確有「回眸一笑百媚生」的魅力。依據表達性行為的社會關係理論（SRFB），對於女性來說，笑是一種可信任線索（trustworthiness cues）。一個女孩子笑是向他人發出溫暖、信任和熱情的信號。這能夠使關係更加親密。在心理學實驗中，微笑的女性獲得了男性受試者最高的性吸引力（sexual attraction）評分。

女人對陌生男人笑，其實是下意識地想引起對方的注意力，而男人一看到女人露出笑容，會覺得溫暖、明亮，很容易被吸引。

也許妳在為還沒有遇到合拍的另一半而煩惱，但請不要讓愁容爬上臉龐，笑會更受男人的青睞。冰山美人或許會引起男性的好奇心，不過顯然不利於一段關係的形成。妳本來就不是沒有魅力的女人，但是如果太不苟言笑，就容易被人認為難以親近。

不過男性微笑卻是不同的效果。

還記得周星馳的電影《國產凌凌漆》裡面的那句經典台詞嗎？「你以為躲起來就找不到你了嗎？沒有用的！像你這樣

出色的男人，無論在什麼地方，都像漆黑中的螢火蟲一樣，那樣的鮮明，那樣的出眾。你那憂鬱的眼神、稀疏的鬍茬子（鬍渣）、神乎其神的刀法，和那杯 Dry Martine（馬丁尼），都深深地迷住了我。」

這段台詞描述了一個充滿負面情緒的男人。但偏偏是這樣一種負面的形象「迷住了我」。憂鬱的眼神是一個帶有悲傷和無奈的眼神，可以想像這是一個不快樂的男子的形象，你一定無法從他的臉上看出一絲笑容。

女人喜歡這樣子的男人？有沒有道理？心理科學的研究居然意外地給出了肯定的回答：孤傲的男人最有性魅力，而女人覺得快樂愛笑的男人最沒有性吸引力。

心理學家翠西（Tracy）在一項研究中給超過一千個受試者觀看幾百張圖片。這些圖片中的男女有著四種表情。一種是快樂地微笑，一種是高傲冷酷，一種是靦腆羞澀，一種是面無表情。結果發現，當圖片裡的男人表露出孤傲或者靦腆時，女性受試者給他們的性吸引力評分遠高於微笑的時候。其中孤傲的男性獲得了最高的性吸引力分數。

男人臉上常掛著微笑或者大笑對於社交生活是一件好事。因為男人的笑容意味著他對人際的開放性，暗示他人「我樂於與你交往」。笑是社交活動中的潤滑劑，消除對方的戒備心。相反，如果你板著一張臉，面無表情，會讓對方感到拒絕社交（social rejection）。不過從性吸引力上來看則不同。笑對男性和女性有著不同的涵義。笑是表現陰柔氣質的一種形式。很多女性不喜歡一個過於陰柔的男性。這種男性被認為是男性能力不強的，可能是由於雄性激素（androgen）分泌過少造成的。另外，笑咪咪的男性還會讓女性覺得他是好色的，是對速食性愛充滿渴望的。幾乎沒有多少女性喜歡這種沒有鋪墊的「速食」。

我親自問過身邊的女性朋友：妳喜歡狼人還是吸血鬼？大部分人都回答吸血鬼。她們說吸血鬼比較帥。所以她們都喜歡《暮光之城》(*Twilight*)裡面的吸血鬼愛德華(Edward)。其實在內心發生作用的是我們上面說的機制：女性容易被冷酷的的男性所吸引。不妨問問你們身邊的女性朋友，是不是如此呢？

雖然酷酷的男性具有更強烈的性魅力，但是這僅僅是從性吸引的角度來思考。如果要認真選擇一個終身伴侶，女性會考慮很多東西，而不光是看一個男性能否讓自己感到「性奮」。所以裝酷不是男性吸引女性的長久之計和一勞永逸的做法，要成為一個好男人，還需各方面的努力，不能只會耍酷。酷男人不等於好男人。

笑等於幽默？

笑通常會跟幽默感（sense of humor）聯想在一起。笑是幽默經驗中最常見的行為，而幽默感是男女性擇偶的重要標準之一。幽默感深受西方社會重視。美國將軍麥克阿瑟（MacArthur）在為子祈禱時，除了求神賜予其兒子「堅強勇敢、心地善良」的品格外，還祈求上蒼賜予他「充分的幽默感」。在華人社會，一個有幽默感的人也會被認為是比較機敏的。

演化心理學認為，人類發現那些有趣的事情有助於自己的生存。

這些有趣的事情常常是一些不協調和新奇的東西，這說明了一個人的認知能力。為了鼓勵這種能力的演化，人類發展出一套獎賞機制，就是發現幽默事情時的快樂反應，這一反應包括了「笑」。所以有幽默感的人有利於人類的演化，人們理應先天喜歡具有幽默感的人。

但是對於什麼樣的人是幽默的，男女有不同的理解。女性喜歡那些能夠讓自己笑的人。充滿了幽默細胞的男性自然得她歡心。如果你能逗她笑，離她的心就不遠了。生理心理學認為，愛伴隨著一種心跳的感覺。無論透過何種方式，如果你能夠讓女性心跳不已，同時又待在她身邊，那麼她將會「誤會」自己是愛你的。心理學家做過一個過獨木橋的實驗。走過獨木橋的女性因為獨木橋搖晃而害怕，如果這時有一個男性相伴，陪她走過這段獨木橋，那麼這個女性將會對他產生好感。而男女一起走過一段穩固的拱橋卻沒有這樣的效果。如此一來，我們就不難理解為什麼男性有時會適度地製造一些驚嚇，例如突然拿出一隻毛毛蟲，讓女性又惱又「羞」。因此，對於女性來說，笑意味著興奮、心跳加速，以及愛的感覺。不過，這一心理規律不適用於男性。

在心理諮商室裡，會聽到一些女性這樣的煩惱。她自認為跟某位男性相處得很好，比他的男性友人更像兄弟。他們在一起時常常洋溢著笑聲。活潑開朗而會講笑話的她卻遲遲收不到對方的情書，等不到一份求愛。為什麼男性喜歡跟她一起聊天、一起做事，卻不會「日久生情」呢？

原因可能很多，男性對幽默感的不同理解是原因之一。男性喜歡會製造「笑果」的女性，願意與之交往。但是很少有男性會愛上這種女性。男性認為那些欣賞他們說的笑話的女性才是真正有幽默感的。如果找終身伴侶，他們傾向於選擇喜歡聽他們講笑話的女性，而不是講笑話給他們聽的女性。幽默感是一種發現人類認知上瑕疵的能力。而男性認為樂於欣賞或者崇拜男性幽默感的女性就是具有幽默感的，而不需要她具有創造幽默的能力。真正具有幽默感（能力）的女性卻不被男性認為是具有幽默感的。如此一來，我們也不難理解，為什麼男性總喜歡「傻傻的」女性了。

收斂笑聲，更易獲得女性好感

心理學家還把目光放在笑的聲音屬性上。研究者讓男性受試者看喜劇片。當他們笑的時候，每個人的笑聲被錄下來了。然後把這些男性的笑聲交給女性來評分，看哪個笑聲比較吸引人。最不受歡迎的是氣音重的喘笑聲，例如，氣流通過鼻腔時的哼哼輕笑或氣流通過喉嚨時的哈哈大笑。最受女生歡迎的是低沉的、小聲的微笑。

男人跟男人在一起會開懷大笑，這是社交形成的自然行為反應。但是男人跟女人在一起，卻不應該放聲大笑。因為男人對女人大笑，往往會給人不懷好意的印象，引起女人的警惕。

如果說僅從面部表情上，女性喜歡酷酷的男生，那麼從聲音上，女性喜歡男性低沉的笑聲。所以，剛認識一個女生的時候，尤其是第一次約會的時候，外向的男生不妨收斂一點，或者內向的男生放開一點，用低音量的笑聲來打開她的心扉。這種笑聲能夠獲得女性的信任。也許你聲音沒有「磁性」，但降低音量是每個人都做得到的。

心理檔案

拒絕社交（social rejection）：一個人被拒絕在某個人際圈子或人際交流之外時所產生的情緒經驗。

幽默感（sense of humor）：是指理解和表達可笑事物或使人發笑的一種才能。心理學上對幽默的定義不止一種，有不同的定義。

性吸引力（sexual attractiveness）：指一個人引起其他人性興趣的能力，是性擇（sexual selection）和配偶選擇的影響因素。

能力線索（capacity cues）：暗示個體提供某些資源（基因、事物、保護、社交機會等）的能力的線索。

表達性行為的社會關係理論（socio-relational framework of expressive behaviors, SRFB）：用於解釋情感表達形式差異的理論。

可信賴線索（trustworthiness cues）：顯示一個人是否具有互惠的意願，及其投資人際關係的可能性。

第 4 節　網路約會的兩個虛無

上網「狩獵」，我們對一個人的印象無法擺脫其大頭照和文字內容的影響。這些形形色色的大頭照背後有什麼心理學故事？文字又怎麼演繹它的欺騙性？

大頭照，虛假的第一印象

作為一個充滿上網交友欲望的人，當看到有新的「私訊」，你會不會興奮一下？什麼樣的網路形象能夠招來更多的私訊？在這裡我們又要「邂逅」印象管理（impression management）這個概念了。我們曾在第二章關於工作履歷的章節說過。不同的是，這裡要涉及的是虛擬世界當中的印象管理。在網路上，其他網友對你的第一印象多半是透過大頭貼產生。

降低不確定性理論（uncertainty reduction theory）認為人在初次互動時的目的是減少不確定性。透過語言交流，人們努力地對對方的行為和現狀做出解釋，並預測對方未來的行為。隨著交談次數的增加，兩個人的不確定性會逐漸減少，喜愛程度則逐漸增加。另外，人們會一般透過一個人的身體特徵來判斷一個人。這是人之常情。雖說人不可貌相，但我們還是習慣性地透過相貌來評價一個人。為什麼呢？因為人們清楚，自古以來人們的言語和心中所想往往不太一致。我們說，一個「成熟的」人會在適當的場合說適當的話。可以說，人大部分時間都在說著違心的話。關於語言的不可信性，我們會在下一小節「虛偽的文字」中進一步談到。但是，身體特徵是相對穩定的，根據身體特徵做判斷的結果比較具有一致性。雖然有時候會出現偏差，但在第一印象形成的過程中，相貌的確是最主要的影響因素。研究顯示，人在溝通時，身體語言占百分之五十五，說話方式（音高、音量、音色等）占百分之三十八，還有百分之七是實際所說的內容。

網路上的相遇，我們看不到對方的身體特徵，不知道對方高矮胖瘦，也不知道外貌美醜，該怎麼減少不確定性呢？這個時候，直接映入眼簾的對方形象就是大頭照。透過文字，我們也能在腦中創建出對方的形象，即前面章節提到的表徵（representation）的一種，但這畢竟要透過大腦進行抽象思考。產生第一印象是一瞬間的事情，所以大頭照這種不需大腦加工、能直接成為腦中形象的圖片，就成為我們評價對方的重要資訊。在 FB、IG 上，我們很少會馬上加一個沒有大頭照的網友為好友，因為不確定性太大了，他也許是個假帳號或者一個還來不及上傳大頭照的新人，或者只是一個不樂於展現自己的、自我封閉的人，甚至只是「路過」。總之，沒有大頭照，就好比現實中的透明人，怎麼會受到關注呢？這會引起許多不確定性的猜疑，所以別人懶得理你。上傳一張大頭照能夠增加你收到私訊的機會。大頭照千奇百怪。好比現實當中找不到兩片完全相同的樹葉、找不到兩張完全相同的臉，網路上的大頭照也是五花八門。這些大頭照帶給其他網友的感受如何？有什麼影響？心理學家已經嘗試從這些紛繁複雜的事物中提煉出一些心理規律。

這個時候，社會認知理論（social cognition theory）能夠提供一些意見作為參考。社會認知理論認為，分辨出所處環境中物體的擬人論（anthropomorphism），並將物體歸類為人、動物或者物品是人的基本認知功能。

你悄悄靠近一個人，卻被他發現，往往不是因為你發出了聲音，而是你的晃動。這是演化而來的。這些認知上的選擇性使在自然界立足的物種能非常高效率地對外界環境進行資訊搜集和回饋，例如原始人類常常要面臨捕捉和逃跑的行為。

活動性是生物的重要特徵。發展心理學的研究證明，剛出生的嬰兒就顯示出對有生命的物體和人造物體的喜好。人的一生都有這樣的偏好：跟人比較接近的事物更能吸引我們的注意力。

同樣地，研究發現擬人化的大頭照更能吸引其他網友的注意。這意味著用人的大頭照，即便不是真人的照片，也比風景照或其他靜態物體的圖像更有吸引力，更令人覺得可信。

總體而言，最吸引人的大頭照是那些以可愛的小孩子、嬰兒為藍本的照片。無論是動物還是人，他們幼年時期與成年時期相比，前者總是顯得柔軟嫩滑。嬰兒所具有的特徵是大腦袋、大眼睛，鼻子和嘴軟軟的。如果看到嬰兒的這些特徵，我們就會不自覺地感到可愛，會想要撫摸，總覺得放在那裡不安心，想把他抱過來。也就是說，會產生一種保護欲。

心理學實驗顯示，如果給予嬰兒一些特定的刺激，他們就會做出一些特定的反應，類似我們現在常說的「裝可愛」。嬰兒會表現出微笑或想要人抱的姿態，展現出他們可愛的一面，以討得大人的喜愛。這是容易理解的。幾乎所有動物都有這種反應。回憶一下，狗狗和貓咪不也經常撒嬌嗎？ 這是一種天生的自我保護的手段。

如今，人的這種天性被反映在網站大頭照上。說實在的，人類經常利用自己的天性以求達到目的，無論是好的還是不好的天性。當然，只要你不是用來騙人，而是想引起別人對你的興趣，那還是不錯的。

文字，虛假的情感依託

進行網路約會時，我們至少知道要驗證對方的真實性和誠實度。逛網路聊天室時，我們常常透過文字進行交談。當然，也可以透過影片或音訊，不過在剛認識的時候，也就是試探一個人是否能夠信任的時候，是不太可能採取這兩種溝通方式的。

跟一個陌生人交流時，如果我們足夠警惕的話，會仔細觀察對方的言行舉止，看是否能坦誠地跟自己交往。假如面對面地交流，我們可以從一些非言語性的資訊來判斷這個人是否在撒謊。一些微妙的表情變化，例如臉上瞬間閃過的恐懼、向兩側斜視、或者坐立不安等都是撒謊之後「心裡有鬼」的行為反應。如果只有文字怎麼辦？能否僅從文字語言來檢測一個人是否撒謊？美劇《犯罪心理》（*Criminal Minds*）裡面的瑞德（Reid）能夠從一個人的筆跡，例如書信、日記等來進行個人性格特點的側寫（profile）。不過，他是根據手寫的字跡來推論一個人的心理。如果沒有手寫的文字，只有電腦顯示的文字時，我們該怎麼辦？我們要對這些千篇一律、形體上沒有任何個人特徵的文字進行測謊。身為一個網路菜鳥，你很容易掉進謊言的陷阱而不自知。但有些人網齡也不小了，卻仍然被騙，因為他們沒有培養自己察覺謊言的技巧。讓心理學家來告訴你網路世界的謊言是怎樣的。

人際欺騙理論（interpersonal deception theory, IDT）是一個描述和預測撒謊行為的心理學模型。這個理論認為說謊者在交流中採用一些技巧和策略來達到他們的目的。就好比電腦病毒專家不斷研究、分析新生病毒，心理學家也在研究不斷更新的騙子的策略。

最百毒不侵的防禦是「不要和陌生人說話」。但這很不實際，就好比為了不讓電腦中毒而不上網一樣，是不可行的。最好的辦法還是敏銳地洞察那些策略，其中一種就是語言策略。網路說謊者的在語言表達上有什麼特點呢？

心理學家讓受試者上網創建自己的個人檔案。比如，填寫你在 FB、IG 或 LINE 上的個人資料。然後，受試者被要求評估自己所填資料的準確性。比較他們自己評估的準確度跟實際情況，就得出了一個撒謊指數。比如，他們填寫自己的體重是 A，而測量到的實際體重是 B，那麼 [(A-B)/B] 就是偏差度。這個偏差的大小就是撒謊指數。此外，這些受試者的網路大頭照還被拿來跟他們現實生活中的照片相比較，讓他人評價相似度，也作為一種偏離現實程度的指數。

這些撒謊程度（網路資料偏離實際情況的程度）被用來跟受試者的語言建立連結。心理學家用電腦語言學程式（computerized linguistic program）分析他們交談中的語言，觀察哪些說話特點能夠預測撒謊程度。

結果發現，人們避免討論他們涉嫌撒謊的檔案資料。如果他們在體重上撒了謊，那麼他們會在對話中不自覺地避免談及相關話題，例如減肥、食物等字眼。整體上也不太願意說太多話。因為他們很清楚「言多必失」的道理。如果無法在某方面提供太多細節的資訊，只是泛泛而談或閃爍其辭，這說明對方很可能在這方面撒了謊。跟撒謊者交談，你可能會有牛頭不對馬嘴的感覺，因為他在轉移話題，轉移你的注意力。他不想詳談的很可能就是他欺騙你的地方。

另外，有欺騙傾向的網友通常也跟負面的情緒絕緣。因為他要塑造一個正向的個人形象。他想傳遞正向的資訊，讓你覺得一切都很美好。他們還會透過相似性來影響你，使你相信他們。他們如何用言語「套近乎」？第一人稱複數是一個不錯的方法。他們會使用「我們」這個代詞，而不是「你」或者「你們」。無意中讓你覺得大家站在同一條船上。

人有很多很多的偏誤（bias）。在研究欺騙的心理學領域裡，有一種偏誤叫做真實偏誤（truth bias）。在社會生活中，錯誤地不信任一個人比錯誤地相信一個人所造成的社會危害更大。人不想冤枉一個人，那樣自己會內疚一輩子。如果信任一個人，卻被欺騙，也會造成自己憤怒。但是，前者帶給自己的心理影響更加可怕。所以，人有這樣的誤判：更容易發現真實的東西，而難以察覺虛假的東西。往往看到一個性感、漂亮或帥氣的大頭照，就會不自主地將猜疑拋之腦後，儘管這張照片可能不是本人。

心理檔案

降低不確定性理論（Uncertainty Reduction Theory）：又稱初始互動理論（Initial Interaction Theory），最早由查爾斯· 伯格（Charles Berger）和理查· 卡拉伯利茲（Richard Calabrese）於一九七五年提出。這個理論認為，當陌生人初次相遇時，最關心的是如何在交流過程中消除不確定性，提高交流的可預測性。

社會認知理論（social cognition theory）：社會認知論源於一九二〇、一九三〇年代德國心理學家考夫卡（Koffka）、苛勒（Köhler）和韋特默（Wertheimer）等創立的格式塔心理學（Gestalttheorie，完形心理學）。是社會心理學的主要理論之一。

擬人論（anthropomorphism）：是一種擬人法的運用，將人類的形態、外觀、特徵、情感、性格特質套用到非人類的生物、物品、自然或超自然現象中。

人際欺騙理論（Interpersonal Deception Theory, IDT）：人際欺騙理論試圖解釋，人們在面對面交流中應對意識或潛意識裡客觀或主觀欺騙的方法。

真實偏誤（truth bias）：關於欺騙的心理學術語，指人們傾向於把資訊判斷為真的而不是假的。這使人們難以察覺謊言。

第 5 節 關於愛情，人們必須知道的三件事

不管你是不是一個物質主義者，都不影響你相信一件事，即愛情不全是精神的產物。生理心理學（physiological psychology）會告訴你愛情故事背後的生理故事。

愛情的多巴胺

我們不想將文學、史學或藝術作品裡的浪漫愛情還原為枯燥的化學反應。不過相對於古代，關於我們所了解的愛情，其現代化元素可能就是在理科領域的發現，從而超越了僅僅從文科角度去談愛情。因此，這是現代人都應該知道的。

相愛的時候，大腦悄悄地分泌一種滋養愛情的「養分」，叫做多巴胺（dopamine）。無論是對他（她）一見鍾情還是日久生情，情來自何處？均來自多巴胺的分泌。這是一種神經傳遞物（neurotransmitter），產生於下視丘（hypothalamus），讓我們產生愛的感覺。如果說下視丘是丘比特，多巴胺就是他的箭了。

多巴胺為我們帶來激情、瘋狂、心跳和興奮。熱戀的時候，多巴胺的釋放量會比平常高出許多。有了它，生活不再如一潭死水，連黃臉婆、流浪漢都充滿了魅力。這就是情人眼裡出西施的原因。不過它也像海水一樣，會漲潮和退潮。大概持續一年半到三年後，它就要退潮了。

在遠古時期，人們在這一年三載的日子裡就足以完成從結合到生小孩的過程。所以，多巴胺是為了讓我們在熱戀時就繁衍後代。不過在現代社會，這點時間可能還不夠我們談戀愛。

當多巴胺消退後，愛情開始索然無味。怎麼辦？

我們需要喚醒下視丘，讓它重新分泌多巴胺。嘗試一些新鮮的事情能夠重燃愛情的激情。例如，一有假日就到外地遊玩，新鮮的經歷能夠激發大腦啟動多巴胺的作用機制，讓你的愛情一直都充滿著浪漫的感覺。

多巴胺是「七年之癢」的罪魁禍首，也是愛情的防腐劑。關鍵在於你有沒有理解它和利用它。

拒絕背後的大腦

人都有被接納的需求。作為社會性動物，跟其他人在一起會讓自己感到溫暖和安全。如果你想參加一場派對、加入一個討論卻被排除在外，你就會感到被拒絕的傷痛。這叫做拒絕社交（social rejection）。

向對方告白被拒絕也是拒絕社交的一種。鼓起勇氣，帶著無限憧憬的行為被「秒殺」，失落之感油然而生。為什麼被拒絕會讓人如此傷心呢？心真的會受傷嗎？心理學家揭開了戀愛中痛不欲生的真凶。原來，「傷心」跟「傷身」一樣，所觸動的是同樣的腦神經。

心理學家招募了幾十個剛失戀的人進行實驗。先讓他們看曾經的戀人的照片，並回憶感情破裂時的感受，然後又用熱的東西來刺激這些人的手臂。在這個過程中，他們腦部的變化被記錄了下來。透過對比，研究者發現生理疼痛（被燙到）和拒絕社交（被曾經的戀人拒絕）啟動了相同的腦神經區域。這些區域是次級感覺皮層區（secondary somatosensory cortex）和島葉（insula）。這個實驗說明了「心如刀割」並不是沒有道理，被捅一刀跟被拒絕所啟動的腦神經是重疊的。

拒絕一個人真的會「傷」他的「心」。那麼，當我們「被」傷心時，又該怎麼辦呢？心傷無法像皮肉傷一樣擦藥膏。治癒心傷的藥膏可能在尋找不會拒絕自己的人或參加接納自己的集體活動。如果朋友的心被傷害了，我們可以陪伴在他身邊，讓他感覺到「你並不孤單」。這已經是最好的療傷辦法了，僅僅是陪伴著。

戰勝七年之癢的內啡肽

多巴胺的退潮使關係出現「七年之癢」甚至「三年之癢」，分手離別似乎在所難免。但是，有許多夫婦的愛情平穩地度過了這些危機。這背後亦有生理因素的助力。這時挽救你們丘比特的功臣不再是多巴胺，而是另一種化學物質胺多芬（endorphin）。事實上，它不僅能讓你們渡過愛情危機，甚至會使你們白頭偕老。

腦中的胺多芬跟現實生活中的嗎啡相似，是一種鎮靜劑。它可以使我們感到輕鬆愉快，體驗不到焦慮，體會到溫暖、親密和平靜的感覺。因此，胺多芬就像我們大腦自製的毒品，讓我們對愛情上癮，一生一世都不得「脫身」。

經歷了曾經的轟轟烈烈後，如果我們能夠建立親密感和遵守承諾，那麼胺多芬的分泌會安撫平靜而溫馨的愛情關係，讓愛情歷久彌新。糟糠之妻與柴米之夫皆有情有義、天長地久。也就是人們常說的平凡、安靜的感覺。

愛情就像毒品，讓人上癮，卻不像毒品那樣危害身心健康。如果說這世上還有什麼比吸食毒品更快樂和讓人無法自拔的事情，非愛情莫屬了。戰勝七年之癢，何樂而不為？

心理檔案

多巴胺（dopamine）：一種神經傳遞物，也與上癮有關，主要負責大腦的情慾和感覺，傳遞興奮和開心的資訊。

拒絕社交（social rejection）：一個人被他人或團體拒絕加入某種關係或活動時所經歷的情感經驗。

胺多芬（endorphin）：亦稱腦內啡，是一種內成性（腦下垂體分泌）的類嗎啡生物化學合成物激素。

七年之癢（the seven year itch）：原是瑪麗蓮·夢露（Marilyn Monroe）主演的一部關於婚姻主題的電影《七年之癢》（The Seven Year Itch），後被心理學家用來代指人類在一夫一妻制婚姻七年左右時，會出現對對方興趣下降的現象。

第 6 節 分手後，還能成為朋友嗎？

拿著這個問題去問身邊的人，他們的答案總是悲觀的。分手是愛情路上的不幸。但是試問有多少人沒分手過？所以，它的存在應該是合理的。我們先來看看關於分手的心理學，然後再討論一下分手後的關係：形同陌路還是「親密如初」。

分手的四個階段

分手走到了哪一步？對分手的「心理步驟」有所了解，也許可以幫助你挽救自己或他人的愛情於水深火熱之中。心理學家達克（Duck）的分手心理學理論告訴我們分手過程中的普遍真相。一個愛情關係的瓦解包括了四個階段。

無論三年之癢還是七年之癢，我們早就知道某個時間點「癢」會襲來。尤其是在戀愛或婚姻中的激情逐漸消退，承諾型的親密關係開始占主導地位的時候，大家便會感到愛情有點無趣。這是人之常情。在愛情的進程中，使我們感到甜蜜的腦內多巴胺平均值會慢慢下降。當它被時間抽乾後，這種生理的變化就引起了心理的變化，進而使另一半對自己的戀情進行新的思考和評價。這個階段叫做自省階段(intrapsychic phase)。其中一方開始感到也許雙方並不是那麼合拍，對當前關係越來越不滿意，但他未必會說出來，而是下定決心祕密地解決這個問題。在這個時期，他是懷著對美好未來的無限憧憬而默默地維繫和改善倆人的關係。

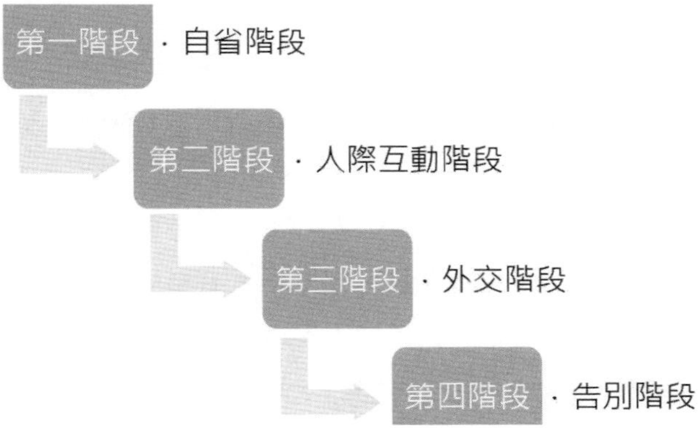

但任何人的忍耐都是有限度的。很少有愛情能始終無怨無悔。當獨自的祈禱和行動無法見效時，分手的進程就來到了人際互動階段（dyadic phase)。這個時候的某個時刻，你或許會有忍無可忍乃至絕望的感覺，憤怒已經失控地如同火山噴發。你對戀人不滿的態度公開化，開始相互爭吵。如果這個時候雙方能夠採取一些辦法修復關係，還是有機會挽回的。雙方有可能成功達成妥協，關係得到好轉。雙方應該相互體諒，帶著建設性的態度進行溝通。但也有可能這一修補關係的嘗試成效甚微，最後拖延到不滿意的一方決定結束這段關係，由此進入下一階段。

兩個人之間發生矛盾是很正常的，一般都不願意讓別人知道。向親朋好友承認你們關係不和是個很大的心理考驗。如果你們不再掩飾自己戀愛上的挫折，勇於跟周圍的人談論你們的不和，那就已經到了分手的外交階段（social phase）。在這個階段，彼此的社交圈開始捲入。親人、朋友等知道了兩個人之間的情感狀況。瀕臨末路的戀情公開化後，有可能會因為其他人而澈底瓦解。如果親人或朋友沒有選擇勸合，而是選擇靠邊站或者站在其中一方、反對另一個人，那麼無疑是給予雙方關係一記致命打擊。如果能夠得到閨蜜或好兄弟的勸解和幫助，則有可能破鏡重圓。如果實在不行，就會澈底破滅，分手進入最後一個階段。

「我為什麼會愛上你這個 XX ？」「我為什麼要跟他分手？」這是你在告別階段時（grave dressing phase）會考慮的問題。我們在第一章說過：「無風不起浪，人不做沒有原因的事情。」在熱戀時，我們會說「愛就是愛，因為愛所以愛」，愛似乎是不需要理由的。但在分手之時，無論如何，你都會找個理由把自己的愛合理化，好解釋自己為什麼會「看走眼」，喜歡上「這種人」。在這個階段，雙方為了走出分手的痛苦。各自會編撰一套自己可以接受的說辭，一方面向自己和他人解釋為什麼會分手，一方面也讓自己心裡好受些。

分手後，還有什麼可以交換

在愛情的溫柔鄉裡，戀人互相交換自己內心深處的祕密可以做到毫無保留。「為了愛不顧一切」並非神話。分手後可能無法再推心置腹了，深層的東西一定會對對方關閉，而是否能夠繼續交換一些淺層的東西，成了分手後能否做朋友的關鍵。

心理學的研究顯示，如果在正式牽手戀愛之前已經建立起很好的朋友關係，在戀人關係破裂之後，一般還有比較大的機會能當回朋友。另外，如果有一個比較好的分手方式，即便褪去戀愛的外衣，友誼存續的可能性也不小。如果是採取那種逃避的策略，譬如在電話裡說分手，然後打死不相見，雙方沒有一個分手的約定，這樣子就很難再當朋友了。

讓這些因素起作用的真正原因，在於彼此之間還有什麼可以交換。分手了，兩個人可能再也沒有機會交換婚戒。但是如果還有可能交換其他東西，維持一般朋友的關係並沒有什麼不好。

戀愛相當於建立一種社會關係。在這個關係中，戀愛雙方能夠獲得社會支持。這些支持包括在物質上、人際上、情感上和生理上的依賴和利用，即能夠獲得財力、物力和人力的資源。即使是最單純的柏拉圖式戀愛（platonic love），也在進行著情感上的交流。心理學家借用最初源於經濟學領域的社會交換理論（social exchange theory）來研究愛情中的社交行為。

事實上，不少戀人在分手之後還保持著朋友般的關係。他們可能工作於相同的領域，例如同一個交友圈、同一家公司等。而這些領域需要仰賴人際關係來支持。所以，很多時候他們會「不計前嫌」地利用依然保留著的朋友關係來完成許多工作項目。這種是因社會資源的交換而保留了朋友關係。

分手了卻忘不了「魚水之歡」。分手後，有些情侶還是有肉體上的需求，從而直接發展為暫時的性伴侶。對一些人來說，性和愛是可以分開的。愛沒有了，性還可以有。他們仍然會繼續約會，認為這比一夜情更加保險和可靠。按照心理學家史坦伯格（Sternberg）的愛情理論，這是在延續戀人之間的激情，但承諾已經被拋棄在風中了。

一些情侶在分手時會有一些約定，可以說是協議。比如，「說好了，大家不要再聯絡了。」你可能還遇過這樣子的約定：分手時，女生要求男生在分手後一段時間內以普通朋友的身分陪著她，直到她找到新的對象為止。愛情就是這樣，剪不斷理還亂，陷入太深就會忽略了其他社會關係。譬如，有些女孩在交了男朋友後，會把心思都放在男友身上，跟閨蜜保持一定距離。直到分手後，才發現自己竟沒有一個能寄託悲傷情感的地方。

此時，兩個人的行為還是藕斷絲連。例如，通電話、一起逛街等等。雖然這些活動已經不存在愛情了，但是這些形式還扮演了一種情感交換的角色，使雙方能夠安然度過分手後的時光。這種分手後還當朋友的依賴關係就是一種情感交換的表現。

沒錯，快樂分手

作為被甩的一方，很多人會驚訝、不理解。第一反應是質疑對方沒有做出正確的決定。如果他向你提出分手，請不要乞求他重新考慮。最好的做法是盡快接受，不要讓關係不明不白、勾勾纏。這有利於你走出傷痛。

心理學家海倫‧費雪（Helen Fisher）在一項神經成像（neuro-imaging）的研究中發現，分手後的腦反應就像戒除毒品時的戒斷症狀（withdrawal symptom），會隨著時間而消退。但是這個恢復過程和玻璃杯一樣脆弱。如果你嘗試做最後的努力來挽回，或者再次聯絡對方，你就會破壞自己恢復的進程。在分手後的某天，假如你突然收到他的簡訊、電話或 Email，你就會像吸毒者重新碰到毒品一樣，又燃起了對他的渴望。所以，認知神經科學家（cognitive neuro-scientist）會建議你們不要再當朋友，避免接觸一切關於他的東西。

心理學界對於分手後是否繼續當朋友也有不同的看法。說明這個問題的答案因每個分手者而有所不同。不過，有一點是肯定的，分手後還當朋友是一個美好的願景，一定要保證自己不是在痛苦地跟對方當朋友。

如果會感到痛苦，說明你還沒有走出傷痛，這時，你應該切斷與對方的任何關係。如果你能繼續和對方來往，各取所需，並且感到愉快，則可以繼續成為好友。

來自人格心理學（personality psychology）的忠告：不要總覺得你失去的那位是你應該終生相伴的朋友。在愛情中，你總會想著對方是你的唯一，但實際上對方並沒有那麼神奇。事實上，這個世界上有很多人可以在人格上跟你完美匹配。你喜歡的不是一個人，而是一類人。

分手是件複雜的事情。相愛不容易，要分也困難。如果你感到為難，請求助「分手事務所」。如果情感是雜亂的長髮，心理諮商機構可以將它梳理整齊。

心理檔案

達克（Steve Duck）：人際關係心理學家，在一九八二年提出分手階段說（Personal Relationships: Dissolving personal relationships）。

社會交換論（social exchange theory）：認為趨利避害是人類行為的基本原則，人們在互動中傾向於擴大收益、縮小代價或傾向於增加滿意度、減少不滿意度。它主張人們應盡量避免因利益衝突而產生的競爭，應透過雙向的社會交換獲得雙贏或多贏。

史坦伯格（Robert Sternberg）：美國心理學家，提出了愛情三角理論（triangular theory of love）。

第 7 節 擇偶：其實不在於你選擇了什麼

擇偶（choosing spouse）即選擇配偶，是每個人都會面臨的問題，也是一個複雜的問題。理性地選擇配偶會使我們更加現實，也許會更正確地選擇我們想要的人。但是這不太可行。假如一個年輕心理學家拿著一疊厚厚的量表，逢人便測，以尋找一個理想的終身伴侶。你會理睬他嗎？ 如果你對他沒有感覺，即使從科學角度來說，這絕對比星座配對可靠，你也不會嫁給他吧？ 事實上，我們不可能有那麼多機會去選擇，也沒有那麼多時間去選擇。跟著感覺走，有時也能走對一段美好姻緣。我在本節要介紹兩種感覺和幻想：理想化和正向錯覺（positive illusion）。

戀愛初期的迷戀和理想化

在初戀的階段，情侶之間相互迷戀。在這段時間裡，我們毫無疑問地認為自己選對了伴侶。如果你父母提出哪些不足的地方，你會毫不猶豫地反駁。你可能會說，我就是愛他！ 其他的無所謂！ 或者把他的缺點說成優點。為什麼會這樣呢？

這是因為你在迷戀狀態中採取了理想化（idealization）的防禦機制。這是一種幻想。你透過做出比你迷戀對象還更高的評價來保護他，消除其他人因負面評價而產生的心理緊張。例如，你愛上的人比較胖，有人說他肥，你會反駁說那是「肉肉」。你可能會直接說出來，也可能不說出來，而在潛意識裡喜歡她的胖。這是一種防禦，不願承認事實，透過將她理想化來捍衛你們的愛情。

過了迷戀階段，到了婚姻的初期之後，你卻開始重新思考自己是否選對了配偶。這是理想化幻想的防禦機制消退後的感覺。但是人的選擇何以能稱得上對還是錯。沒有哪個決策是百分百完美的。如果你能夠拋開選擇此人或彼人的問題，而專注於選擇眼前人的優點（來評估自己的伴侶），那麼你將進入另一段「幻想」：正向錯覺（positive illusion）。你將實現自己的完美婚姻夢想。

Mr./Mrs.Right，不在於選擇，而在於你自己

世界上並不缺少美，而是缺少發現美的目光。大家也許會覺得這句話是老生常談，不過它的確已經被心理學的研究所證明。Mr./Mrs.Right 並不完全是透過選擇得來的。世界上幾十億人，且人無完人。所以，要找到完全匹配的那個人，機率可以說是非常低。

之前提過，我們喜歡的是一類人，而不是一個人。只要他是我們喜歡的那一類人，他就可以成為 Mr./Mrs.Right。

正向心理學（positive psychology）認為錯覺有時候是具有正向意義的。正向錯覺（positive illusion）是一種對他人或未來的正面幻想。在臨床上，正向錯覺的乳癌和愛滋病患者因更加自信地面對未來，常常帶來良好的治療效果。在教育心理學領域，我們發現正向錯覺的小孩子更加樂觀，也樂於嘗試更多樣化、更複雜的行為。這說明他們能更好地發展語言能力、解決問題的能力和運動技能。這些看似無知的孩子是可愛和樂觀的。

在婚戀心理學領域，我們發現對於婚姻狀況的正向錯覺會使我們對夫妻雙方的關係品質有更高的評價。對自己伴侶具有正向錯覺的夫婦，其離婚率和關係疏遠率都遠低於平均值。

想塑造健康的親密關係，我們就需要這種潤滑劑。在個案訪談中發現，無論是來自哪一個階層，生活美滿的夫婦都喜歡編織一個虛構的故事，放大自己愛人的優點。這種正向錯覺的認知方式堅定了自己的信心和安全感：沒錯！我的選擇是正確的。他／她就是我的白馬王子（白雪公主）。同時，這種錯覺使你強化了對伴侶的責任感，忽視生活中出現的可選擇的其他性伴侶，進而讓你們的愛情更加穩定。

為此，我們要當一個優點的感知者，善於發現對方的優點。我們無法改變別人，我們能改變的是自己的知覺方式和評價方法。有時候，我們認為對方固執，其實那是一種堅持；有時候我們認為對方傻乎乎，其實那是一種可愛；有時候，死板是一種自律。欣賞對方，不要吝惜自己的言辭。理想化的伴侶其實就藏在你自己心中。

簡而言之，當我們評價自己的伴侶時，應該從另一半那裡選擇美好的東西，移開我們那被歲月磨得刻薄的眼光。

一些人常常因為自己的心理能量（psychic energy）不足，而對伴侶諸多挑剔。例如，有些人擇偶時要求對方漂亮英俊。其實是因為自己的自尊心不足，想要另一半在旁人面前讓自己「有面子」。想要心理能量充足，自身心理也要夠堅強，才能夠給予，才能去愛。選擇一個能夠幫助你成長心靈的，而不是讓你過分依賴的配偶。找伴侶不是買衣服，由不得你挑三揀四。

心理檔案

正向錯覺（positive illusion）：是一種對他人或未來的正向幻想。

心理能量（psychic energy）：促使人意識到自己的需求和主體性，驅使人採取適當行為的衝動、勇氣、意志力及各種特徵的情緒、感情等心理力量。

第 8 節 別讓你的伴侶太支持你

一個成功男人的背後，總有一個偉大的女人，而這個女人一般是妻子。絕大多數有所成就的男人都有一個得力的「賢內助」朝夕陪伴。相對地，一個成功女性的背後也常常有一個任勞任怨的男性幫助。例如，二〇一一年獲得法國網球公開賽女單冠軍，成為亞洲在網球四大滿貫賽事上第一個奪得單打冠軍的李娜，其背後也有個好老公姜山。這是否意味著支持對方、幫助對方永遠是一件好事呢？

他憂鬱了，你如何幫忙？

當你的配偶遇到難題時，他確實需要你的幫助。你心裡也會升起強烈的幫助欲望，但是需要謹慎選擇幫助的形式。

當你的伴侶憂鬱了，在一旁愁眉苦臉時，你會怎麼做？你會替他按摩肩膀、捉弄他，幫助他緩解焦慮的情緒，還是跟他一起分析並解決問題？如果你選擇後者，你會提出一些建議。但這有助於他恢復好心情嗎？不一定。很多人並不喜歡別人「指指點點」，告訴他這個應該怎麼做，那個應該怎麼做。試問，當你遇到困難時，你會希望別人這樣嗎？也許有時候是這樣，大多數人會向他人求助，但不一定是向配偶求助，而是同學或朋友。心理學家曾經請過很多夫婦或情侶來模擬這樣的場景：假設其中一個遇到了問題，另外一個提供幫助。幫助有三類，一類是僅僅靠著他或抱著他，溫情地陪伴著；一類是跟他聊天，無意中說「我有個朋友也遇到了同樣的問題，他會那樣做……」；一類是也是跟他聊天，一起分析問題，然後提出自己的建議「你應該……」。結果，經過測試，前面兩種方法可以很好地降低伴侶的焦慮感，但最後一種通常無法起到舒緩情緒的作用，反而可能引起不必要的爭執。

還有研究發現，戀愛中的學生情侶會更加學業拖延（academic procrastination）。因為想到他或她會幫助自己，所以對於課業沒有緊迫感和責任感。這說明太依賴伴侶的幫助不是件好事。

給他無形的幫助

他並不是真的想與你爭吵，只是太憂鬱了。之所以提建議式的幫助會引起不好的效果，是因為他會對自己感到生氣和焦慮，特別是當你的用語和態度不夠溫和，有說教性質的時候。儘管他知道你是好心幫助他，但是仍然會對其自尊造成傷害，使他對自己的能力產生懷疑。自我懷疑（self-doubt） 是一種不確定自己能力的感受。實際上也是一種遇到挫折和困難後所產生的不自信感。

伴侶間真正的幫助是無形的幫助。上述實驗中的第二種方法有時候會被伴侶所察覺，如果沒有被察覺，它就是無形的幫助。第一種也是無形的，或者說間接的。第三種是有形的，很明顯地你就是想幫對方。

有形的幫助會使他產生這種想法：「連心愛的人都在為我擔心，

天是不是真的要塌下來了？」同時，他會覺得自己的能力有問題：「我太沒用了，居然讓心愛的人為我著急擔心。」在意識的層面，他不一定會這樣想，但在潛意識層面，他一定會有這種想法。這就引起了自我懷疑。

無形的幫助可以協助另一半解決問題，又使他覺得這是自己的能力所致，因而感到開心和成就感。所以，伴侶之間需要的是無私的付出、默默的幫忙，心甘情願地站在背後支持對方。

切勿用說教式的態度來幫助對方，這樣就是超越了對方的心理邊界、「代勞」對方的事情。「太支持他」會損害他的自信，也會不利於你們的婚姻和愛情。

心理檔案

學業拖延（academic procrastination）：一種拖延行為，指學習者知道自己應該、也願意，卻沒有在預定的期間內完成讀書計畫。

自我懷疑（self-doubt）：一種質疑自己是否擁有完成一項事務的能力的感受。

第 9 節 小別勝新婚？這可不一定

你相信「小別勝新婚」嗎？為什麼小別勝新婚？小別一定勝新婚嗎？

小別勝新婚：樂在激情

美國耶魯大學著名心理學家史坦伯格（Sternberg）提出，愛情由三種元素組成：親密（intimacy）、激情（passion）和承諾（commitment）。

親密的愛人在愛情中可謂心心相印、靈犀相通，無條件接納對方，為對方著想，相互支持。你能為對方犧牲多少就顯示了你們之間的親密程度。不親密的伴侶是自私的。如果沒有親密，離出軌就不遠了。下一小節的內文蘊含了這個原理。

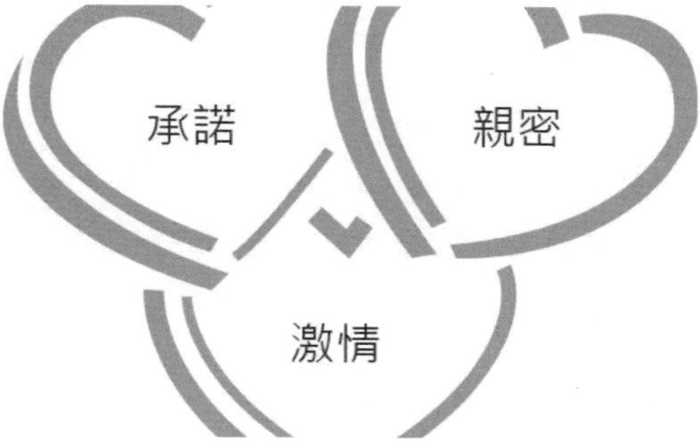

激情之愛霸占了我們剛開始相愛的階段。所謂一見鍾情，往往是因為激情在發揮作用：在現實中驚喜地發現了曾經魂牽夢縈的夢中情人。可能是二到五年，也可能更短，激情是一種想與對方合而為一的渴望。主要透過生理因素所驅使，通常會表現出性需求的滿足。激情之愛像是古柯鹼中毒，深深地迷戀對方，但也要有親密感的支持才能長久。

承諾是維繫愛情關係的基礎。在傳統社會，很多婚姻都是靠紅娘牽線或者受父母之命而結合，但是婚姻關係同樣能擦出愛情的火花，甚至白頭偕老，所仰賴的就是承諾。愛情必須具備這三種要素才能持久，如果缺少任何一樣，愛情或者浪漫而短暫，或者長久卻無趣，或者可有可無似雞肋。

激情猶如愛人之間的性慾力（libido），是動態的，在雙方分離時慢慢累積，在一起的時候可以釋放。當兩個人在時間和空間上相距甚遠的時候，激情這一元素就在兩個人的愛情關係中不斷放大，就像兩個電極，在持續地積蓄能量。等到倆人重逢後，這些能量電光火石般摩擦放射，像煙花一樣浪漫。如果沒有激情，就無法體驗到浪漫，這是愛情浪漫之所在。

小別勝新婚正是基於這樣的道理。在一個短暫的分離後，消逝的激情就會回來，感覺對方又充滿了誘惑，對其念念不忘。如果兩個人感情很好，只是因為工作出差或者工作地點不同而只能在節假日相聚，那麼小別再相逢就有一種類似失而復得的感覺，使得雙方更珍惜彼此，燃燒無限激情。這時，地理距離產生了愛情之美。

小別有危險：激情不長久

如果兩人感情不好，不應期望透過「小別勝新婚」來彌補感情的缺失，那樣的後果就是「距離有了，美卻還是沒有」，可能連他也「沒了」。如果你們在感情不好時分開，那麼在分開的這段時間，你們可能只是在緩解矛盾帶來的緊張情緒，而沒有把焦點放在解決兩人之間的矛盾上。靜下心來的你們有了接觸外面世界的自由，身邊少了一個會束縛和「監督」自己的人，此時很容易被誘惑所迷倒，放縱自己，如此一來，「小別」可能就成了「永別」。特別是本身就比較自私的人，小別無疑給了他一次追求快樂的機會，這種危險就更不能坐視不理。因此，「小別勝新婚」並不適用於所有夫妻或情侶。

關係出現裂痕了，如果是對方先提出透過「小別」來營造新婚感覺，那麼他可能只是不想被婚姻束縛，不想承擔婚姻責任。希望婚姻能像談戀愛時那樣甜蜜無可厚非，不過雙方都應對婚姻或戀情負責，勇於面對問題、解決問題。一味地逃避「承諾」，只想享受重聚的「激情」，是不負責任和自私的表現。

吵著要小別、要自己空間的他，很可能已經「身在曹營心在漢」。彼此相愛的兩人通常會想要長相廝守。故意製造分離可能別有用心。如果兩個人都想這樣，便是心照不宣了。真心愛著對方的你，千萬別應允這個小別的提議。

如果你們的感情不好，卻又同意雙方「小別」，那麼你們的戀情或婚姻「將不久矣」。很大機率是兩個人都有「去意」。

如果你們原本真的想透過這種方法來修補關係，恭喜你——你現在已經知道這麼做是很危險的，切莫以小別來解決矛盾。

小別是否勝新婚，要看你們處在什麼階段。如果是剛結婚或剛談戀愛的一兩年，你們的愛情仍由激情來主導時，就是有效的。但是，時間久了，激情被消磨殆盡，雙方開始感到婚姻的平淡瑣碎，當彼此都習慣對方的存在，甚至有了某種程度的厭倦時，「小別」什麼都改變不了。「抓癢」還得另闢蹊徑。

心理檔案

愛情三角理論（triangular theory of love）：人類的愛情雖然複雜多變，但基本都由親密、激情、承諾所組成。

第10節 完美婚姻要避免的三件事

我們需要完好的婚姻，尤其是女性。按照演化心理學的說法，男人和女人都有將自己的基因繁衍下去、傳給下一代的本能。如果沒有婚姻的約束，男性完成傳宗接代只需要幾分鐘時間，而女性卻要十月懷胎乃至哺乳和更長時間的照料。很明顯，這是不對等的。所以，婚姻對男性的約束力是重要的。女性需要透過婚姻來保證男性負起責任，為下一代進行投資。

然而有些事情會使你們的關係支離破碎。完整美好的婚姻需要雙方共同努力，應注意以下問題。

不要曖昧

看好眼前人，抱緊眼前人，自己不要跟別人曖昧，也不准對方跟別人曖昧。

曖昧是一種打「擦邊球」的心態和行為。一個女人跟一個男人曖昧，對於這個女人來說，曖昧指的是對方介於自己的男朋友和男性朋友之間。一個男人跟一個女人曖昧，對於這個男人來說，曖昧就是對方介於自己的女朋友和女性朋友之間。為什麼人類喜歡這種關係呢？因為曖昧讓人覺得自己機會跟對方發展成親密關係（戀人乃至親人）。一方面讓自己覺得自己是有能力的，有實力「hold 住」；另一方面，曖昧對象在他們眼中扮演著「備胎」的角色。

男人跟女人建立曖昧關係一般有兩種情況，一種是玩曖昧，另一種是真曖昧。有一部分男人是抱持著「玩樂」的心態。他可能跟妳在 LINE 上聊得很熱絡，其中不乏煽情的言語；他可能在工作中對妳噓寒問暖，殷勤地幫妳買午餐或泡茶；他可能已經在相處上與妳形同情侶，但又絕不向妳告白，也會在公開場合與妳劃清界限。這類男人是在玩曖昧。他們喜歡那種唾手可得卻又欲擒故縱的感覺。這能讓他們享受對異性的掌控感（sense of control），從而產生快感。他們不是真心喜歡妳，只是想玩暖昧遊戲。

另外一種「多情男」容易跟女人發生真的曖昧。這類男性一般有戀母情結（oedipus complex），或者小時候缺乏女性關愛。當婚姻關係無法滿足情感需求，寂寞空虛或者壓力無處釋放的時候，他們就很容易被其他女性吸引。玩曖昧的男人的曖昧對象一般是現實中的女人，因為這樣才能享受最大的掌控感。跟玩曖昧的男人不同，真曖昧的男人的曖昧對象可能是昔日的同學、同事等，也可能是虛擬世界的網友。他們需要一個具有母愛情懷的女人來宣洩內心的不滿。

女人的曖昧也有兩種，一種是利用曖昧，一種是真曖昧。有一部分女人是精於算計、心智成熟的社交高手，或者是善於利用曖昧這個「社交技巧」來嘗甜頭的女性。一個陷入真曖昧的男人很難拒絕女人的要求，這些女人正是利用了這一點。對於男人來說，她們就像一個潛在的性伴侶，又像一個可能發展成男女朋友的對象。恍惚之間，男人會答應幫她們做事情，一般而言，都是工作上的事情。然而，她們永遠不會讓男人「美夢成真」，因為她們只是在利用這種說不清、講不明的關係。

大部分陷入曖昧關係的女人會是真的曖昧。曾不止一個女性對我說，戀愛最美的階段是曖昧的階段，即正式交往之前的關係。如果已經處在一段關係當中，這時的曖昧階段就是感情出軌的徵兆。這類「痴情女」亦是心理獨立性較差、有依賴心理的女性。她們情感脆弱，在感情生活中容易感到「累」，總想找個肩膀來依靠。如果生活中出現了一個若隱若現的「肩膀」，她們就會真的靠過去。

你的另一半曖昧了嗎？ 是真曖昧還是利用曖昧，或者玩曖昧？但是，每個人都有自己的隱私，緊緊地「看住」對方反而不利於雙方的關係。

最好的辦法還是管好自己，別搞這些曖昧關係。兩個人之間的任何摩擦都有其解決之道，但絕不是透過第三者來解決。

不要生氣

「你生氣只會讓別人更生氣。」發生矛盾時，人自然的一個反應是生氣。

人們總是認為，女性憤怒是由於缺乏自制力，而男性憤怒是因為他人的過失。對於女性來說，生氣會使妳的形象扣分。心理學家發現，當女性表達憤怒時，大部分人（包括丈夫或男朋友）都傾向於認為妳的憤怒源於妳本身的性格，例如，認為妳「具有易怒的性格」、「很容易失去控制」，即做內在歸因（internal attribution）。所以那些被認為優雅有氣質的女性，往往都是自制力比較好的女性，即便怒火中燒，也能翩然有度地處理問題。而對於表達憤怒的男性，旁人則更傾向於進行外在歸因（external attribution），認為是環境因素激怒了他們，而不是他們自身性格所致。

女人在爭論問題的時候，可以透過語言「我很生氣」來表達憤怒，但要避免過度情緒化。女人的憤怒容易被視為無理取鬧，那樣對自己不利，對雙方關係也不好。如果妳真的受不了，發洩完後一定要解釋清楚自己生氣的原因。當然最好還是不要「先憤怒再治理」。而男人也應該正確表達自己的憤怒，男人憤怒時容易使用激烈的肢體語言，這也要極力避免。

在我們的刻板印象裡，通常是女性在大吵大鬧，而男性無奈地在一旁抽菸或喝悶酒。其實，更多情況是雙方都忍不住地爭吵，有時還會大打出手。當對外發洩怒火已經無法滿足自己的時候，對內表達就成了另一種方法，也就是憂鬱，嚴重一點甚至自殘和自殺。可見其危害之大。

生氣中的人掉進了非理性的陷阱中。無論是男性還是女性，在這種時候一般只會進行外在歸因，把責任和問題的根源推到別人身上，而拒絕從自己身上找出問題。這樣的後果往往是：你很生氣，你的伴侶比你更生氣。比較誰的心情更糟不但無法解決問題，還會使倆人的關係變得更壞。

相反，如果你能夠冷靜下來進行內在歸因，從自己身上找出不足之處，這種做法會讓對方覺得你態度是誠懇的，他想生氣也生不起來，反而會感到愧疚，也會開始反省自己。如此一來，有任何不滿和矛盾都可以好好坐下來談了。

總之，婚戀關係中的生氣情緒就像物理學所說的「力」，是相互作用的。你越強硬，接收的回力就越強硬；你勇於「示弱」，接到的回饋就能趨於和善。

不要婆媳矛盾

如果跟父母同住一個屋簷下，你們的婚姻無法不受父母的影響，尤其是在華人社會。在臺灣，一個三代同堂家庭中，夫妻關係總是最脆弱的。上有老，下有小，你有沒有發現，老和小通常是華人最不想捨棄的。你可以從報刊書籍、電視網路上看到，當一個家庭矛盾涉及夫妻關係和親子關係(父母或子女)時，被犧牲的往往是夫妻關係。例如，一對相愛的年輕夫妻可以因為父母的反對而離婚，也可以因為對子女的教育產生歧見而離婚。這也不難理解，畢竟基因是自私的。夫妻雙方更傾向於把對方當成一種傳遞基因的工具。然而，這是不符合常理的，因為婚姻本該以夫妻二人為主體，卻深受老和小的左右。而在這些複雜的家庭關係中，以婆媳關係矛盾尤甚。

「嫁進來」的女子跟家庭裡其他人沒有血緣關係，先天上就缺少了相互親近的吸引力。這是一種社會接受（social acceptance）的特例。社會接受被定義為一種尋找共同點、接受異己者的能力。婆婆和媳婦在許多方面存在差異，光是年齡上的差異就足以造成觀念的不同。偏偏大部分女性的社會接受能力又比較弱。這當然有它的好處，即起到了保護自己和保護家庭利益的作用；但是，這種保守的態度有時會發展成一種極端。

著名詩人余光中曾在〈我的四個假想敵〉一文中將自己的準女婿列為「假想敵」。其實母親對媳婦也是如此。母親對兒子的愛有時候被物化了。所謂物化，就是把人當成自己的私有財產和情感寄託。實際上，人和人之間不應存在「你是我的」或「我是你的」關係。但舉凡戀愛過的人，多半都有過這種「宣誓」吧？我們經常把人當作依附於人的物體，想要占有他，或者情願被他占有。

你掉了鑰匙，正好看到一個人把它撿起來，你會說：「它是我的，請把它還給我。」同樣地，對於那些物化親子之愛的母親來說，她們心裡其實也在對媳婦說：「他（兒子）是我的，把他（兒子）還給我！」

所以，婆媳關係的難處就在這裡，雙方可謂為一種敵對關係，是利益的競爭者。作為一名媳婦或者未來的媳婦，我們應該理解這種愛的偏差，一方面要理解婆婆對兒子的「苦心」，另一方面也要告誡自己，避免物化老公和孩子，造成惡性循環。而改善婆媳關係最有效的方法，還是提高自身社會接受能力，多一點同理心（empathy）。海倫·凱勒（Helen Keller）曾說：「教育的最高境界是耐心。」

如果你是男性，應該早點從父母身邊獨立出來。切莫被他們物化親子關係。我有個同學，已經是大學畢業且踏入職場的「大男孩」了，也是英超（Premier League，英格蘭足球超級聯賽）的忠實粉絲。但是他從來就沒有機會熬夜看球賽直播，因為他父母固定在晚上十一點「巡房」，要他按時睡覺，以免傷害身體。這種生活已經持續了好幾年。身為一名成年人，他完全有權力安排自己的生活時間，而不是被父母「監管」。如果他現在結婚並跟父母同住，可能會產生很多問題。我建議他先離開父母身邊，獨立生活，然後再交女朋友，成立家庭。他現在正準備搬進員工宿舍。我意思不是叫他不要孝順父母，但只有自己先成長了，才有能力承擔家庭責任，這裡面當然也包括了照顧父母的責任。

心理檔案

掌控感（sense of control）：個體對於能夠控制自身意願的知覺。

戀母情結（oedipus complex）：又稱「伊底帕斯情結」、「弒父情結」，是指男性的一種心理傾向，無論到什麼年紀，總是服從和依戀母親，在心理上還沒有斷奶。

社會接受（social acceptance）：接受和容忍他人不同和多樣化的能力。

物化（objectification）：把人當作物體看待的一種信念。會導致人與人之間的關係變成人與物的關係。

第 11 節 新婚，從四點來看婚姻持久度

朋友要結婚了，除了參加婚禮，我們還能做什麼？除了送上祝福，當一回「算命」先生，預測一下他們的婚姻，也是一件有趣的事。結婚雙方的心理年齡、真實我（actual self）和理想我（ideal self）的差距、家族婚史都將是你「算命」的依據。

把脈之一：年齡

他們的年齡多大？對一對夫妻來說，年齡是很重要的。太年輕不是一件好事。對大多數人來說，心智年齡（mental age, MA）的成長往往跟不上生理年齡（chronological age, CA）的成長。心智年齡是指一個人心理上的成熟程度。心智年齡在一定程度上能夠顯示你在處理親密關係時的成熟度。一個孩子氣、任性、幼稚的人當然不利於婚姻。一般而言，生理年齡至少得超過二十五歲，其心理年齡才是足夠成熟的。如果雙方小於二十五歲就結婚，離婚率將大大提高。

把脈之二：同居

他們是否婚前就同居了？現在有許多伴侶會在婚前透過同居來「試婚」。如果說婚前同居是為了更保險地檢驗雙方是否適合生活在一起，那就錯了。婚前同居的夫婦對於婚姻的滿意度往往比較低，而且離婚率也更高。剛同居的時候，雙方會很在意自己的缺點，跟剛談戀

愛時一樣，會刻意隱藏自己的缺點，例如，男方會更賣力地打掃房間，注意個人衛生；而女方也會更勤奮地下廚，表現自己的勤勞等等。但是，一旦倆人結婚，試婚結束了，彷彿達成了一個目標，一切就會開始懈怠。「你以前 XX，現在變成 XX 了！」種種落差慢慢地「真相大白」，婚姻滿意度一落千丈，大大增加了離婚的可能性。

關鍵在於，婚前同居的時候，雙方是不是在「做自己」，是不是在表現自己最真實的一面，而非「逢場作戲」。各位未婚讀者，如果你們想同居試婚，請不要把它當成一個舞台，而要視為一段真實的婚姻生活。

把脈之三：家務分工

如果你去過他們家裡，可以觀察新婚的他們是如何分配家務的。夫妻雙方是否有幫另一半打掃或煮飯？若有，應該恭喜他們。雙方都會做家事的婚姻比只有其中一方做家事的要幸福很多，離婚率也更低。會做家事的人通常也會懂得照顧孩子，同時也能緩解撫養嬰兒時的角色壓力（role strain），這段婚姻生活將會更加美滿。

緩解角色壓力的重要性我們會在下一章節詳細討論。總之，心理學家深知此事。所以很多男性心理學家都會主動做家事。我身邊有個心理學教授只要在家，就從來沒讓妻子進過廚房，都由他負責烹飪。其實，不論任何性別都應該主動分擔家務，對吧？

把脈之四：家族婚姻史

他們的父母是否離婚過？如果有，或者其中一方來自單親家庭，那麼他們的婚姻也會不太穩定。這不是因為「有其父母必有其子女」，而是信任感（trust）的問題。如果他們一直清楚自己父母離婚的來龍去脈，了解父母為何起爭執乃至離婚，就不會太影響他們的婚姻關係。但如果父母向他們隱瞞所有事，有一天忽然宣布離婚，將會對孩子產生很大的衝擊，使他們在內心產生一種對婚姻的不信任感。假設一個單親家庭的母親將自己對男性的惡劣評價無意中「言傳身教」給女兒，很可能會使女兒對男性產生錯誤認知，進而導致不信任感、不安全感等。這些都是離婚的危險因素。

這些「把脈」也並非百分之百正確，猶如天氣預報，總是會有偏差。人的心理和行為過於複雜，我們只能從平均值上去思考和預測。本文並不是想教大家八卦別人的婚姻，而是帶你從一個旁觀者的角度去看一段感情關係，提供一些婚姻方面的建議。沒有哪段婚姻從一開始就是完美的，也並非要達到完美才能結婚，但是了解問題所在，就能對症下藥了。

補充一點，到心理諮商機構做婚前心理諮商的夫婦，其婚姻滿意度較高，離婚率較低。我不是在打廣告。但這種行為至少顯示了雙方對婚姻的重視和期待，也是婚姻持久度的預測因子（predictor）之一。

心理檔案

心智年齡（mental age）：是指人的整體心理特徵所表露的年齡特徵，與生理年齡並不完全一致。

真實我（actual self）：真實感受中的自己或者真正的自己，一般表現於輕鬆、自由的環境中。

理想我（ideal self）：我們希望、期待自己成為的樣子，抑或老闆、上司希望我們表現出來的樣子。

信任感（trust）：心理學中的信任感是指相信某個人會做出符合自己期待的行為的信念。信任感源自家庭，繼而延伸到社會上的其他人。

第 12 節 愛情結晶的煩惱：小孩影響了婚姻

小孩子被看作是人類愛情的結晶。生孩子應該是一件美好和浪漫的事情。但是，一項長達八年的追蹤研究顯示，九成的夫妻在第一個孩子出生後，「婚姻滿意度」下降。生小孩和婚姻之間有什麼心理上的連結？我們該如何看待和面對？

天使，也是魔鬼

有些人期盼藉由生孩子來鞏固婚姻。

如果你仔細觀察、細心體會，大概會發現這樣的生活情節。談戀愛時吵架了。男的想：「結婚吧！結了婚，她就心安了。」女的想：「好吧！結了婚，可以留住他的心。」結婚後又有諸多衝突。男的想：「生個孩子吧！讓孩子轉移彼此的注意力就好了。」女的想：「也好，讓他背負一點責任感，說不定就好了。」於是孩子誕生了，雙方幸福了一個月。但是一個月後，愛情結晶帶來的幸福感消失了。生活重新歸於平淡，並且為了照顧孩子出現各式各樣的摩擦。

新生的生命不是婚姻的防腐劑，即使是，也是有期限的。正向心理學的研究告訴我們，假如一件事能夠提升幸福感，提升的時間也不會延續一個月以上。一個小孩的誕生就好比中了大樂透頭獎，它帶給家庭的興奮感不會超過一個月，倆人遲早要面對婚姻中的問題。孩子的出生的確能夠暫緩或促進夫妻的關係，但不會持續太久。

生小孩是婚姻的一個過渡期。家庭人數產生了變化。撫養孩子是一次特別的人生經歷，會為原本只有兩個人的婚姻注入各種新的情感。對於夫妻的心理狀態也是一次考驗。

有個研究比對了上百對夫婦的婚姻滿意度。研究者把受試者分為兩組，一組夫婦是要生小孩的，一組夫婦是暫時沒有要生小孩的。在生小孩之前，研究員針對這兩組夫婦進行了兩次婚姻滿意度測量；生孩子之後，也進行了一次關係滿意度測量。透過成長曲線分析（growth curve analysis，一種心理統計方法）研究發現，兩組夫婦的婚姻滿意度都下降了，而有生小孩的夫婦的婚姻滿意度下降得比暫時沒有生小孩的夫婦還快。

孩子，讓你們感到角色緊張？

人天生就有追求自由的意志。人在出生後十八個月後開始發展自主性，追尋自我的掌控感和自由的意志。但我要告訴你一件不幸的事：每個人都生活在社會和他人的期待中。生活就是一場戲，我們在其中扮演著某些角色。角色扮演（role play）是我們在社會中生存的必要條件。角色是處於一定社會地位的個體，依據社會的客觀期待，憑藉自己的主觀能力適應社會環境所表現出來的行為模式。沒有一個社會角色可以恣意妄為。乃至歷史上那些暴君，也不過是曇花一現的完全自由。換言之，我們常常受到自己所扮演的角色的限制，在很多時候是被壓抑的。有些事情不能做或者不能那樣做，不能說或者不能那樣說。這會使天生喜歡自由的人產生心理壓力。即角色壓力（role strain）。

可以想像，如果一個人必須背負多種角色，在不同的場合扮演不同的角色，而且要不斷切換時，他會有多麼累。在現實生活中切換角色並不像虛擬世界中那麼簡單，只要按幾個鍵，就可以輕鬆扮演多重角色。每個社會角色都賦予我們一定的權利和責任，有特定的行為規範。一旦身兼數職，難免會出現紕漏，想把每個角色都扮演得盡善盡美，幾乎是不可能的任務。

從戀愛、婚姻到生育，一個有工作和家庭的女性扮演的社會角色越來越多：員工、妻子、母親，最後會達到集至少三個角色於一身的境界，此時被稱為角色壓力的尖峰期。當不同的角色同時向她表示請求時，她就會感到無所適從、顧此失彼了。負面情緒應運而生，進而影響跟丈夫的關係。而丈夫也將面臨同樣的角色轉換（role change）問題。

過去是兩人世界。有了小孩後，生活會產生什麼變化呢？每天除了吃飯、上班、洗澡、睡覺之外，其他事情大概都變了！你不再有超過四個小時的安靜時間，因為小寶寶無法按照大人的意願停止哭鬧。你也不可能再像過去那樣整天玩電腦、滑手機了，尿布要換，ㄋㄟㄋㄟ也要隨時準備好。以前你們可以手牽著手逛街、約會，現在連出門都成了問題。你可能匆匆忙忙地出門，又用光速趕回來。悠閒不下來，就無法體會浪漫。以前是白天上班，晚上與愛人相伴，現在是下班後帶寶寶，倆人獨處的時間變少了。

寶寶睡覺後，大家都疲憊了，性生活也提不起精神了。每增加一個角色，你就得安排一部分時間和精力來應付這個社會角色。

因此，小孩子帶來的幸福感不足以抵消伴隨而來的角色壓力。婚姻滿意度（marital satisfaction）是指在婚姻中感受到的幸福程度。心理學的調查顯示，剛結婚的那幾年，婚姻滿意度普遍呈下滑趨勢。而生小孩對於婚姻滿意度而言，就好比解開了電梯繩索，變成自由落體式下降。很多早期研究發現，婚姻滿意度在育兒階段（child-rearing years）呈現下降趨勢，而在兒女離開家庭後，處於空巢階段（empty-nest stage）的夫妻雙方，其婚姻滿意度反而升溫。這種狀況不完全是小孩子造成的，因為不論是否要生孩子，婚姻滿意度在結婚後都會降低，但小孩子無疑是原因之一。從產房到家裡，新生的小寶寶雖然小，卻也占有一席之地。新生兒帶來的喜悅很快就會轉變為以孩子為焦點的爭吵，這些怨氣又會擴散到其他事情上。

孩子，幸福的火種

學心理學並不是為了宣導人類的心理世界有多悲慘，而是要告訴我們如何應對缺憾，並營造一個美好的生活。因此，本節的最終目的也不是在「恐嚇」大家不要生小孩，而是提供一些生小孩方面的建議，幫助各位新手父母渡過心理難關。

關於第一小節所引用的研究結果，還有一點我保留到這裡才說，那就是，有詳細規劃生小孩事宜的夫婦和孕前婚姻滿意度高的夫婦，他們能在撫養小孩時維持較好的婚姻滿意度，不會出現「加速度」下滑的現象。這說明了兩件事，一是經常吵架的伴侶切不可期盼透過小孩來鞏固婚姻；二是有計畫地生小孩可以維持你們的婚姻滿意度。

如果想要小孩，你得先做好準備，包括經濟上的、生理上的和心理上的。心理上要處理好角色壓力的問題。作為準爸爸和準媽媽，我們須了解自己未來要扮演的角色身分，最好能夠多跟其他新手爸媽交流，獲取經驗，看看他們的生活是怎樣的。市面上也有很多相關書籍，我們可以透過讀書來汲取為人父母的知識，此外，還可以向自己的父母學習。例如，嬰兒到來之後，夫妻要重新調整作息時間；夫妻二人必須理解對方想要全心全意照料孩子的心，不應感覺自己受到另一半的冷落，倆人也要適時顧慮對方的感受。總之，越了解自己即將面臨的角色，並有所模擬或練習，將能更適應這個新角色，避免太沉重的角色壓力。如果你還沒有準備好為人父母，還沒準備好生一個孩子，那麼請務必做好防護措施，那樣既傷害了自己，也傷害了孩子。沒有經過妥善規劃的生育會損害婚姻幸福感。

減輕角色負擔是解決角色壓力問題的另一種方法。如果撫養孩子的責任能夠分擔給其他家人，不要只集中在一個人（通常是孩子的母親）身上，角色壓力就會減少。夫妻之間要理解彼此因為多承擔了一個角色任務（task role），而增加了時間、精力和情緒上的負擔，應相互支持，而不是相互埋怨。在孩子睡著後，在安靜的時候，雙方坐下來好好聊聊這一天的感受，從心理上支持對方。互相包容可以讓雙方平穩地度過角色壓力的尖峰期。在慢慢適應了新的角色任務後，一切都變得順利，就不會對婚姻造成麻煩。如果你玩過角色扮演型遊戲（RPG game），你應該對這種過程不陌生。現實生活中也是這樣，「熟能生巧」。

生育是人類繁衍後代的責任，也是人的一種本能。心理學家艾瑞克森（Erik Erikson）認為繁衍後代是中年期的一項重要任務。工作、家庭，尤其孩子，是中年期人們生命的意義。只有養育過孩子，才能擁有完整的人生。從心理學上看，「頂客族（DINK）」是不可取的，年輕時不要孩子或許很自由、很痛快，代價卻是晚年時無法享受天倫之樂。雖然撫養孩子是一項艱難的任務，但這也是一種投資。正向心理學家發現，年輕時養育小孩的老人，到了暮年時比那些沒有生育過小孩的老人更加幸福。這些老人認為撫育孩子是一段美好的回憶。這個事實印證了艾瑞克森的心理社會發展理論（psychosocial developmental theory）。生育孩子能使人們的心理更加完整。如果過不了這一關，老年時期將無法體會完美人生的感覺，人生的意義是有缺陷的。

生小孩是一種煩惱，但絕對不是婚姻的墳墓。它是幸福的火種。

角色壓力（role strain）：意指個人難以滿足角色的各種情境要

求所產生的壓力。

心理檔案

角色扮演（role play）：在心理學中，角色扮演指個人具備了充當某種社會角色的條件，承擔和再現相應角色的過程與活動。

婚姻滿意度（marital satisfaction）：婚姻滿意度是人際關係滿意度中的一種。它代表了人們對婚姻伴侶在不同方面的認可程度。

愛利克·艾瑞克森（Erik Erikson）：是美國著名精神科醫師，精神分析學（psychoanalysis）的代表人物。他把形成和發展自我意識的過程劃分為八個階段，總結為心理社會階段理論。

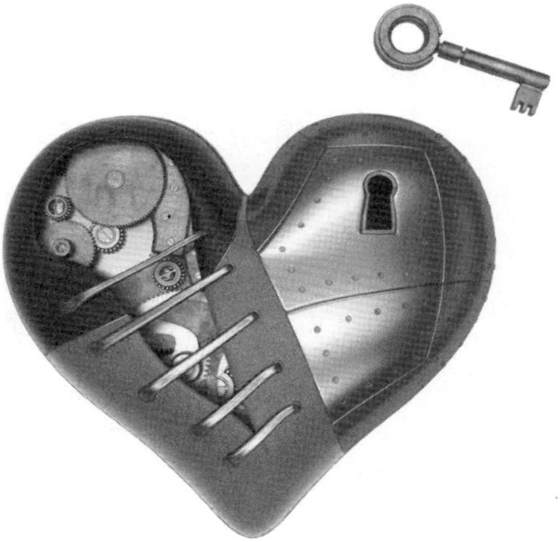

第 6 章

你想要什麼 Style 的生活？

工作的八小時之外都是生活，生活同時又與工作相互連結。如何設計自己的生活是一個重要的問題。本章介紹了健康心理學（health psychology）、正向心理學（positive psychology）和環境心理學（environmental psychology）會為你的生活風格帶來怎樣的建議。人要學會生活，理想生活的標籤是：簡單、正向、感恩、自律、戶外……

第 1 節 過簡單生活，學會整理

我們不能要求每個人都是極簡主義者（minimalist），但是學點關於「簡單化」的心理學還是十分必要的。我們不要被身外之物束縛，也不要被內心之物束縛。

雜物與心理

放眼於自己庭院裡面的小花園，我們能很快分辨出哪些是花，哪些是草。因為花讓我們開心，草讓我們煩惱。

但是，當我們面對自己的室內環境時，很少能夠從各種事物中區分出哪些事情對我們來說是「雜草」。大家仔細觀察自己的臥房，應該有不少人會發現自己的「窩」裡藏著各式各樣的東西，很多書（尤其是沒有放在書櫃裡的）、一疊疊紙張、各種小擺設等。但是，即使這些時時刻刻都橫在我們視線裡的東西會阻礙我們更好地生活和工作，我們也習以為常。

太多零散雜物會把你跟呼吸道疾病和火災連在一起。你也許不以為然，但是一份累積了十年的統計資料顯示出了它的差異。如果你心存僥倖，那麼這份資料可以忽略不計。只是，你必須留意心理上的代價，因為它會在你漫不經心的情況下侵蝕你的精神。雜物太多會讓你感到更加被孤立，社交上難以放開，做事更加拖延（procrastination），甚至還會增加你的憂鬱症狀。

即使是很小的東西也會影響你的生活。按照分析心理學派的說法，每一樣東西都有關我們的心理能量（psychic energy）。每一件小東西都占用你一點心理能量。滿屋子的雜物就能在你渾然不知的情況下，捲去你所有的心理能量。

可以毫不猶豫地說，那些全身戴滿首飾的女孩子真累，累的不是身體，而是心靈。內心沒有的東西，就需要仰賴其他物品填充，而這些物品又吸收著你的心力。

雖然說得有點玄乎，但這些都是心理學在臨床分析時得出的結論。在一個心理諮商過程中，一個具有「購物狂」傾向的女生被建議回去整理自己的房間。後來，她在心理諮商筆記裡寫下了一句話：「今天好好地打掃了房間，整理了很多不穿的衣物，心裡感覺輕鬆了許多。」

整理生活，整理心情

當你打掃完後，你有一種心情舒暢的感覺。因為整理東西相當於整理了你的心靈，減緩憂鬱症狀。（憂鬱症狀每個人都有，但有憂鬱症狀不代表有憂鬱症。）單一的大的東西與數個小的東西相比，前者占用較少的心理能量。如果你的小東西很多且不能丟棄，那麼最好用一個箱子或櫃子把它們裝起來，不要讓它們出現在你的視線範圍內。

很多人的東西堆積如山，常常陷入焦慮和花時間找東西的慌亂中，卻不曾想過花點時間想想解決方法。

辦法之一是用完東西後立刻歸位。這也是節省心理能量的方法之一。當一個常用物品和一個地方形成心理連結時，你以後就不需要花費太多力氣來找這個東西，同時，它也會減少牽制心理能量。另外一個辦法就是進行一次澈底「瘦身」。如果你覺得扔掉這些東西太可惜，不妨把它們捐贈出去。所以，我們要知道慈善機構的聯絡方式。你也許會想，捐贈和丟棄對我而言有差嗎？當然有差，捐贈能夠回饋心理能量給你，而丟棄會連同物品身上的心理能量一起丟了。關於捐贈的心理好處，第七章會再詳細討論。

我們的心靈空間擠滿了物和欲，所以很難感受到生活的幸福。如果心靈整天都被各式各樣的東西塞滿，過不了多久，人就會有窒息的感覺，精神上乃至身體上都會產生種種不適。因此，騰出一定的空間給自己的心靈是很重要的。

心理檔案

極簡主義（minimalism）：原指一種藝術流派，現也指一種在最低要求的情況下生活的生活風格。

拖延症（procrastination）：一種心理和行為現象，取意「今天能做的事情，卻拖延到明天才做」。

心理能量（psychic energy）：是分析心理學的一個術語，專指推動人格發展的動力。

第 2 節 你無聊嗎？三招來應對

「好無聊……」是否是你的口頭禪？ 它可以不是你的口頭禪，但一定是你經歷過的心理狀態。無論何時何地做著何事，我們都有可能感到無聊。偶爾無聊沒關係，切勿長期無聊。你對無聊了解多少呢？如何才能不無聊？

追求刺激

無聊是個非常廣泛的概念。還沒有哪個心理學家能給它一個精確的「名分」。不過，我們可以刻劃出它的基本心理特徵。無聊可以定義為，對平凡的社會生活與缺乏新鮮感的社會環境產生無聊的感受；或者關注的對象不符合自己價值觀時的心理感受。

它的特點就是覺得生活不夠刺激。人的感官是個無底洞，再多再強的刺激都無法滿足它。人都有一種人格特質——感官刺激尋求（sensation-seeking）。我們都喜歡新奇的、緊張的和複雜的事物和經歷。譬如，有些人看電視喜歡開大聲一點、拿東西給別人時故意用扔的、喜歡賭博、追求速度等等。當我們的外部刺激（或者說新鮮感、興奮感以及變化）渴望無法被滿足時，就會感到無聊。

外向的人通常也追求感官的刺激。你會不會覺得某個人很呆板無趣？ 一般而言，外向的人會覺得內向的人無聊，但是內向的人的生活並非如外向的人所想的那麼無聊。實際上，外向的人更容易無聊，而內向的人就沒那麼容易無聊。無聊感並不單純由客觀環境所引起，而是意識層面中一種主觀的個人感受。無聊的程度因人而異：一些人似乎與無聊絕緣；而另一些人，如性格外向的人，卻更容易感到無聊。性格外向的人需要持續變化的刺激，才能達到最佳喚起程度（arousal level）的意識狀態。

做著不想做的事

一件事重複久了，我們會因習慣化而走神，進而感到無聊。習慣化（habituation）是一種對於重複出現的刺激，反應逐漸減弱的現象。例如，你很喜歡新設定的手機鈴聲，常常希望鈴聲響起，但是一兩個月後，它就不那麼吸引你了。這種變化就叫做習慣化。生活中的習慣化現象無處不在。

心理學家曾經做過一個電話調查。在一天內隨機打電話給接受電話調查的人，然後問他在做什麼，以及在想什麼。結果發現，有一半的人正在想的事情跟他正在做的事情不一致。比如，他在上班，卻想著下班後要到哪個酒吧喝酒或跟某人約會；他正在上課，卻想著湖人（Los Angeles Lakers）對尼克（New York Knicks）的比賽進行得如何了，還偷偷用手機看直播呢；他正在睡午覺，卻完全沒有睡意，想著去哪裡玩好打發這個無聊的週末。調查結果顯示，我們當中有一半的人都是「身在曹營心在漢」，總是想著做點別的事來打發時間。

是一個人覺得無聊才去玩電腦，還是玩電腦讓一個人覺得現實生活很無聊？ 事實上，幾乎所有事情久了都會讓人感到無聊，包括網路遊戲以及手機 APP。心理學家還在研究中發現一個驚人的祕密，人類的頭腦唯一不會散漫的時候，是在過性生活時。也就是說，對於絕大多數的人來說，只有關於性的事情才不會讓你覺得無聊。

人類的思維是散漫的思維，散漫的思維是不開心的思維。人的心理是動態的，常常會「恍神」，對眼前的事物失去興趣。在這些恍神的人當中，有一半的人在想著開心的事情，例如回憶曾經的豔遇或週末的旅行等等，有一半的人在想不開心的或普通的事情。後者是更不開心的，不但身在曹營心在漢，而且「曹營」和「漢營」都不是他感興趣的事情。前者雖然在想著興奮的事情，但其心情依舊比不上那些沒有恍神的人。因此，無聊的確會讓人不開心。

忙比不忙「有聊」

無聊時內心空蕩蕩的，而忙碌起來就像往心裡塞東西，直到它滿為止。忙碌讓人覺得充實。充實是一種感到滿足的心理狀態。是這樣嗎？ 我們可以透過忙碌來戰勝無聊嗎？

人們生性懶惰。喜歡悠閒可能是早期演化遺留的產物。我們的祖先為了爭奪當時稀少的資源，需要保留體力。因此，我們不會去做沒有目的、浪費體力的事情。現代社會已經不需要為了生存白白消耗體力，但是人類長期以來形成了要保留體力的傾向。這不奇怪，當你讓一個人選擇忙一件事情或閒一段時間時，如果沒有意外，他當然會選擇後者。

但是心理學家在實驗中發現大忙人總比大閒人快樂，不管忙碌是人們自己選擇的還是被逼迫的。為什麼呢？ 因為一般來說，忙碌的人能獲得更多的刺激經驗，並且不容易分心恍神。

無聊的好處是讓我們開始反思自己的生活風格。如果你工作、上學的八小時以外的時間全都被無聊填滿，那麼你應該嘗試接觸新的興趣愛好，或者報名一個培訓班，讓自己忙碌起來。但單純忙碌也不行，關鍵在於你能不能完全投入自己正在忙碌的事情上。也就是說，你的心和你的行為要綁在一起，不能分開。

另外，心理學家還提出了內觀認知治療法（mindfulness-based cognitive therapy, MBCT）來面對你的無聊感。內觀認知訓練（mindfulness training）是幫助人感受和關注當下的生理和心理狀態。這種訓練源於東方哲學中的打坐冥想。訓練時，練習者被要求慢慢放鬆，專注於體會呼吸吐納和手腳的感覺，但是不約束天馬行空的思緒。內觀認知治療法使你充分認識自我和周邊環境，重新發現生活的新鮮感。例如，你會發現周圍的環境其實很豐富多彩。樹葉不單有綠色的，也有其他五顏六色、形狀各異的樹葉。只要用心去體會和發現周圍的美，你就不會感到無聊了。透過十天左右的內觀訓練，你將不再像以前那樣，事情做著做著就開始發呆。內觀訓練其實是一種冥想。冥想是擺脫無聊的生活方式之一，相關內容將在本章最後一節呈現。

本節最後，為各位讀者準備了一個關於無聊感的心理測驗，請大家進行一次「無聊」的心理體檢：

計分規則：以下每道題，請在 1 ~ 7 之間替自己打分（1、2、3、4、5、6 或 7），「強烈反對」的記 1 分，完全贊成」的記 7 分，「中立」記 4 分。請注意，有「★」標記的句子分數正好相反：「完全贊成」的記 1 分，「強烈反對」記 7 分。在回答完所有問題之後，將這二十八道題的得分相加。總分越高，說明你越無聊；總分偏低，則說明你不容易感到無聊。

1. 對我來說，全神貫注是件易如反掌的事。★
2. 工作時，我常為其他事情憂心忡忡。
3. 時間似乎過得很慢。
4. 我經常覺得自己「閒得發慌」，但又不知道該做什麼。
5. 在必須做一些毫無意義的事情時，我常常感到困擾。
6. 被迫觀看別人的家庭電影和旅行幻燈片讓我備感無聊。
7. 我腦海裡始終有許多計畫和任務等著去做。★
8. 對我而言，「自嗨」是件很容易的事。★
9. 我需要做的都是一些單調而重複的事情。
10. 與大多數人相比，我需要受到更多刺激才能前進。
11. 我能從自己做的大多數事情中尋找刺激。★
12. 我很少因為我的工作而感到興奮。
13. 任何情況下我總能找到事情做，而且能夠找到並持續自己的興趣。★
14. 大多數時候，我總是無所事事。
15. 我可以很有耐心地等待。★
16. 我常常覺得自己無事可做，很閒。17. 在一些不得不等待的場合，比如排隊時，我會顯得坐立不安。
18. 我常常一覺醒來，腦中就有新點子。★
19. 我很難找到一份讓我十分興奮的工作。

20. 我需要在生活中找到更多充滿挑戰的事情來做。
21. 我常常覺得自己的能力很好，拿來應付工作所需實在是綽綽有餘。
22. 許多人會說我是一個有創造力、想像力豐富的人。★
23. 我的興趣太廣泛了，沒有時間把這些事情一一做完。★
24. 在朋友堆中，我是最有恆心的一個。★
25. 除非做一些令人激動甚至危險的事情，否則我老覺得自己無聊得如同行屍走肉。
26. 豐富的變化和多樣性才能讓我真的開心。
27. 電視和電影老是千篇一律，太過時了。
28. 過去的我總是覺得周圍的事情既單調又無聊。

心理檔案

厭煩感（boredom）：刺激和動力不足的一種心理與行為複合物。

感官刺激尋求（sensation-seeking）：是指尋求變化的、奇異的或複雜的感覺經驗或體驗的一種人格特質。

習慣化（habituation）：由於刺激重複發生而無任何有意思的結果，致使個體對這種刺激的自發反應減弱或消失的現象。

內觀認知訓練（mindfulness training）：把個人的注意力完全集中在當下對個體內部和外部刺激的感受上，是一種特殊的集中注意力的方法，即有意識地、不加評價地觀察在身體內部和外部環境中受到刺激時產生的全部心理感受。

第 3 節 別讓占有成為累贅

資訊的種類繁多。資訊是個很重要的資源。因此，有些人隱瞞自己獲得的資訊，不願分享，這會不會成為自己的累贅？為什麼占有而不願分享呢？多半是為了讓自己占有一定的心理優勢，所以拒絕與他人共享資訊。不過，這也不是很嚴重的事情，比如說，我們常常過度占有資訊或物品，從而使自己花費了不必要的時間，換來一堆永遠也用不著的東西。我們的「搜商」（search quotient，簡稱 SQ，一種透過工具獲取新知的能力）已經非常高了，動力也很強，但是「占商」卻亟待提升。

搜商

占有的表現之一就是在使用網路的時候，我們經常成癮性地去保存各種資源。例如，當我們看到一個喜歡的網頁時，就會把它加入「我的最愛」；看到一份有用的資料，我們會迫不及待地去下載它。有時候那份資料在當下不一定對我們有用，但是一想到未來也許會用到，生怕以後找不到了，便先下載起來。

有些人會精心創建層層遞進的資料夾，把資料下載到分類好的地方。有些人則不管三七二十一，先下載到「桌面」再說。等到凌亂的「桌面」影響了電腦速度，而一時整理不過來時，又一股腦兒地把它們全部丟到同一個資料夾，想著下次有空的時候再慢慢整理。

在以前考研究所的那段時間裡，我耗費很大工夫在各大論壇查找各種資料，如英語閱讀訓練、大考準備策略等。有時候我是有目的地去找。有時候，我則習慣性地點開論壇網址進去瀏覽，一旦看到吸引人的標題，我就會把這份資料下載下來。

剛開始，我還會分門別類地整理。但我慢慢地發現分類是一件費時費力的事情，索性不整理了，看到覺得有用的都先下載到同一個資料夾裡。

這種行為讓我非常有成就感（sense of achievement）。不僅是收藏，我偶爾還會到其他論壇上發文與大家分享。這種做法不但方便，同時還有心理上的滿足感，我當然樂此不疲。如此獲得的成就感比呆坐在教室裡複習獲得的成就感要強烈多了。可以說，成就感是所有囤積者（hoarder）的動機來源之一。

就這樣，我們的硬碟越來越滿，資料越來越多，但真正被我們利用的卻越來越少，就好像那些只買書不看書的人。你收藏了多少網站呢？有沒有再回頭看過呢？我記得有些人會在 FB 粉絲專頁分享一些文章，而那些文章常常被冠上這類標題——「不看後悔」、「留著以後有用」、「快加入我的最愛，不然以後找不到」等等。

有時候打開手機，本想去看看一些粉絲專頁有沒有 PO 文，結果發現專頁裡全是轉貼別人的文章，一路往下滑，也沒看到粉專小編自己寫的文章，幾乎就是一個資訊分享站。有的甚至從來沒有主動發過文章。

想起來很好笑，試問你有真的點進去他們轉貼的文章看過嗎？又或者，你點進去並收藏了，但等到真正需要用的時候，你還會想起來嗎？實際上，這種「不看後悔一輩子」的東西不見得非得去看去收藏，我們只是在浪費時間買心安而已。即使想起來了，要找出來也得費很大一番工夫。我就試過為了找以前收藏的一份資料，找了半天也沒找到，就在我要放棄的時候，我在搜尋引擎上輸入關鍵字，馬上找到了一大堆相關資料，連我原本要找的那份也找到了。

所以，「資料」到用時不是方「恨少」，而是「恨找不著」啊！為什麼呢？因為太多了。我們太貪心了，不知足，最後反而自亂陣腳。

回到我剛剛說的搜尋研究所資料這件事，最後算了算，找到的資料不下 200GB。但是真正有用到的不到 10GB。很多東西我們只是想占有它，而並非想要使用它。就好比我們想要占有某個人，卻沒有想過未來要如何好好相處。

因為我們害怕失去，只想趕快抓住眼前的東西，從而忘了自己真正的目的。

很多人一開電腦就習慣性地先用 Google 查資料，或上 Dcard、PTT 等各大論壇，然後下載、收藏，忙得不亦樂乎。想做什麼事的時候，有些人只想當「伸手牌」，只想上網看看別人是怎麼做的，想「參考」別人的經驗談，自己則不再獨立思考，「搜商」快速上升，智商卻快速下降。這是一個很大的問題。不懂得獨立思考，就不懂得創新，這種人最後也只能成為一個能夠迅速查找資料的機器人而已。

占商

收集資訊和物品當然是人類必備的能力，但那僅僅是占有的一部分。如何占有不僅僅局限於如何取得我們想要的東西，還包括如何在占有後進行有效率的應用。也就是說，搜商只是占商的一部分。占商是指懂得根據自己的目的和需求占有真正需要的東西，無視不需要的東西，並好好應用它們的能力。

我們要有目的地閱讀想要的資訊，不要受聳動標題的影響。簡單地說，就是我們要控制我們自己，而不是被外界資訊所控制。占有那些能被我們好好應用的東西，而不是那些拿來「長灰塵」的東西。我們要做自己的主人。不要讓占有成為心理上的負擔，妨礙我們進步。

想要控制我們自己，那麼在跟外界互動時應該先了解由上而下的處理歷程（top-down processing）。所謂由上而下的處理歷程，就是我們帶著特定目的去尋找和整合需要的資訊，凡是不符合我們當前所需的資訊，都直接忽略。只有這樣，我們才能夠對那些所謂不擁有就會遺憾終生的東西產生免疫力。

由下而上的處理歷程（bottom-up processing）則是那種容易被「花花世界」影響的資訊處理過程。例如，我們想出去走走，但是漫無目的地走出門，然後一看到感興趣的東西就往那些方向走。這些行為都是非常隨意的。我們看到什麼就做什麼，沒有任何自由意志。

如果我們傾向於由下而上的處理歷程，那麼我們就會像之前說的那樣，凡是看到吸引人的東西，我們都會收藏起來，以防「錯過」。如果我們傾向於由上而下的處理歷程，那麼我們就不會隨意地占有，而是有目的地占有我們當下真正要用的東西，不會擔心自己錯過了什麼。

想要提高占商，我們得先樹立這樣的理念：如果一個事物是有價值的，那麼它一定會一直存在於世上。所以不用擔心自己會失去什麼，該有的一定會有。這樣才能夠專心進行由上而下的處理歷程，減少自己的占有欲。

停下來好好想想，自己過度收藏了嗎？ 這些收藏是否有增加自己的工作效率？ 我們真的有在使用它們嗎？ 經常在網路上看到這樣的文章：

「超級大禮包精選經濟學家必讀的一千本經濟管理書籍」、「讀完這三百本，臨床心理學博士畢業」、「20GB 小說任君下載」……相信下載的人還不少，但是真正去看的人就不多了。就算去看，能夠精讀（close reading）、深入了解一兩本書就不錯了，更別說上百本、上千本。這時候，我們應該承認自己不是神，因為一目十行也看不完，實在沒必要特地下載收藏。

實際上，我們一生中看不了多少書。而且，我們也沒必要看太多書。提倡精讀早就是公開的祕密，但很多人就是做不到。因為我們的頭腦傾向於由上而下的處理歷程，能夠舉一反三，所以不需要全部都是由下而上的資訊，我們也能夠融會貫通地學習新知。

在心理訪談中，很多人說：「我收藏的電視劇追很久了還沒追完……好想哭……」、「這種毛病很難治好，每次做什麼工作前都會花許多時間搜尋資料，最後又用不了多少。」、「只收藏，不閱讀，其實一點用也沒有。」、「這是很多人的通病，值得琢磨。」、「我也收集了非常多的圖書！但大部分都沒看……」

我們要拒絕讓自己的大腦成為外界資訊的賽馬場。東西不在多，而在於精，在於掌握。好好提升自己的占商吧！多做自上而下的思考，打消自己買第 N 個隨身碟的念頭！

心理檔案

成就感（sense of achievement）：透過努力獲得某種東西後感到開心的正向心理經驗。

搜商（SQ）：收集和占有資訊和資源的能力。

占商：有目的地占有資訊和資源，並且加以利用、不盲目囤積的能力。

由上而下的處理歷程（top-down processing）：人在從事知覺活動時運用已有的知識和概念去處理當前的資訊的過程。

由下而上的處理歷程（bottom-up processing）：人在知覺過程中沒有一個事先擬定好的思維框架，而是直接接受外界資訊的引導，進而整合其他資訊。

第 4 節 儒家式快樂生活的三個理念

部分心理學家認為，相比於佛教和道教，以孔子為代表的儒家哲學更能教育人們走上快樂之道。當然，中庸的觀點認為各自有可取之處。我們來看看儒家思想有哪些理念值得融入我們的生活。

融入人群

儒家的生活觀建立在「仁」的思想基礎上。「仁」就是希望大家和諧相處。儒教讓人盡可能地把仁帶到生活中，尤其是社交關係和社會當中。

當今心理學的研究已經完全證明人際關係在個人心理健康當中的重要性。結婚的人比單身的人更加快樂；擁有朋友的人比沒有朋友的人更加快樂；人的快樂主要源於與他人的互動。

儒教鼓勵人們擁抱社會，但是道教主張歸隱自然，而佛教更是認為應該脫離社會關係。其實對於人的快樂而言，親密關係是不可或缺的。

我們應該為擴大人脈而努力。「小隱隱於山」，獨自一人隱於荒野中，或者「小隱隱於宅」，當一個宅男（女）顯然是對自己不利，對社會進步也無利的。關於人際關係對人心理的影響，我們在第三章講解過。

追求成功帶來的快樂

儒家文化提倡人們追求成功。正向心理學也鼓勵人們要為了成功而努力。即成功帶來快樂。儒教與佛教、道教不同。佛教和道教對財富持否定態度，認為「看破紅塵」的人才能快樂地生活。儒教則認為，一個人擁有更多的金錢和更高的社會地位不一定是壞事。這在一定程度上與我們當前的理念相牴觸。但是細想一下，儒教的教義也是有道理的。

雖然金錢和地位被冠上一些惡名，但是我們不能否認那些都是人的問題，而不是金錢本身的問題。在心理學家眼中，金錢是一個很強烈的誘因（在第二章談及）。如果運用得當，我們可以把這個獎賞當成激勵人生鬥志的重要誘因。心理學怎麼會排斥金錢呢？我們有很多心理學實驗都得用實驗報酬來吸引人們參與。

作為人類，渴望金錢是再正常不過的事。因為有很多地方需要用到錢，錢是我們的必需品。金錢也是我們發展自身能力的一種酬賞（reward）。從行為主義心理學上說，這個世界上根本就沒有什麼所謂的「興趣」。你若跟行為主義心理學家談抽象的興趣，他們會告訴你：「興趣是由酬賞決定的。」當做一件事情對你有回報、有價值時，你會對那件事感到有興趣。正是因為有獎勵，所以你才會有「興趣」。

而在人類的獎賞體系中，金錢無疑是最常見的。所以年輕人不應該排斥金錢，或者對金錢抱持不屑一顧的態度，而應該「取之有道（第二章），用之有道（第七章）。」這是一種生活態度和行為傾向。儒家文化之所以能使華人自強不息，有部分原因就在這裡。

適度享樂主義

實際上，影響華人深遠的傳統儒家文化並不是一種禁止娛樂的文化。它反對享樂主義（hedonism），但支持「適度」享樂。

適度享樂的意思就是放鬆。在商業界非常活躍的猶太人不僅要顧著賺錢，在生活中也主張「適度工作，適度享樂」。孔子認為，適度的享樂是可以接受的。

過度沉迷娛樂活動會消耗太多「有正當用途」的精力。這是不恰當的。但是，如果沒有娛樂活動，精神能量（spiritual energy）也無法恢復。人在長時間工作後，需要站起來動一動才能讓自己的注意力從枯竭狀態重新充滿活力。

所以，人沒有理由拒絕適度享樂。為了成功而把自己弄成工作狂（workaholic）是不明智的。

心理檔案

酬賞（reward）：行為主義心理學術語，指引發人的行為動機的事物。

工作狂（workaholic）：指過度投入甚至沉迷工作的人。工作狂不一定喜歡工作，可能只是強迫性地感到需要工作。

第 5 節 樂觀、挖掘潛能，讓生活更有趣

真正的正向心理學生活包括兩個層面：發現生活的正向之處；發現自己和他人的正向之處，培養自己正向的人格特點，擁有更正向的生活經驗。

關注生活的正向方面——樂觀

心理學研究過去，主要將目標放在人們所承受的心理痛苦，但忽略了與生活品質相關的其他課題，而正向心理學正是秉持著這種理念——即人們所需要的不僅僅是終結痛苦，還期待著充實的生活。因

此，我們要關注生活的正向事情。其中一個就是樂觀。

英國前首相溫斯頓·邱吉爾曾指出：「悲觀主義者從每一個機會中看到困難，樂觀主義者從每一個困難中看到機會。」擁有樂觀精神是促進希望和快樂成長的關鍵，因為樂觀可以更人看到好的方面。

樂觀不是盲目的樂觀。人類具有樂觀偏誤（optimistic bias），即判斷自己的風險比他人的風險小，從而表現出盲目又不實際的樂觀。人要基於實際情況來憧憬未來。現實的樂觀主義者相信他們終會成功，但是他們也會去擬定合適的策略，克服重重難關，透過努力來讓成功變為現實。因為他們知道這條路的艱辛，所以會採取行動，不斷前進。

心理學家認為人們能做到樂觀而不自欺。樂觀主義與現實並不牴觸。現實主義會提高成功適應環境的可能性，而樂觀則會使個體具有較好的主觀感受。

關注人的正向方面——發掘潛能

在看待生活和未來方面，我們要善於發現正向之處，看待我們自己的時候亦是如此。

談到心理學，人們往往會想到精神病、變態、行為怪異等等詞彙。但是，正向心理學要扭轉這個刻板印象。它還要告訴我們，多去看看人性美好的一面，無論是自己還是他人。跟以往的心理學注重研究「變態」不同，正向心理學強調研究人性中的優點和價值。

我們不能把人當成一個「廢人」來對待。每個人都是完整的。沒有人天生要被諷刺、埋怨、辱罵，我們要懂得建設、維護和提升自我與他人。所以，心理學的知識不只能應用在病患身上，同時也是為了促進全人類的幸福。人性的弱點已經有很多人知道了，相關的書籍也數不勝數。那麼，我們的優點在哪裡呢？

對人性抱持正向的態度才會有快樂的生活。我們要秉持的一個正向心理學原則是：看到人性的美好，發掘出自身潛能。

為了找出人性的優點，為我們發現和發展潛能做準備，心理學家透過調查成千上萬人，得出了我們優秀的人格特徵。下面就是這二十四種正向的人性優點：

1. 創造力（原創性、獨創性）	2. 公民權（社會責任、忠誠、團隊協作）
3. 好奇心	4. 公正
5. 開明的頭腦	6. 領導力
7. 熱衷學習	8. 寬恕和仁慈
9. 洞察力（智慧）	10. 謙虛
11. 勇敢（勇氣）	12. 謹慎
13. 持久（有毅力、刻苦勤奮）	14. 自律（自制力）
15. 正直（可靠、誠實）	16. 欣賞美麗和卓越
17. 有活力（熱情、有魄力、精力充沛）	18. 感恩
19. 愛	20. 希望（樂觀）
21. 善良（慷慨、關懷、同情、無私的愛）	22. 幽默（愛玩）
23. 社會智力（social intelligence，包括 EQ、IQ）	24. 精神信仰

這張列表上的東西基本在本書都會討論到，例如自律、感恩、希望、幽默等。你可以透過這張清單來索引及連結本書其他地方，也可以把它當作一份看待他人和自我的參考資料：你是否從日常事件中找到了自己或他人的這些優點。如果你堅持當一個發現者，你也將成為一名正向心理學家，正向看待自己和他人，並且回應我們第一節的內容：會變得更加樂觀。

心理檔案

樂觀主義（optimism）：是指不管在什麼情況下都先看到事物好的一面，並期待可能發生的最好結果。

樂觀偏誤（optimistic bias）：指個體傾向於認為自己更可能經歷好的事情，而他人更可能經歷壞的事情。

第 6 節 「律」化生活

如果沒有他律（heteronomy），這個社會會大亂。如果沒有自律（self-discipline），我們自己也會混亂。

虧在自律

許多人總是想做很多事，但是幾乎每一件事都淺嘗輒止。正所謂人的三分鐘熱度，很快就會褪去。我們雄心勃勃地制定了新一年的計畫、新學期的計畫、新一週的計畫。這些藍圖都非常宏偉，讓我們熱血沸騰，但最後常常變成一張廢紙。如果遲到不扣薪水不被老闆罵，你還會準時上班嗎？如果遲到不扣分數不被老師批評，你還會準時上學嗎？如果爸媽不會「碎碎念」，你還會準時起床嗎？這些都是關於自律的問題。在沒有外部壓力的情況下，我們在多大程度上能夠堅定地完成自己應該做的事情，就是自律的心理品質。

我們都吃了不夠自律的虧。大家都知道，優秀的人有優秀的習慣。心理學證明，一般來說，習慣要花二十一天養成。習慣是一種自動化的行為，到了那個時間，我們的某種行為就會變得自動。而習慣的形成過程則需要透過自我控制來完成。很多人常常無法走完這個過程。

許多人減肥失敗就是因為這個原因。明知道自己肚子不餓，見到麵包甜點乃至西式速食時卻胃口大開。一有吃甜食的機會，「關鍵時刻」總能多出一個「胃」來；明知道自己的身材已經走樣，仍然控制不了食慾。如果沒有其他人的制止（他律），就想不到充分的理由來約束自己（自律）。如果沒有自律，我們就隨心所欲了。人的欲望滿足有很多種類型，例如延緩滿足、超前滿足、即時滿足（immediate gratification）。而自律就是一個在即時滿足和延緩滿足之間 PK 的故事。

延遲滿足

怎麼看一個人是否具有自律能力呢？延緩滿足（deferred gratification）的能力是其中一個觀測點。延緩滿足是指能夠抗拒誘惑，為了達成更遠大的目標而犧牲眼前的快樂。

一個經典的心理學實驗證明了自律是生涯成功的支柱。一九六〇年代，美國史丹佛大學的心理學家沃爾特·米歇爾（Walter Mischel）設計了一個著名的「延緩滿足」實驗。研究者找來幾十個幼稚園小朋友，讓他們每個人單獨待在一個只有一張桌子和一張椅子的房間裡。桌上的盤子放著小朋友喜歡吃的棉花糖、曲奇或者餅乾。研究者告訴這些小孩子，他們有兩種選擇，一種是可以馬上吃掉這些好吃的東西，另一種是研究者要先出去一下，如果等他們回來後再吃，就可以額外得到一顆棉花糖當作獎勵。

這真是一個讓小孩子倍受煎熬的實驗。有的孩子為了不去看那些誘人的棉花糖而捂住眼睛或是背對食物，還有一些孩子開始做一些小動作——踢桌子，拉自己的辮子，有的甚至用手去戳棉花糖。結果，大多數的孩子堅持不到三分鐘就放棄了，拿起棉花糖喜孜孜地吃了起來。正所謂不管三七二十一，先吃了再說。

最後，只有三分之一的小朋友延緩滿足自己的欲望，等到研究者十五分鐘後回來兌現承諾，再開心地享受那一顆額外的棉花糖。心理學家繼續追蹤研究這些孩子。能夠延緩滿足的孩子長大後課業成績更加優秀，在職涯上也取得了更多的成功、更高的薪水、更高的生活滿意度。延緩滿足雖然帶給我們一點小小的挫折感（sense of frustration），卻使我們成長。

這些人的共同特徵是能夠專注於自己的目標，不被其他事情所迷惑。如果沒有延緩滿足能力，我們將難以抵制誘惑，容易被短期的利益所吸引，分心於其他目標。自律是職業生涯和優質生活中不可或缺的心理品質。在生活中，我們要克制很多誘惑。路邊的花朵很香很豔麗，不管它是能形成短期的得利還是能讓人短暫沉醉在其中，我們都不應該採。因為成功的鮮花在終點等著我們。能夠自我約束和自我控制的人，就能勇往直前，笑到最後。

「律化」認知資源

自律是理性戰勝感性。如果你被情緒情感所左右，你的行為決策就不可能是自律的。當人的情緒狀態處於高度激情（intense emotion）或過分激動時，人就會出現情緒危機，理智受到壓抑，不能正確評估自己行為的意義和後果，從而降低自我控制力。這時候，我們就需要仰賴外部阻力來約束自己。所以，為了增強我們的自律行為，我們要讓理性在大腦中占上風。要讓自己的頭腦保持理性，需要相當多的認知資源（cognitive resource）。認知負荷理論（cognitive load theory, CLT）認為人的大腦就像電腦的記憶體，是有限的。如果思考推理等活動太多的話，就好比同時進行過多程式，讓大腦的記憶體爆炸。這個記憶體被稱為認知資源。人在日常活動中需要耗費認知資源。每個活動都會占用一定的認知資源。如果所有活動的所需資源總量超過個體擁有的資源總量，就會導致效率低下、容易疲勞等問題，這種情況稱為認知超載（cognitive overload）。當我們的大腦累了的時候，我們所做出的決策就不那麼「專業」了，往往率性而為。

比如，終於等到下班，走出門口經過巷口，剛好遇到自己最喜歡的鹽酥雞攤販。儘管你知道自己痘痘正一波未平一波又起呢！但還是忍不住買一些來犒賞自己。因為你覺得自己好累，頭腦也鬆懈了，不再嚴格控制自己的行為，所以，大腦決定偷個懶，讓自己輕鬆一下。

自律的基礎在於擁有清醒的認知。沒有清醒的認知，人就會渾渾噩噩地過日子，肆意揮灑自己的情感和欲望。為了調節我們的認知資源，心理學家經過研究，提出了注意力恢復理論（attention restoration theory, ART）。接觸自然環境可以更新人的心理認知資源。自主引導注意的能力是一種心理資源。自律需要利用這個心理資源。自律的能力會因過度使用而衰減，因休息而恢復。

在一些單調的環境中，我們注意的對象缺少吸引力，需要長時間進行自主注意（voluntary attention），這樣很容易消耗認知資源，造成注意力不集中，心情也變得焦躁易怒。這顯然有損自律能力。而在一些特定的環境，例如充滿自然情調的綠化環境中，我們的注意力可以透過這些綠色的力量來恢復，就像重新替大腦充電一樣。

環境心理學家調查了綠化程度和自律問題的關係。這些自律問題包括少年犯罪問題、學生在學校違反紀律的問題。結果發現，在控制了其他因素之後，一個地區的綠化程度能夠在很大程度上顯示這個地區的人自律的程度。生活在那些「土地貧瘠」的校園裡的學生比那些「綠草如茵」的校園裡的學生更加好鬥和容易憤怒。

為了明確兩者之間的因果關係，心理學家在房地產開發商的幫助下做了一個實驗。他們把一群學生隨機分配到兩個社區生活。一個社區沒有綠化，完全是鋼筋水泥的景觀。另外一個社區的綠化率非常高，到處都可以看到綠色的景物。就這樣生活了一個多月後，住在綠化社區裡的學生的課業成績和各方面表現都明顯優於另一個社區的學生。

永遠不要忘了，人類是從綠色的大自然中走來的。注意力恢復理論解釋了為什麼綠色的環境能夠復原我們的認知能力。生活在現代都市裡，我們總是面對灰濛濛的天空、黑色的柏油路、白色的牆，而大自然的綠色元素則相對少見。因此，人的定向注意力容易疲憊，情緒容易急躁而不能自制。自然環境能夠恢復自主注意的機能，改善心情和感知功能。心理學家測量了人在觀看自然景觀時的生理變化：血壓降低、α 波（α wave）增加。此時，人用強烈的認知資源來理性地控制自己，不輸給自己的本能。這也是為什麼我們應當適時地安排戶外活動（在下一章節會講述）。

正如佛洛依德所說的，人的本能是及時行樂。為了追求長遠的滿足而放下一時的快樂是很難做到的。但正是這個忍受即時欲望的能力幫助我們創造了人類的文明。按照精神分析學派的說法，那些藝術作品、文學作品、科技發明都是欲望的另類表達，是即時欲望的昇華。

我們處在一個即時滿足的時代，充斥著各種物質上和心靈上的速食誘惑，若想獲得成功，就得避免沉迷於這些即時的誘惑，做一個健康自律的人。

心理檔案

自律（self-discipline）：指在負面的情緒狀態中依然能夠控制好自己、主動掌控自己心理和行為的能力。

延緩滿足（deferred gratification）：自律能力的指標之一，指透過壓抑即時欲望來換取遲來的、更大的滿足感。

挫折感（sense of frustration）：個體的需求無法獲得滿足時所產生的負面情緒和行為反應。

激情（intense emotion）：是指強度很高但持續時間很短的情感，是一種猛烈的、迅速爆發的、短暫的情感。

壓力（stress）：在出乎意料的緊迫與危險情況下所引起的高度緊張的情緒狀態。

認知資源（cognitive resource）：人在思考推理等認知活動時需要消耗的注意力等心理資源。

認知負荷理論（cognitive load theory）：認為注意力和記憶力等認知資源是有限的，進行相關心理活動需要占用相應的資源。

注意恢復理論（attention restoration theory）：長久維持自主注意會造成精神疲勞，而自然環境能夠協助更新認知資源，恢復自主注意力。

第 7 節 讓你的心晒晒太陽

終於放假了，要做什麼？ 很多人會回答：「回家睡覺。」不錯，週末、節假日補眠是一種休息的方式。但是，好不容易有機會可以暫時放下工作，好好睡一覺是不夠的。這不應該是走在時代前端的各位的選擇。讓心理學來告訴你還有什麼更好的選擇吧！

別「宅」了我們的心

節假日是上班族休息放鬆的好時機，很多人喜歡「宅」在家裡。（宅：網路用語，意指足不出戶，與日語中的「御宅」意義不同。）網路為足不出戶的人們提供了許多便利的購物管道。特別是平常特別關注打折優惠的「折扣一族」，本來要多逛好幾間實體店鋪貨比三家，如今卻可以不出門就瀏覽各個超市、賣場、連鎖店的商品資訊、打折商品和促銷活動等一系列消費資訊。節假日要送禮，網路也能讓你待在家裡，僅僅一通電話或者上網敲幾下鍵盤就買到自己想要的禮盒，也不用親自上門送禮，宅配服務可以替自己傳情達意。讀書、娛樂、工作、購物，只要坐在電腦前點擊滑鼠，一切全都輕鬆搞定。我們還為自己找了很多藉口：「天氣不好不出門。太遠了不去，太累了不去，沒睡好不去，心情差不去，沒有喜歡的人陪伴就更不想去……」

但是「宅」阻礙了我們去戶外的機會。生活在大都市的人本來就很少看到藍天白雲。宅在家就更阻斷了我們接觸大自然的紐帶。

身為大自然的一個物種，我們在大自然裡生活了成千上萬年。從大自然中走來的我們卻忘記了大自然是個提供豐富健康資源的寶庫。我們需要親近大自然。去戶外能獲得我們最需要的東西，例如太陽（光）。太陽是地球生命存在的前提條件之一。地球上所有自然資源和能量都來自太陽。我們可能只知道陽光提供了溫暖和光明，卻未必留意到它對我們的心理有什麼影響。心理學家 Gullone 曾說：「那些與我們現有的演化機制和物理環境相去甚遠的信念和實踐方式可能會危害我們的身心健康。」事實上，陽光是我們恢復精神狀態的重要源泉。

很多人都知道陽光能帶來幸福。有人說:「能夠享受第一縷陽光，看著太陽從地平線緩緩升起，迎接新的一天的到來，不禁感嘆——我，是快樂的！」有人說：「幸福的定義成千上萬，至少，能夠看到每天的第一縷陽光就是幸福的。」有人說：「當你疲憊的時候，不妨看看雲間的點點陽光，它會溫暖你疲憊的心房。」陽光如何影響我們的心情？到戶外走走為什麼比宅在家裡好？本節將講述其背後的科學故事。

天晴即心「晴」

陽光與生理健康的關係早已為世人所知。《黃帝內經》中有關於夏季養生要「夜臥早起，無厭於日」，冬季養生要「早臥晚起，必待日光」的記載。嵇康《養生論》中也有「對日坐定」、「晒以朝陽」的說法，認為常晒太陽能助發人體的陽氣，更能達到壯人陽氣、溫通經脈的作用。而陽光與心理健康的關係最近也被心理學家所證實。

心理學家 Hartig 領導的研究團隊居於北歐瑞典。在瑞典，冬天漫長而陰暗。瑞典人很清楚陽光對他們的重要性。Hartig 提出一個約束心理復原理論（constrained restoration theory）：自然風景能幫助我們從煩惱中轉移出來，幫助我們忘記高壓的環境，並重新擁抱大自然。

Hartig 用一九九一年到一九九八年間瑞典地區心理診療所開出

的 SSRI 抗憂鬱劑數量來代表該地區民眾的平均憂鬱程度。然後用將地區的天氣變化情況與憂鬱程度做連結，看天氣是否會影響憂鬱程度。結果發現，只有七月時，民眾的心情才跟天氣有關。為什麼呢？天氣好的時候（在北歐，這一般意味著有充足的陽光），大家可以外出活動，心情自然就好，不需要使用抗憂鬱藥品。但是為什麼只有七月跟外出活動有關呢？ 因為瑞典法律規定七月是假期月，整個瑞典有九成的人都會在七月時放長假。而其他月份沒有假期，因此，即使天氣好也無法到戶外活動，只能待在辦公室埋頭工作，無益於放鬆心情。這就說明了即使天氣好，假如你不外出、只待在室內的話，它也幫不了你，你不會因為天氣好而感到開心。

全光譜（full-spectrum）的陽光可以調節血清素（serotonin）和褪黑素（melatonin）在血液中的濃度，並且刺激大腦釋放出大量能產生愉快感的化學物質，調節你的情緒，使你精神振奮、心情舒暢，變得正向而充滿活力。儘管目前都市裡的建築設計已經盡最大可能來採光，但還是有不盡如人意的地方。而且，我們更需要的是全光譜的光線。

幸福在戶外

去戶外不僅僅是為了滿足我們對陽光的心理需求。

都市裡的我們沒有真正想過自己生活在哪裡。我們知道的是一串串抽象的名字。真正能形容都市的是一片由鋼鐵水泥建成的森林，而我們是居住在這裡的動物。鋼鐵水泥意味著環境中的無機物。

但是，人類是依戀有機物（生物）的。人的生存與有機物之間存在著天生的健康互動機制。古代建築多以木頭為材料、現代人對真皮製作的服飾包包情有獨鍾、人們樂於在家裡放盆栽，都顯示了人類的「親生命性」。靠近綠化場所（比如公園）的社區，其地價一般比其他社區還高。環境心理學家指出，這和人類的發源地有關，人類起源於非洲大草原。因此，人們會偏好類似草原特徵的事物。這也是為什麼都市要綠化。

來自哈佛大學的科學家愛德華·奧斯本·威爾森（Edward O. Wilson）在一九八四年提出了「親生命假說」（biophilia hypothesis, BET）。該理論認為人類對生物界的依賴和喜好源於自身演化，並透過基因來遺傳。舒服的自然環境（尤其是能接觸到生物的環境）有利於人類的生存和繁衍，於是這種對生物的偏好就被轉錄到人類的基因裡。生物世界對於人類世界的意義不僅僅在於提供食物、空氣、水和一切人的物質需求，更重要的是，它也能使我們的情緒穩定、精神健康。

這說明了戶外活動跟人心靈之間的關係。到公園散步、到野外野餐、到海邊戲水這些戶外活動提供了大家接觸大自然的機會，透過跟自然界互動，我們可以重拾心靈的和諧。

心理檔案

SSRI（selective serotonin re-uptake inhibitors）：選擇性 5-羥色胺再攝取抑制劑，是一種抗憂鬱藥物。

約束心理復原理論（constrained restoration theory）：由心理學家 Hatig 等人提出，認為人們假日悶在屋裡會限制心理上的復原。

親生命假說（Biophilia Hypothesis）：人類對生物界的依賴和喜好來源於自身演化並透過基因而遺傳。安適的自然環境更利於人的生存和繁衍，遂成為人類遺傳基因的一部分。

第 8 節 感恩讓人更幸福

你是否會反感清明祭祖？或者乾脆不認真掃墓？清明祭祖是一種對祖先的緬懷和感恩，有它存在的意義。而且，正向心理學建議我們不僅要感恩古人，更要感恩身邊的人和身處的自然環境。感恩不僅僅披著古色古香的外衣——祭拜，還時時刻刻以其他姿態出現在現代人面前，哪怕只是一句「謝謝你」，只是道謝過於平常，以至很多人沒有發現它的存在，而把感恩當成了一種形式。讓我們認真地感恩一次，把它當作生活的一部分吧！

幸福「被設定」

不如先看看這個問題，肥胖的人一直很焦慮：「為什麼我怎麼減都減不成功？」也有一些瘦削的人充滿疑問：「我怎麼吃體重都不會增加，卡路里去哪裡了？」我們常常會遇到這種令人不解的情形。按照推理，有錢人的生活水準比較高，吃得比較好，應該會比較胖；窮人則相反，吃得不好，應該會比較瘦。這種推理在部分情況下是合乎事實的。但也有不符合的時候，因為我們發現，有些人真的只喝白開水也會變胖，而有些人天天三珍海味依舊皮包骨。為什麼呢？設定點理論（set-point theory）就是解釋這個問題的理論。它認為人的體重有一個設定點（setting point）。猶如人類等恆溫動物的身體能夠自我調節體溫，我們的身體也會根據這個設定點來調節自身的新陳代謝，以維持體重在某個點附近。人在一段時間內節食只能改變這段時間內的體重，之後又會忍不住大吃特吃，彌補回來。即使沒有刻意補償性地多吃，只按照正常方式飲食，身體也會重新幫你累積脂肪。這可能是由於祖先經常食不果腹所致，要根據所處的環境來「設定」體重，以應對不穩定的食物供給。

這跟我們的生活有什麼關係？因為心理學家認為幸福感也是「被設定」的。每個人的主觀幸福感基本上是恆定的，尤其是在長大成人之後。我們說一個外向的人總是外向的，一個內向的人總是內向的。這些性格雖然有可能發生變化，但也只有少數人會變。同樣地，悲觀的人總是悲觀的，樂觀的人總是樂觀的；快樂的人總是快樂的，不快樂的人很難輕易地快樂起來。

有些人家境優渥，我們觀察他們過去的生活，認為他們應該是快樂的。不過，他們其實沒有比生活貧困的人更快樂。所以，我們說幸福感是「主觀的」。人格特質和生物生理因素先天地決定了我們幸福感的設定值。有些人高一點，有些人低一點，就像智商有高有低一樣。

中樂透或者抱得美人歸能使人在一段時間內覺得快樂，但是時間久了，大約半年後，又會恢復到原本的心情。覺得自己幸福的人依然幸福，覺得自己憂鬱的就繼續憂鬱下去。

感恩，打破幸福感宿命論

「天啊，如果我天生不幸福怎麼辦？」別擔心。我已經多次重複說過，心理學研究無意將人置於無底深淵，而是造福人類。就像我們還是有減肥方法可以打破肥胖者的體重設定點一樣，我們也有方法來突破主觀幸福感的設定點。關於感恩的心理學研究為我們帶來了幸福的陽光，讓「身在福中不知福」的人幸福起來，讓幸福的人更加幸福。

正向心理學家做了一個實驗，證明感恩確實能夠提升幸福感的設定點。他們讓一組人每個週末寫下這一週以來最值得感激的五件事。這一組被稱為感恩組。另一組人則寫下一週以來最平凡的五件事。這一組被稱為一般組。這兩組人每週都接受幸福感的測量，來確定他們這一週有多快樂。就這樣過了十週。心理學家把他們的資料集中起來進行統計分析。結果發現，一般組的人的幸福感在實驗之前和實驗開始後基本上沒有變化。也就是說，他們的幸福感依舊處在設定點附近。而感恩組的人比實驗之前幸福了百分之二十五。他們的幸福感設定點提升了百分之二十五！

這類關於感恩的心理學實驗在正向心理學領域已有很多研究。感恩能夠加強幸福感已被實證研究所證實。感恩的人對未來更加樂觀，同時也代表焦慮感減少了。他們對生活感到滿意和知足，睡得更好更香。他們比那些不善於利用感恩的人更加愛好體育運動，每週會多進行一個小時的身體鍛鍊。這些實際上都是由感恩而快樂，因快樂帶來的生活變化。因此，感恩難道不應該成為我們生活的一部分嗎？

簡單的感恩，正向的生活

感恩是正向心理學二十四個正向人格特質之一。感恩就是欣賞你現在所擁有的一切。我們有一種錯誤的思維，認為現在所擁有的是我們應得的，沒有什麼好感激的，甚至認為我們所沒有的也是我們應得的。事實上，除了我們自己的努力外，還有很多人和物的巧合給予了這一切。例如，天氣讓我們農作物的收成變好，朋友的提醒使我們得到了一次升遷或轉行的機遇，父母的關懷讓我們少花了一筆心理諮商費。或許我們可以將這些稱為運氣。我們有時忽略了運氣帶給我們的一切，而專注於運氣還沒有帶給我們什麼。感恩就是提醒自己，要感激生活中這些來自他人的「禮物」。

在一次心理學研究生課堂快下課時，老師讓大家寫下人生中最想感激的人以及原因。很多人猶豫了半天也無法動筆。最後，老師只好說：「不為難大家了，不過回去一定要寫一寫。」

為什麼大家會如此難以動筆？ 原因是大家對這方面的回憶可能是一片空白。對知識的回憶能夠做到奮筆疾書，可是對於該對誰說謝謝、該感激誰，我們又了解多少呢？ 正是因為缺乏這方面的記憶，導致我們缺少了一個快樂之源。大家可以想像那一片屬於感恩記憶的原野有多麼荒涼，而它原本應該是一片綠洲。

建設這片綠洲不需要太多的時間和言語。每週只要兩三分鐘的時間，在日記中寫下一週以來三個（件）你最應該感激的人或事。這是一種感激他人、緬懷歲月的方式。

感恩的方式有很多。但是我們不用每種都做。每週感激的對象也不要太多。感恩其實也有不好的一面。那就是讓自己感到欠人情債，造成自己的心理負擔。這讓自己感到依賴他人，虧欠他人，損害自我控制感（sense of self-control）。所以，我有兩點建議：每週要感激的人不要太多，一兩個就夠了；多感謝大自然一點，無論是陽光還是雨水（然後多到戶外走走，感謝大自然的禮物，就像我們上一個章節談到的那樣）。

提升幸福感的方法實在太多了。就好比提升智商的辦法有很多種一樣。我把感恩放在生活風格這一章，是因為它簡單易行，完全可以成為一種習慣。感恩看上去是一種利他行為，向他人表示感激，讓別人感到被尊重。其實感恩是一種互惠行為，因為感恩也能夠使我們快樂。因此，感恩可以改變我們的人際關係，改變人與自然的關係，改變我們的心情狀態，對我們的生活風格也有良好的影響。把它當成一種習慣，何樂而不為？

心理檔案

設定點理論（set-point theory）：認為個體的主觀幸福感很大程度上是由個人性格或其他生理因素先天造成的，在人成年後會長時間處於一個比較穩定的程度，較難受生活事件影響而形成長期性的提升或降低。

第 9 節 運動會甩開你一切的煩惱

大約兩千萬年至五百萬年前，地球氣候發生變化，森林面積開始萎縮，迎來草原的時代，曾經在樹上生活的人類祖先——森林古猿（Dryopithecus）不得不到地面行走，尋找食物，同時對抗天敵，所以他們要奔跑起來。也許這就是最早的運動項目——「田徑」的雛形吧？人類在運動中一路從遠古來到現代。人的心理與運動亦在演化中形成了緊密相連的關係。

小心運動成癮

還有什麼不能成癮的？做運動也會上癮。

有個心理案例，Mr. EA 長期以來每天堅持長跑六公里，從來沒有偷懶過，可以說風吹雨打都不怕，酷暑寒冬皆不暇。這種堅持鍛鍊的習慣應該是值得令人效法的。但是問題被慢慢地揭露了。生病時本該按照醫囑好好休息，不該外出做劇烈運動。但是 Mr. EA 卻無法靜下心來休養身體。要是早上沒有去長跑，就會感到煩躁、坐立不安、焦慮、情緒低落。於是，他只好按時按目標去長跑，比吃藥還準時勤奮。就連颳風下雨無法出去鍛鍊時，他也得在室內進行小範圍的運動，否則實在坐不住。只有這樣跑，他才能平靜快樂地度過一天。有時甚至連妻子懇求他早上別出去跑步了，一起做個「床上運動」，他也敵不過運動的誘惑。這個「嗜運動如命」的運動達人最後來到了心理諮商室。

你有類似的「症狀」嗎？別讓它病入膏肓了。這叫做運動成癮症（exercise addiction）。在很多年前，誰也想不到「運動」這麼正面的詞會跟「成癮」這個負面的詞結合在一起。但是隨著這類運動讓人「放不下」的個案陸續出現後，心理學家開始注意到這個隱藏在生活中的成癮現象。

除了類似的臨床研究紀錄外，心理學家還透過實驗來分析是否真的存在運動成癮現象。當然，我們不可能拿人來做實驗，就好像我們不能先讓一個孩子染上網路成癮，然後再讓他被治療一樣。為此，人類親愛的科學研究伴侶——小白鼠出現了。心理學家把幾十個老鼠分成兩組。一組老鼠在輪式的籠子（專為實驗室小白鼠準備的跑步機）裡不停地跑步前進，稱為運動組；另一組老鼠則在一般的籠子裡「閒逛」，幾乎沒有任何活動，叫做控制組。結果經過一段時間後，如果將運動組的老鼠轉移到一般籠子裡，不用再跑步，這群老鼠會表現出不耐煩的行為，到處尋找「跑步機」。這種症狀就好比麻醉藥成癮者被停藥之後的表現，也就是戒斷症狀。而控制組的老鼠依然樂得清閒，不像運動組的那樣竄來竄去。腦內成分分析也在兩組老鼠身上發現了不同之處。

運動成癮就這樣使積極的運動習慣變成了負面的強迫性行為。如果不能及時滿足對運動的強烈渴求，就會產生欲求不滿的負面情緒和行為反應。「是藥三分毒。」藥品有它治癒傷病的功能，同時又無法避免存在毒性。反之，如果說運動成癮是一種毒，而它正好又具有藥的特性。只要我們明白它背後的原理，就會知道，經常運動是一種對人的情緒和性格有正面作用的生活方式。當然，這是在不過量運動的情況下。

還記得胺多芬嗎？我們在上一章講到它。原來，一個人愛上運動跟愛上情人一樣，是在「吸食嗎啡」。運動可以刺激人的大腦分泌胺多芬。胺多芬的英文叫 endorphin，被稱為「快樂賀爾蒙」。顧名思義，它能讓人感到快樂。它由疼痛、壓力或情緒的刺激產生，能調節腦下垂體激素（pituitary hormones）的分泌，從而具有類似嗎啡（morphine）的作用。而且這種「人造」嗎啡比毒品裡的嗎啡的止痛、鎮靜效果還要強五十到一百倍。運動也可以刺激它的分泌，使人倍感舒適，就跟吸毒一樣令人快樂。

尤其是長跑。心情不好了，很多人的應對方式是去操場跑幾圈。這是一個正確的選擇。「資深」長跑者應該有過一種經驗，跑了一會兒後覺得很累，恐怕堅持不下去了，但是再堅持一會兒，跑了半個小時或者五公里後，突然又充滿了活力，開始體會到跑步的輕鬆和快樂。人是不是天生就懂得這個道理？不然為什麼有些人說完分手後轉身就跑？莫非是為了馬上分泌胺多芬來止痛？你可以把它當成笑話，但是人類下意識的反應總會有其正面作用。

運動如何令大腦分泌胺多芬？這取決於運動的強度和運動的時

間長度。運動把人體肌肉中的肝醣（glycogen）耗盡後，就只剩下氧氣了，這時胺多芬被源源不斷地釋放出來。換言之，能消耗一定能量的運動才有這種作用。連續長時間的、中量至重量級的運動是前提條件。例如，跑步也需要達到一定強度和時間：大約五公里和半個小時。

讓我們來數一數符合條件的一部分運動吧！ 中等及以上強度的運動包括跑步、登山、游泳、滑雪、腳踏車、舉重、體操和球類運動等。

另外看似不是「體力運動」的一些活動也能使我們分泌胺多芬，例如冥想、靜坐、瑜伽。這些活動都比較強調深呼吸的作用。所以，下雨或工作無法去體育場或戶外進行大運動量的活動時，也可以做幾個實實在在的深呼吸，幫助自己放鬆身心。

適度運動，最好的藥物

有研究說，中醫傳統的針灸治療方法就是透過刺激穴位，導致胺多芬分泌而起到治療效果的。胺多芬還有一個作用就是增強免疫系統的運作。正向心理學提倡將運動作為提升生活品質的一種生活習慣。運動不僅僅是從生理上（胺多芬）促進個體的心理健康，還從運動項目人與人的互動中提升其他心理品質，例如團隊合作、自尊和意志。

吃藥要按時按量，運動也要服從一定的規律才能獲得最好的心理結果。心理學家總結了三個原則供大家參考：強度、持續和平衡。所謂強度就是每週要花足夠的時間來運動。如果時間不足，你就無法掌握足夠的運動策略和戰術，尤其是球類運動，也就無法體會到運動的真正樂趣。很多時候，我們要有一定的熱身才能夠找到正向心理學所說的心流（flow）狀態。至於多長時間合適，就依你個人的經驗了。運動要有持續性，不要三天打魚兩天晒網。你最好把它當成日常生活習慣來做。最後是平衡，也就是運動跟生活中其他活動之間的平衡，不能顧此失彼。運動就像一場遊戲，跟網路遊戲一樣是虛擬的。例如，你在球場上跟其他隊伍的競爭是虛擬的，而在現實工作和生活中，競爭是真實的。只有各種社交活動和運動相平衡，你才能夠將從運動中鍛鍊出的心理品質遷移到生活的其他地方。

另外，把運動當成運動時，最好要集中注意力在運動上，不要帶入其他情緒，這樣才能更好地起到作用。如果你運動時還想著辦公桌上那一疊未完成的檔案，想著信箱裡還在等待著上司的回覆，想著昨天跟同事的衝突，那就不太可能得到完全的放鬆效果。做運動也須全神貫注，不能三心二意。例如，在跑步的時候，如果你只是獨自在操場上沿著跑道跑，那就很容易集中注意力，不需要特別注意安全（與此相反，如果在很多人的操場或街上跑，就得特別注意）。你只要看著自己不斷變換的腳尖就可以了，或者只注意自己呼吸時輕時重的感覺，或者仔細聽自己的喘氣聲。我將這種做法叫做「跑步冥想」。關於冥想，在下一章節將會繼續討論。

心理檔案

運動成癮症（exercise addiction）：是指人對有規律的鍛鍊生活方式產生了心理、生理依賴，進而受到鍛鍊行為的控制。

第 10 節 簡單的冥想，不簡單的效果

說到冥想（meditation），你腦中會出現這樣的畫面嗎？ 一個人端坐著，雙腿交叉，雙手合十或平攤在膝蓋上。讀者當中可能已經有不少人已是資深的冥想專家，也有不少人還是新手或沒有冥想過的門外漢。儘管如此，你們都能從這裡了解到冥想跟心理學的關係。各位也許可以更簡單、更方便地運用冥想的心理學原理來放鬆自己，而不拘泥於傳統冥想的繁瑣程序。

心猿

人類的祖先森林古猿（Dryopithecus）可以在樹上跳來跳去，從一棵樹到另外一棵樹，看似逍遙自在。為了「紀念」，當現代人的思維跳躍不定時，我們稱之為「心猿」（monkey mind） 。現代人的思維是怎樣的呢？ 早上打開電腦，先登上 LINE，然後又想著去哪個手遊簽到領獎勵，接著想去 IG 看看好友又上傳了什麼新的限時動態。終於忙完這些日常任務了，再想想今天應該從哪裡開始，要先整理報表給主管呢，還是先回覆信箱裡那堆信件——後來又想著先吃塊巧克力吧，昨天快遞送來的黑巧克力還沒開封。這種跳躍的思維用一句成語來說就是「心猿意馬」。我們腦中之所以不斷蹦出這些 ideas，是因為我們對生活、工作和未來感到焦慮，它正在以我們看不見的方式影響著我們的思考和工作。我們很容易被其他事情干擾，

對手邊正在進行的事心不在焉。假設我們原本專心閱讀著某份資料，隔壁同事突然說要揪團購，我們可能馬上又被吸引過去了。

在繁忙的現代社會，沒有誰能夠避免這種狀態。它時不時就跳出來騷擾你。即便是心理學家，也會遇到這種浮躁的心態和不安的思維。他們能想到的一種解決方法就是冥想，並把修習冥想當作一個生活習慣。

冥想的好處我想不需要多說了。心理學研究顯示，冥想是所有放鬆技術中最難的一種，為此半途而廢的機率比其他放鬆技術還高。但是，研究同時發現，冥想的放鬆效果明顯好過其他放鬆方法。這就是為什麼我提倡進行簡單冥想的原因。我們不需要把事物弄得那麼複雜。

冥想的心理效應包括提升我們注意力的「頻寬（bandwidth）」。經過三個月的冥想訓練，你能夠更快而準確地進行資訊加工。也就是說，你將變得更加聰明。冥想幫助你打開「知覺之門」。此外，冥想還能夠提升我們的 EQ，因為它讓我們精於操縱自己的注意力，並善於保持心如止水的心境。至於冥想其他良好的心理效應和生理上的好處，在此就不再陳述。每日冥想，你將能藉由培養內在力量平靜、清楚、準確地面對任何考驗。

總之，正向心理學的研究支持把冥想當作生活風格的一部分。冥想已被人們口耳相傳了很長一段時間了吧？準備好讓它進入你的生活吧！

讓注意力聽話

從心理學的角度來看冥想，我們可以把冥想當作一種注意力（attention）的訓練方法。冥想的時候，人把注意力集中在一個特定的事物上，例如呼吸或者想像中的某件事物，從而進入冥想狀態。假設我們把注意力當作一個資源庫。一般來說，我們平時的注意力資源（attentional resources）是分散的。也就是注意力被分成好幾份，一份落在耳邊的音樂上，一份集中於我們正在打字聊天的電腦螢幕上，一份則可能保留於警戒作用，留意周圍有什麼突發的聲響或事件。你想，注意力在完成多重任務時，多少會有點疲倦。這也是為什麼我們的心情無法「寧靜致遠」的原因。而冥想的狀態就是沒有分配注意力資源，腦袋一片空白，不受任何外界刺激的打擾。要達到這種狀態，首先從比較容易的做起，先將注意力資源全部集中在其中一件事情上，再慢慢轉化到「虛無的」狀態。

如何進行冥想？傳統概念中的冥想大概是故意讓冥想顯得神祕，尤其是那些培訓機構，會告訴你的姿勢應該如何如何，你應該穿什麼樣的衣服，你周圍的環境應該是怎樣的，制定了嚴格的規則指南。然而，我們並不需要如此精細地規劃冥想活動，那樣只會讓我們感到更累。放鬆就是放鬆，如果放鬆的方法也像工作學習一樣麻煩，怎能能稱得上放鬆呢？既然我們已經知道冥想的心理學原理，冥想就變得簡單了一點。它不是什麼神祕的魔法。我們可以簡簡單單地實踐它。

在做冥想練習時，一定是在一個幽靜、不受外界干擾的地方，這是為了盡可能地減少外界的刺激，好讓我們快速集中注意力。當然有時候不能太苛求百分之百的寧靜。「蟬噪林逾靜，鳥鳴山更幽。」如果寧靜中帶有婆娑的樹影聲或滴答的水滴聲，反而更好了。

最好每天在同一時間同一地點練習冥想，這樣更容易集中注意力。因為透過有規律的行為，我們的潛意識會認為這個地點就是要拿來做冥想的。這樣更容易進入狀態。比如，心理學家不提倡在床上進行其他活動，不要把手機、筆電或書本等物品帶到床上，因為那樣會擾亂你潛意識裡對床的認知。床就是用來睡覺的，不要拿來進行其他活動。保持床在你潛意識裡的單純功能——睡覺，可以幫助你遠離睡眠障礙。冥想也是這樣的。選擇一個安靜的、不擔心突然會有人打擾的地方進行冥想活動是必要的。

做冥想時，要採取一個讓自己感到舒服的姿勢，無論是哪種姿勢，躺著或坐著，只要你沒有感覺不適的地方就可以，實際上，你的脊椎最好保持垂直或水平的狀態。這樣做是為了盡量減少接受外界的不適應的刺激，那樣會把我們的注意力拉過去，從而無法集中注意力在我們真正想集中的地方。當我們幾乎不會受到其他身體上的刺激干擾時，就可以自由地分配自己的注意力資源了。

冥想的關鍵在於專注呼吸，專注身體，專注當下。閉上眼睛，把注意力放在呼吸上，感受空氣經由鼻翼、喉嚨流入體內，然後又從鼻腔中排出體內渾濁的氣體。當你的注意力集中在呼吸上時，剛開始的那段時間你會明白我們的身體有多麼需要深呼吸，你會不自覺地來一次大大的、深深的吸氣和吐氣。我們平時太不注意自己的呼吸狀況了，都是做著短而淺的呼吸，這更加劇了我們本就焦慮的心情。平時的吸氣只吸到胸腔，而冥想中的深呼吸能夠將空氣吸到腹腔，哪種呼吸效果更好可想而知。

在冥想時集中注意力這件事也是熟能生巧的。你不能指望在一週內就能做到冥想時什麼事都不想。你的思維還是會有散漫的時候。當你感覺自己的思維自動地從你集中的那個點「散步」到其他地方的時候，不要著急，保持耐心。只要持之以恆，終有一天你能讓它乖乖聽話、不亂跑。要達到這種境界就得堅持每天冥想。慢慢地，你就可以自由自在地控制自己的思維了。

等你能夠做到快速進入冥想狀態後，你可以慢慢地「升級」自己的能力。慢慢移動到更吵鬧的地方，而你仍然能夠將外界的干擾阻隔於心靈之外。如此一來，你會越來越善於控制自己心中的想法和心情，成為真正的冥想高手。在等車的時候，在長途客運上，在上班的休息時間裡，悄悄進行簡單的冥想，你敢不敢？

冥想無處不想

有時候站著接到一通讓你高興和輕鬆的電話，你會不會「情不自禁」地走起「舞步」或有規律地轉圈圈？ 是的，這些有規律的動作能夠讓你感到放鬆。冥想的重要組成之一就是建立一種節奏感。專注呼吸也是透過呼吸來形成一種呼吸的節奏。節奏能夠使我們排除心猿，專注於當下。根據這個原理，我們可以隨時隨地地冥想了。走路冥想（walking meditation）幫助我們利用散步休息的時間做冥想。

首先找一個能夠慢慢步行的地方。不要太多人，因為每個人都會在意別人的目光。別告訴我你絲毫不在意。每個人都有自我監控的心理能力，正常人不可能完全不理睬他人的看法。然後你可以按照步伐來調整呼吸。比如吸氣時抬起腳，吐氣時腳落地。開始時可能有點難找到節奏，慢慢來，仔細體會這種呼吸和步伐協調的節奏。你的步伐應該要跟著你的呼吸。所以你的呼吸要放輕鬆，讓步伐跟著走。慢慢地，你會發現雖然身體在移動，思緒卻是平緩的。依然專注於你的呼吸，如果有什麼想法冒出來，不要刻意去驅趕它們，只要做好你自己：把注意力集中到呼吸或步伐上。那麼，我的眼睛是閉著的嗎？不是，走路冥想時不要閉眼睛。要睜開眼睛，俯視盯著自己的腳尖即可。

當你熟練上述訣竅之後，你就可以到有人的廣場、公園或海邊走路冥想了。我們不再被局限在某個地方坐著或躺著。我們可以自由地冥想，領略更多美好的時光。

這跟我上一章節說的「跑步冥想」有異曲同工之妙。等你熟練呼吸和節奏之後，你就可以把冥想的修煉擴展到任何時間、任何地點。建立一個真正讓你平心靜氣的生活方式。不過我要先給你一個忠告，就像我前面說的那樣，冥想是最容易半途而廢的放鬆技術之一，需要有一顆恆心才行哦！

心理檔案

心猿（monkey mind）：是指人的想法像古代人猿在樹上跳來跳去一樣，也是不斷跳躍而無法集中的一種意識狀態。一般由生活焦慮所引起，對生活和工作有不良影響。

冥想（meditation）：是一種改變意識的方式，一般透過控制呼吸和節奏來獲得心理上的寧靜，並由此引發很多良好的心理效應。

注意力（attention）：是心理活動指向和集中一定的事物，是心理活動的基礎條件。

走路冥想（walking mediation）：結合人行走的步伐所創立的一種冥想方法，使人能夠在走路的時候冥想。

第 7 章

你幸福了嗎？

記得有一天晚上做完實驗，跟心理學博士學長到小吃店吃了點東西，然後沿著喧囂的街道往學校走。他突發感慨：「你看那些人活得多幸福啊！」是啊！ 每個人臉上洋溢著快樂、滿足的表情。我們的結論是：其他事都不重要，不管是怎樣的一群人，最終追求的都是幸福的感覺。隨著心理學的普及，人們對幸福有了一些認識，但還遠遠不夠，仍然在苦苦追尋這個美好又神祕的心理感覺。多了解與幸福相關的心理學，將對我們有莫大的幫助。

第 1 節 怎麼「給」出你的幸福

心理學家認為幸福在於人們日常參加的活動，而不在我們的生活環境。在這些活動中，那些與利社會行為（prosocial behavior）相關的活動會增加人的幸福感。

金錢可以買到幸福

金錢可以買到幸福！ 但是，需要用一種非常規的方式。

常規的方式是自己有錢自己花。對於求「錢」若渴的人來說，金錢能帶來多少快樂啊！ 但收入再多，如果只用在自己身上，而沒有分享半點給他人，你也不會幸福。幸福的祕訣是，懂得用錢買幸福，不是從自己身上買，而是從別人身上。把錢花在別人身上，會比花在自己身上更幸福。

心理學家把人支配收入的行為分為個人消費 (personal spending) 和利社會消費 (prosocial spending)。利社會消費就是把錢花在別人身上，比如買東西、送禮物給其他人，捐錢給慈善機構等等。一份大樣本 (large sample) 的調查顯示，個人消費與幸福感無關，而利社會消費跟幸福感之間存在正相關。也就是說，個人消費的多寡無法影響幸福感的高低，但是利社會消費越多，幸福感就越高。每個受試者都拿到了一個信封。裡面裝著一筆金額相等的錢。不過信封上寫著兩種如何花掉這筆錢的要求。其中一種是：請在今天傍晚五點之前，將這筆錢花在你自己身上，一定要花完。另一種是：請在今天傍晚五點之前，將這筆錢花在他人身上，一定要花完。這兩種信封的數量各占一半，然後被隨機分配給所有受試者，一人一份。

接下來，他們的任務就是將這筆錢花掉。不同的是其中一些人把錢花在自己身上，例如買東西吃等等。另外一些人則把錢花在其他人身上，例如買禮物給自己的朋友或者把它捐給慈善機構等。

到了晚上，他們的錢都花完了，重新回到實驗室。研究者測量了他們的幸福感，並將這個結果跟實驗開始前做比較。結果，那些把錢花在其他人身上的人，其幸福感成長得更多，比那些只花錢在自己身上的人更幸福。

在另外一個實驗中，研究者讓一些受試者回憶自己的「慷慨史」，讓他們把曾經把錢花在其他人的事情寫下來。另外一些受試者則被要求寫下對自己慷慨的事情（為自己花錢）。

結果發現，這個簡單的回憶竟能使那些回憶自己利社會消費行為的人提升幸福感。幫助他人、給予他人東西會讓自己對自身的形象感到滿意。且不說別人怎麼看，至少自己對自我形象又添加了自信。在這種行為的過程中，我們還可以跟社會建立更牢固的心理關係。這就回到我們本節開頭所說的，幸福源於你所參與的社會活動。

這樣的現象是經濟學課本上不會提及的，也是很多人沒有想到的。這讓我們對人性有了新的認識。人透過幫助和給予來獲得幸福已經是一套人類演化出來的，由生理和心理共同參與的機制。我們將在下一小節討論這個。

「給」是一種「得」

說到幸福，也許我們常常想到的是自己得到了什麼。實際上，為他人付出的人更容易感到幸福。或者說，付出也是一種收穫。就像我們前面所說的，付出的是身外之物，獲得的是心理資源。

有時候，人們把自己的注意力放在別人的幸福上，而忽略自己的幸福。例如，在戰爭、天災中，有時人們為了掩護戰友或救助他人而犧牲自己。在這種情況下，他們來不及考慮這樣做是否會為自己帶來幸福，也來不及考慮自己的後果。

事實上，人類具有一種演化機制，那就是當人做出利社會行為時，幸福感會隨之到來。這種機制已經深深地刻印在我們的身上。

心理學家招募了二十對夫婦來進行一項研究。在實驗中，丈夫要參與一個接受電擊的任務挑戰（但不會有傷害），他們當中有一些人的妻子可以在旁邊抓住自己丈夫的手臂，以表示支持丈夫接受電擊挑戰。而另一些人的妻子則無法在旁邊陪伴，只能透過攝影機觀看丈夫挑戰電流，丈夫也無法看到妻子。即前面那些妻子可以透過肢體語言來支持自己的丈夫，而後面那些妻子則無法幫助自己的丈夫。

在這個過程中，研究者對所有妻子的大腦進行了功能性磁振造影（functional magnetic resonance imaging, fMRI）。她們腦部的變化都被記錄了下來。

結果發現，如果那些妻子能夠幫助自己的丈夫，那麼她們大腦中關於酬賞和激勵的區域就被啟動了，例如腹側紋狀體（ventral striatal，一個腦部結構）。而那些無法幫助丈夫的妻子，其腦部這一部分的活動較少。

大腦的這部分區域（包括腹側紋狀體）與獲得幸福有關。例如，吃到巧克力、性愛和拿到一大筆獎金等都能夠啟動這部分區域。也就是說，幫助他人跟拿到一大筆錢一樣開心。

如此看來，為他人花錢、提供幫助的時候，自己也像得到金錢一樣快樂。金錢能夠買到幸福的原因就在這裡了。你花出去的錢並沒有打水漂，而是返回了你的「心」中，讓你的大腦體驗到幸福的感覺。

可以說，幫助別人是人類生存的重要手段，同時也是使自己幸福的方法。

不管是授人以漁還是授人以魚，只要是「授」，你就有機會增加自己的幸福。不管是花錢還是不花錢，只要是在人際關係中擔任「給予」的一方，你就可以為自己的幸福感加分。曾經有人做過一個職業幸福感調查，發現那些薪資水準並不是非常高的職業，例如牧師、教師等，卻擁有最大的幸福感。它們有一個共同點，就是服務和給予。當然，我們不能忽視其他相關職業因素的影響，不過擁有給予這個特點，無疑是一項重要因素。

所以，讓我們「給」出幸福吧！給出的，又會回來，大家都會幸福。

心理檔案

利社會行為（prosocial behavior）：是指一切有益於他人和社會的行為，如助人、分享、謙讓、合作、自我犧牲等。

利社會消費（prosocial spending）：是一種利社會行為，指將財物資源與其他人分享（親人或社會上需要幫助的人）。

第 2 節 快樂是種傳染病

你曾否將快樂和流行病聯想在一起？如果說快樂跟流感病毒有什麼相似特徵的話，那就是它也能在人與人之間傳播。這給了我們構建人際關係的意義，以及人人都應做快樂的發起者的啟示。你是他人幸福的「路過」或終點站，你也是他人幸福的起點。

快樂會傳染

快樂情緒在人與人之間相互傳遞。你的傳給別人，別人的也傳給你。你的快樂不僅僅依賴於自己，也受制於他人，甚至你不認識的他人。

研究者對近五千人及其親屬、朋友和同事共計五萬多人進行了追蹤研究，用電腦技術繪製出這些人的社交網路，形成一個類似全國公路網、捷運線圖一樣的人際關係圖譜。然後，這些人這些年來的快樂程度也被檢測出來，並透過顏色的深淺在這個人際圖譜上顯示出來。最後，研究者可以看到，快樂的人一般聚集在一起，酷似一個圓形，中間的顏色最深，然後向圓周擴散、減弱。

這說明，快樂的人可以透過家庭成員、朋友和鄰居的社交網路將快樂傳遞出去。從圖譜上看，快樂就像流行病一樣會傳染。那些關係越接近的人，越能相互傳遞快樂。你傳給我，我傳給他，他傳給她，一層一層地傳遞下去。快樂就像泛起的漣漪，遞推到三層關係。快樂就是一種傳染「病」。

透過電腦技術，研究者根據這個「快樂網路」得出了別人對我們快樂程度的影響。平均而言，如果知道身邊有人快樂，我們也會增加百分之十五點三的機率變得快樂；擁有一個快樂的朋友，會使自己增加百分之九點八的快樂機率。超越三層關係的人也會傳播快樂給我們。比如，朋友的姐姐的朋友也能使我們增加百分之五點六的快樂機率。

臨床康復的醫生也發現，如果一個癌症患者積極康復了，那麼他的情緒就會影響到周圍的病友，「帶領」大家一起康復。所以，在臨床康復工作中，團體活動常常會由一個情況好轉的人與其他人進行組合。

悲傷也會傳染

其實，悲傷（sadness）也會傳染。而且，悲傷的傳染性更強。一個社交群體中，其中一個人陷入悲傷情緒，會使別人悲傷的機率增加百分之五十五。因此，想要讓自己不快樂，陪伴兩個悲傷的朋友就夠了。其他負面情緒，例如煩惱、憤怒、恐懼的殺傷力也跟悲傷差不多。快樂則像我們前面說的那樣，平均傳染性只有百分之十五，傳染力較低。「你交的朋友中患某種情感的人越多，你被『傳染』上的可能性就越大……快樂和悲傷皆是如此，」心理學家說，「這與傳染病的模式是一樣的。」 但不一樣的是，快樂的傳染性沒有悲傷那麼強烈，為此，我們應該盡量避免傳播悲傷，而要盡量散播快樂，讓我們社交關係中的其他人都快樂起來，也讓自己快樂起來。幸福在於傳播，在於建立一個快樂的社交關係。

有些工作中的辦公室卻是這種「幸福傳染病」的「免疫地」。在個體競爭性強、而團隊合作性弱的工作中，一個人的幸福感並不會傳遞給其他同事，除非他們同時也是朋友關係。因為彼此之間的競爭關係會與這種幸福的傳遞相抵消。因此，在建立快樂的社交關係時，請記得在工作之餘多陪伴親近的朋友和家人。這樣才能「有福同享」。

會模仿的神經

心理學家認為，我們能瞬間理解他人的行為和意圖。當你伸手去拿水杯的時候，我能很快就推理出你下一步的動作是喝水。當你把「摧花辣手」伸向花朵時，我能明白你想摘下這朵花。我們的頭腦中有著比電腦 CPU 還要厲害的處理器，它們能詳盡分析感官採集的資訊，並把這些資訊與先前儲存的經歷相比較，明白他人在做什麼，以及為什麼要這樣做。

這都是因為我們擁有鏡像神經元（mirror neuron）。鏡像神經元是一種具有特殊能力的神經細胞，它能夠透過直接的腦內模仿作用，像鏡子一樣直觀和頓悟事物的本質意義。它就像一面鏡子，能直接在觀察者的大腦中映射別人的動作，從而理解對方的心理活動。

打哈欠會傳染的一部分原因就是如此。看到別人打哈欠，鏡像神經元會不自覺地模仿對方的動作，你的面部肌肉和嘴巴就忍不住將這個模仿表現出來了。如果你的嘴巴一直在動，例如在說話或者吃東西，那麼它就不會如此直接地完成這件事。但是，不管你是否表現出模仿行為，腦中的鏡像神經元都在模仿你看到的任何人的動作。由「鏡像神經元」所產生的直接的內在經驗，讓我們能夠理解他人的行為、意圖或情感。

幸福能夠被傳播的也有部分基於這個道理。當朋友的幸福溢於言表時，你的鏡像神經元也模仿了朋友的表情和動作。由於它像一面鏡子，所以它模仿的精確度遠超乎你的想像。對方的幸福和快樂就這樣被你領悟到了，你也會開心起來。當別人對你微笑時，你是不是也會情不自禁地回報一個微笑？

心理檔案

悲傷（sadness）：從心理學上看，悲傷是人的六種基本情緒（快樂、悲傷、恐懼、驚訝、憤怒、嫉妒）之一。

鏡像神經元（mirror neuron）：一種特殊神經元，能夠像照鏡子一樣透過內部模仿而辨認出所觀察對象的動作行為的潛在意義，並且做出相應的情感反應，彷彿自己也在進行這一行為。

第 3 節 憂鬱了？心理學撇步讓你變快樂

其實憂鬱和快樂只在轉念之間。你可能變得更憂鬱，也可能變得更快樂；你可能從快樂變成憂鬱，也可能從憂鬱變成快樂。這都取決於思維為你提供了怎樣的視角：向上還是向下。

反事實思考

從當前事情的反面去思考不僅僅是創新思考方式的一種，而且它還能影響人的情感經驗，或者讓你的心情更糟糕，或者讓你從心情低落的泥潭中掙脫出來。

這種反對事實、重構一個與當前事實相反的虛擬情形的思考方式叫做反事實思考（counterfactual thinking）。反事實思考是指個體在心理上否定過去事件並構建出一種可能性假設的思維活動。

例如，學生考試失敗時會自動產生「如果我複習時再努力一點、認真一點，我就會通過這次考試了」、「如果我考試時能運用老師所講的考試策略，我的成績就不會這麼差了」、「要是我昨晚不熬夜，可能就不會考砸了」等等想法。這種思維方式常常伴隨著痛苦、高興、後悔等情緒反應。

反事實也有不同的「反」，有一些是反成好的，有一些是反成不好的。例如，「如果再跑快一點，我就能趕上末班車了」是一種將當前不好的事實反成好的結果，叫做向上反事實推論（upward counterfactual reasoning)。再如「要不是現在大學錄取率高，我根本考不上普通大學」是將好的結果反成不好的想像，稱為向下反事實推論（downward counterfactual reasoning)。

不同的「反」會導致人的心情產生不同的變化。如果你遇到了不開心的事，但還做向上反事實推論的話，這種思維將會強化你的負面情緒，使你更不開心。這種負面情緒又進一步引發其他向上反事實推論，如此一來，人就會陷於一種惡性循環。

轉念一想

「轉念一想」的轉很重要。有一種「轉」是往上轉，有一種「轉」是往下轉。往上轉轉到憂鬱，往下轉轉到幸福。想想怎麼做事情才會變好吧！ 讓自己能夠快速從不愉快中走出來，避免我們前面所說的惡性循環。

當一個人窮困潦倒的時候，往往會哀嘆自己命運不濟。但是他可能忘記了一件事：他擁有健康、親情和朋友。這時他會進行反事實思考，比如，「要是我能繼承一大筆錢就好了」。這是一個向上的反事實推論。假設，當他真的富裕起來，卻被迫出賣自己的朋友、犧牲自己的健康時，他一定會再次感嘆從前才是幸福的。這時他又會做反事實思考：如果不是為了錢，我就不會失去幸福了。這也是一個向上的反事實推論。

這樣的思維方式讓他永遠開心不起來。其實，在他窮的時候，如果他早點做向下的反事實推論，他就不至於讓自己「淪落」到只剩下財富的境地。比如，「如果我沒有健康、親人和朋友，我將窮得一無所有」、「雖然我沒有物質財富，但我還有精神能量」。如果一個人能進行向下的反事實推論，他就能時時刻刻找到讓自己幸福的事情。

這裡還有一個經典的反事實推論的例子。在一九九二年夏季奧林匹克運動會中，運動員馬特·比昂迪（Matthew "Matt" Nicholas Biondi）在自由式游泳決賽中名列第二，獲得了一枚銀牌。但是比昂迪的反事實推論「反」錯了，使他本來應該獲得的幸福感被「反」得一乾二淨。雖然他取得了許多人夢寐以求的成就，但是他並不滿足於此。與他相比，拿到銅牌的那位運動員反而更加開心。因為比昂迪的想法是：要是當時再努力一點，我就能拿到金牌了；而銅牌獲得者想：太幸運了，我還有獎牌可以拿！

轉念一想，世界就會變了樣。

在金融領域研究發現，那些企業機構的決策者傾向於在負面的事情發生後找藉口。而沒有預料到的失敗更可能挑起不合理的反事實推論，把責任都往自己身上攬：「事情本來不應該是這樣的，如果我能再細心點，現在的狀況就不會是這樣了。」

身為投資者，如果剛剛賠了一千萬，你的心情可能烏雲密布，如何才能「轉晴」呢？最好的方法就是，你剛好得知一個消息，有個跟你買同樣股票的人賠了兩千萬，比你更慘。此時，你會慶幸自己只賠了一千萬，而不是兩千萬。

不幸之中的大幸，只有向下反事實推論的人能夠看到。也只有他們能夠在幾秒內「多雲轉晴」。心理學的魅力之一就是，它能讓我們發現這個世界上還有別人看不到的東西，例如，幸福！

心理檔案

反事實思考（counterfactual thinking）：是個體在心理上對過去已經發生的事件予以否定，並重建一種可能性假設的思維活動，它是人類意識的重要特徵之一。

向上反事實推論（upward counterfactual reasoning）：是指對於已發生的事件，想像其可能出現比事實更好的結果。

向下反事實推論（downward counterfactual reasoning）：假設一種比當前事實更壞的結果。

第 4 節 有時候放棄希望，就能幸福

希望是一種動力，因為你認為你生命的獎勵就在前方。正向幻想的人（在第三章提過正向幻想）認為：希望的東西似乎近在眼前，幾乎觸手可及；希望也是一種痛苦，尤其在遙遠地方的時候，它就是一座海市蜃樓，近在眼前，遠在天邊。

不幸福，可能是認知失調

人生最遺憾的，莫過於輕易放棄了不該放棄的，固執地堅持了不該堅持的。固執是堅持己見、不懂變通的心理現象。固執的人思維沒有彈性，一旦認定了某事就不再輕易改變。為什麼會這樣呢？

心理學家用認知失調（cognitive dissonance）來解釋固執的心

理。每個人都對自己和各種事物持有一定的信念。但是當信念與現實不一致的時候，我們就會因認知失調而失去平衡了。為了緩解失調帶來的不適感，我們透過「堅定」一些信念來讓自己好受。這些堅持下來的東西有時就會演變成固執。

心理學家做了一個實驗來證實這種現象。實驗中，研究者先讓受試者完成一個無聊透頂的實驗任務：他們需要將一排排螺絲釘旋轉進去四分之一，然後再旋轉出來，然後再旋轉進去四分之一，再旋轉出來。這個實驗夠無聊了吧？他們要重複這個動作長達一個小時的時間。然後，實驗者請求已經完成這個實驗任務的受試者對下一個等待做這個實驗任務的受試者說：「這個實驗太好玩了，我根本捨不得離開。」於是，這些受試者接受了實驗者的請求，添油加醋地告訴下一個受試者：「這將是一個非常有趣的實驗。」之後，這些完成實驗的受試者分別被給予了一塊美元（約新臺幣三十元）或二十塊美元（約新臺幣六百元）當作報酬，並讓他們評價自己有多喜歡剛才做的實驗。

因為完成這個任務，一些受試者得到了一塊美元的報酬，一些則得到了二十塊美元。那麼哪一種受試者更喜歡剛才那個無聊透頂的實驗任務呢？

結果令人大吃一驚。居然是那些得到一塊美金報酬的受試者認為「這個實驗滿有趣的」。幾乎可以忽略不計的一點報酬居然能使實驗如此受到青睞？按照常理，應該是拿到更多錢的受試者更喜歡這個實驗任務啊？

在實驗中，受試者要花一個小時來完成一個簡單的、重複的、沒有創造性的實驗任務。他們當然會覺得這個實驗是無聊的。但是，這些受試者又要告訴下一個受試者，說實驗非常有趣。這樣，他們就認知失調了。一邊覺得實驗很無聊，一邊又要說實驗很有趣，思緒不打架才怪。

這種矛盾的和焦慮的感覺需要透過理由來緩解。如果能夠為自己的行為或態度找個合適的理由，就不會感到焦慮了。「為什麼我要騙後面的人說實驗很好玩呢？」對於拿到二十塊美元的受試者而言，這個理由是很明顯的：有錢拿，撒點小謊又有什麼大不了？但是對於只拿到一塊美金的受試者來說，這點錢就無法說服自己了。那怎麼辦呢？只能自己「欺騙」自己：這個實驗其實真的很有趣。

人們應該承認自己所面對的現實，例如，這個實驗是無趣的。如果不承認，那麼只能採取其他理由來「掩飾」這個事實。即人們常說的「解釋即掩飾」。

同根生的堅持和固執

堅持懷有因認知失調而產生的「希望」是一種固執。患有長期病症的人可能已經無法治好了，但是他們不願意承認自己的處境。大部分人覺得自己應該是健康的。不過現實往往很殘酷，自己是不健康的。那麼，這種認知差異應該如何解決？一種就是對未來抱持希望：希望就在前面的轉角了，我現在這個樣子是為了迎接新生命的到來。我現在這個情況是合理的。那只是黎明前的黑暗、彩虹前的風雨。這就是生病後因為自我認知失衡而導致的固執。

長期病患如果放棄希望，會感到更加快樂和幸福。一般來說，堅持對未來的希望總是美好的。但是對於患有長期疾病的人來說，這種堅持是一種固執。這種堅持無法為他們帶來快樂。

心理學家發現，長期病患如果對自己放棄希望，會活得更好。那些覺得自己的病是不可逆轉的病人比那些認為自己可以很快戰勝疾病的人更能適應自己生活的變遷，具有更高的生活品質。也就是說，希望存在於陰暗的一面，且籠罩在幸福之上。

如果這些病人認為自己的病只是短期的，即對自己的康復抱有強烈的希望，他們就很難適應新的處境。信念中自己的病是短期的，但現實中這個病必定是久治不癒的。如果不調整自己的認知，任由這種偏差發展，生活就不會幸福。用希望之信念來抵消自己的認知失調是頑固不化的表現。

生病後，病人對自己的認知產生失調。面對要做長期搏鬥的疾病，為了緩解認知失調，除了堅持「自己的病是短期的」這個希望，另外一種解決方法就是——承認事實：「我的確『沒救』了。我坦然接受命運的安排，只要能過好從現在起的每一天。」像這樣子放棄希望反而是一種懂得變通的人生思路。

這聽起來有點荒謬：我們要讓長期臥床不起的人放棄希望？其實關鍵在於這些善於憧憬未來的人沒有回到現實，所以我們並不是要透過讓他們放棄希望來解決問題，而是希望他們能認清現實、接受事實，把目前的情況當作新的生活。比如，當他再也不能像以前那樣活蹦亂跳，一天的大部分時間都要待在一間安靜的病房時，他應該接受這樣的現實，接受這種新的生活方式，並從中找到新的樂趣，而不是固執地希望自己能盡快走出病房。因為，他的病不是短期的，希望無法立即實現。

堅持就是勝利。堅持就是成功之母。鍥而不捨，金石可鏤。這些古訓早已耳熟能詳。不過，堅持的前提是方向正確，倘若這個堅持的東西已經脫離現實，還一頭熱地堅持下去，南轅北轍，就會離幸福越來越遠，離苦惱越來越近。這種所謂的「堅持」，真名應該叫做「固執」。我們在生活中要分清什麼是堅持，什麼是固執，該堅持的一定要堅持，百折不撓，不該固執的則應盡快變通，尋找新的該堅持的事情。像我們前面所說的那樣，有時候「希望」只是一個與事實拔河的信念，是為了調節認知失調，但是這樣效果不佳，因為它演變成了固執。

這個幸福的原則可以推廣到所有人身上。在希望和現實之間如果存在太大的隙縫，我們就會對生活產生抱怨。首先要學會接受現實，才能對未來有所期待。這才是幸福的途徑。

接受是一種幸福

這裡用一個心理學研究的事例來說明為什麼接受現實是解決認知失調的方法。

大腸癌的人在切除大腸之後，可能要仰賴體外的一個袋子來幫助排便。這不是一件讓生活美好的事，而是讓人感到人生發生了天旋地轉的變化，例如生活風格和個人自我形象。實際上，這個腸造口手術（colostomy）可以是暫時的，也可以是長期的。醫學心理學家（medical psychologist）利用這一點做了一個測驗。

當他們完成腸造口手術後，一些病人被告知他們的病是可以好轉的，幾個月後（算是短期的時間）排便功能就會恢復正常。一部分病人被告知這個病是長久的，他們再也無法正常排便了。

如此，第一組的人就是擁有希望的人，而第二組是喪失希望的人。神奇的是，第二組人反而對生活感到更加幸福。

因為，當知道自己以後都要這樣子的時候，他們反而坦然地去面對生活了。而第一組人在「自己應該那樣（正常排便）」和「自己必須這樣（腸造口排便）」之間的認知失調必須透過堅持希望來解決：我現在必須「這樣」，是因為我很快就能「那樣」。

第二組人在收到令人驚愕的資訊後，接受了這個事實，所以開始去適應一個全新的自己。他們的生活可以繼續下去了。第一組人在以「希望」為理由為自己當前的事實做辯解。這樣就難免對當下的自己感到不滿，也就無法體驗當下生活的美好。

在臨床醫學上，心理輔導者已經意識到，把具有希望的消息告訴病人雖然比較容易說得出口，但是很可能不利於患者的幸福感。讓他們活在現實中可能比活在希望中更好。在現實生活中，大部分患者的家屬都希望他能活在希望中，因為他們事實上也活在希望中。不是活在希望中不好，前提是那些希望應該要貼近現實。

再舉一個生活中的例子，那些因配偶死亡而失去伴侶的人，比那些因離婚而失去伴侶的人能更好地從失去中走出，生活恢復得更快更好。

這是因為，如果配偶去世了，那麼他就再也不會有與對方複合的希望了，他們在心理上有了完成感。而因為分手而失去對方的人，還在期待著未來的破鏡重圓。

這時候，希望不是個好東西。它只是個藉口。

心理檔案

認知失調（cognitive dissonance）：指一個人的行為與自己先前一貫的自我認知（而且通常是正面的、積極的自我）產生分歧，從一個認知推斷出另一個對立的認知時所產生的不適感、不愉快的情緒。

第 5 節　擁有的，和想要的幸福

吃著碗裡的、看著鍋裡的不會幸福，正如忽略所擁有的、想要還沒擁有的會使人不快樂。只想要所擁有的才會感到更開心。

幸福源於擁有

有句老話說，你擁有的使你幸福，你想要的使你不開心。

在一些快速發展的國家中，有些國家的收入不斷成長，為什麼人們的幸福感卻沒有隨之提高呢？心理學家在做了一項調查，測量了人們的期望收入，也就是自己想要的最少的收入、真實的收入和主觀幸福感（包括對生活的滿意度和對收入的滿意度）。結果發現實際收入越高，幸福感就越高；期望收入越高，幸福感就越低。

這項研究說明了，我們的幸福是源於我們現在所擁有的，而不是我們想要的。心理學家用享樂跑步機（hedonic treadmill）這個概念來解釋這種現象，指收入成長，快樂卻沒有相應成長，即所謂的「有錢不快樂」現象。它比喻經濟發展像水車輪子一樣不斷滾滾向前，但快樂水準卻在原地打轉，並未隨著經濟發展而顯著提升。

單純高收入還不足以使人快樂，必須讓人們覺得自己比朋友和同事的收入更高才會感到快樂。研究者一直在研究為什麼在過去的四十年裡，明明因為經濟的成長，人們的收入都顯著提高了，在富裕國家的人卻沒有感到更幸福。心理學家說，個人收入的層次可以最好地預測個人的生活滿意度，個人的實際收入和那些不相干人的收入不會影響個人的滿意度，如果你的朋友每年賺一千萬，那麼，你就算每年賺五百萬也不會快樂。因為我們總是會習慣自己所擁有的，並且眼巴巴地看著別人擁有而自己沒有的，心底升起新的欲望。

在劍橋大學心理學課堂上，人們總結了幾句話：People who've got it, want more of it （已經擁有的人，渴望得到更多）；People who have'nt got it yet, really, really want it（還沒有得到的人，真的真的很想得到）；People who know they'll never get it, still dream of it（知道自己永遠無法得到的人，依然夢想得到）；People who've got lots of it, still want more of it（已經擁有很多的人，依然渴望得到更多）。

我們想得到某種物質，甚至欣賞某個人時，就認定非要得到不可，否則就不幸福。但在得手之後，很快又習慣這種改變，主觀上的幸福程度下降了。於是，你又開始了新的追求。

人的欲望就就像站在跑步機上的人，永遠不會停止，沒有盡頭。例如，我們會為新買的電腦、手機等物品興奮一陣子，但是很快又對它視而不見。這也是為什麼人會喜新厭舊。

擁有很多的人往往會繼續要求得到更多。他們的期望值更高，而且更難達成。

人很容易陷入這樣的惡性循環：你的車是 TOYOTA，而鄰居的車是 BMW，所以你拚命努力賺錢存錢，而當你的車跟鄰居的車一樣好時，鄰居的車又換成了布加迪（Bugatti）。於是，物質財富的比較讓人陷入惡性循環。從這層意義上來看，單純的經濟成長可以讓每個社會成員都變得富有，卻不能讓每個人都感到幸福。

這印證了我們所說的「跑步機理論」：人心總是不足的，因為你的心靈空間擠滿了物欲，感受不到擁有的幸福。

想要別人所擁有的

大多數不開心的人，往往低估了自己所擁有的，又高估了別人所擁有的。我們擁有的東西並不能代表什麼，重點在於跟周圍人相比，自己擁有了多少。

擁有很多東西並不能打開幸福之門，重點在於你是否欣賞你所擁有的。如果你想要力所不能及的東西，也會讓你不開心。

讓我們從另一個角度說起。日本學者手島佑郎認為，窮人只有待在富人堆裡才能學到東西，迅速致富。所以，他聲稱窮人要與富人為伍。先不論這個做法是否有效，至少沒有多少人願意這樣做。因為那樣只會讓自己壓力倍增，失去幸福感。

也許有些人很想在大都市的一個好社區買房子，住在裡面，就算成為房奴也在所不惜。這種想法是雄心和野心的象徵，值得鼓勵，但也要慎重考慮。因為心理學的研究顯示，跟富人住在一起，容易使你產生失望情緒，對鄰居有嫉妒心理，平常心情也不會好。這樣你倒不如住在鄉下呢！

其實，財富對自己的影響並不取決於它的絕對值，而是相對值。富不富跟自己幸不幸福無關，而跟自己的鄰居、朋友、同事的對比有關。大規模的調查顯示，自己的財富總是「趕不上鄰居的收入」是幸福感的最大障礙之一。富裕的鄰居會讓那些經濟拮据的居民對自己的「住家、經濟和閒暇時間」等方面感到更加失望。一位哈佛大學的心理學家說：「如果你被富有的鄰居包圍，你就會感覺不幸福。」

人比人，氣死人。這句話一點都不假。英國廣播公司的系列劇《保全面子》（*Save Face*）裡一個叫 Buckett 的婦女老是喜歡觀察她的鄰居，看一看他們又有什麼能夠提升社會地位的東西。如果有，她就會感到不舒服，而她同時又在窮鄰居面前有著強烈的優越感。如果我們的鄰居都是窮人，我們的欲望也會減低，反之，如果鄰居都比自己富有，我們的欲望標準也會提高。比如，買 3C 產品，也許我們只需要買一台筆電就夠了。但平時的交際圈裡都是比自己富有的人，那麼你可能還得另外跟風買一台 iPhone。一旦達不到目標，那種失敗感可想而知。

大部分人一輩子相處的就是身邊的那幾個人。你幸不幸福、快不快樂，在很大程度上由這些人決定。調查顯示，如果你的鄰居比你富有，夫妻間就容易為錢及家事爭吵。 我在本書中反覆提到，人的欲望源自我們所看到的。我們看到的越豐富多彩，我們的欲望就會越繁花似錦。我們在不同的社交圈裡看到的東西是不一樣的。我們所處的環境決定了幸福感的大小。如果你在朋友堆裡能夠抬起頭生活，那麼你的幸福感就不會太低。所謂寧為雞口不為牛後，就是這個道理。

心理學家並非認為人們應該把標準往下「跳」，而是從科學的角度提示了一個千古不變的幸福的真理：知足常樂，量力而為。

大家在追逐任何東西的時候，是否已經忘記本身擁有的東西？回過頭來看看自己所擁有的吧！ 切勿將幸福寄託在想要的東西之上。

心理檔案

享樂跑步機（hedonic treadmill）：該理論認為人如果能迅速習慣周圍環境的改變，那人們也會對自己所擁有的產生習慣，繼而要求更多，無窮無盡。

第 6 節 喜歡與想要大不同

有人說：「我想要……但是我不喜歡……」有人說：「我喜歡……但是我不想要……」這兩句話可靠嗎？ 能相信嗎？ 儘管我們無法知道對方的真正想法，也要根據實際情形來決定，但是最新的心理科學研究顯示，這兩句話有可能是真的。

我猜，你很可能也說過其中一句，或者對某些東西有這樣的感受。

想要不等於喜歡

喜歡一個人，並不一定想要擁有他。想要一個人，你並非一定喜歡他。

曾經在風花雪月的文章裡看到的詞句，已經被心理學家所證實。用到其他事物上也是如此，我們喜歡一個東西跟想要一個東西是不同的。欲望得不到滿足，喜歡而得不到，可能會影響我們的幸福感，但是這沒有什麼大不了。因為你可能壓根就不想要他。可遇不可求的東西只能拿來喜歡，不一定要追求和擁有。而你認為對自己沒什麼吸引力的東西或你不喜歡的東西，心裡卻可能非常想要。總之，我想在這一節告訴大家，以後應該把喜歡和想要的東西做個區別，捫心自問：「你是喜歡，還是想要？」當你喜歡某人或某物的時候，你的大腦不一定想要他；反之，你的大腦有可能會想要你不喜歡的人或物。

我們透過感覺來認識其他事物，例如光線、氣味、聲音和味道。這些感覺是如何被接受和區分的呢？就是透過大腦的神經迴路。我們的大腦裡有一個神經網路（neural network），看上去錯綜複雜，實際上又有條不紊。透過這些電路般的神經網路，我們感覺到外面的事物，並做出反應，例如喜歡、想要或討厭。

心理學家透過先進的腦部影像（brain imaging）設備，可以看到這些資訊如何在神經網路裡傳導。我們可以在掃描螢幕上看到活動中的區域亮起來。

許多人認為喜歡和想要是一樣的。這也很有道理，不是嗎？因為喜歡優酪乳，所以想要買來吃。因為喜歡足球，所以瘋狂地踢足球。很多年以來，包括科學家在內的人類都認為想要和喜歡是相同的。即使有那麼一點疑問，也很快由於不知道如何證實或證偽而打消這個念頭。

但是，最近一個「失敗的」實驗卻揭示了它們之間的差異。

> 本來，心理學家最近發現有一條神經線路與老鼠和人類近親——靈長類動物的吃東西的行為有關，想透過「砍掉」這條神經通路，來看看動物是否就不會再去吃東西了。按照計畫，這個「想要」的神經線路被阻止之後，實驗室的老鼠就不再像以前那樣飢不擇食了，就算把食物放在牠面前，牠也應該是沒有反應的。
>
> 但是，實驗開始後，我們震驚了。當可愛的小老鼠看到牠愛吃的胡蘿蔔時，迅速地跑了過去，就像餓虎撲羊一樣。更令人「驚喜」 的是，小老鼠雖然跑向胡蘿蔔，但是眼看食物到嘴邊了卻不吃，而是停在了那裡。

研究者把胡蘿蔔移動到另外一個地方。小老鼠也趕快跑過去，但還是不吃。這不禁讓人想起有些貓喜歡玩老鼠卻不吃老鼠。貓的行為有時候真正詮釋了「喜歡而不想擁有的精神」。

這是令人疑惑的。所以，心理學家決定透過神經成像技術(neuroimaging)，來看看此時小老鼠的腦子裡發生了什麼事。

結果發現，雖然「想要神經」被切斷了，但還有另外一條通路也來到了大腦的那個區域。說明除了「想要神經」外，這裡還有一條「喜歡神經」呢！ 想要和喜歡隸屬於不同的神經迴路。也就是說，想要和喜歡不同。

你想不想要跟你喜不喜歡是相互獨立的。有時候，你喜歡但是不想要；有時候，你想要但是不喜歡；有時候，你既不喜歡又不想要；還有時候，你既想要又喜歡。這給了我們什麼幸福的啟示呢？假如我們得不到一樣東西，不一定就會不幸福，因為我們可能根本就不需要。很多時候，我們只要喜歡著就是幸福了。

這個實驗能夠解釋很多我們不理解的東西。例如那些對吸菸、賭博、網路成癮的人，明明知道自己不應該那樣做，而且知道那些東西對自己有害，卻還是無法阻止自己去做。他們不是因為還喜歡著它，而是他們的大腦已經養成了一個習慣：想要它。

為什麼我們總是希望早點起床，但是從鬧鐘聲中醒來後，又「義無反顧」地按掉繼續睡呢？我們不是不喜歡早起，而是我們想要睡覺。我們喜歡的神經和想要的神經正在進行天人交戰。

明明覺得對方喜歡自己，但總不見他行動。於是，自己「先下手為強」，結果對方說不喜歡自己。真是萬分尷尬。其實，他可能只是喜歡你，但是不想和你成為情侶。他就像那隻實驗中的小老鼠，只是喜歡乳酪，但是不想吃乳酪，所以乾脆就說不喜歡你，言下之意是不想要你。

明明對方已經不是自己喜歡的了，在一起只會像是火山一樣不穩定，但是卻離不開他。因為你罹患了「想要」的病，你的確已經不喜歡他了，但是你無法離開，因為你內心想要他。

這都是喜歡和想要不同惹的禍。

想要自己喜歡的最幸福

不過，這兩條神經在大部分時間裡是互相合作的。我們會吃自己喜歡的東西，我們會玩自己喜歡的東西，這兩條神經最終到達的是腦中的同一塊區域。而且，只有在兩條神經一起工作時，也就是我們想要我們喜歡的東西時，我們反應是最強烈的。當你得到自己想要又喜歡的東西時，幸福感是最強烈的。

如果你想要某樣東西或某個人的時候，首先應該確定你是否真的喜歡他，否則不要輕舉妄動。如果你覺得喜歡某樣東西或某個人，先確定你真的想要他，否則不要糊里糊塗地「要了」，那樣是不會幸福的。

不要活在別人的期待中。在學業、工作、婚姻生涯中，家人、朋友等周圍人對你有這樣那樣的期待，希望你去「要」什麼東西，但是你最好要你「喜歡的」，而不僅僅是你「想要的」。

幸福的人就是做著自己喜歡的事情的人。同樣地，幸福的人也是那些深深喜歡自己所做的事情的人。

讓我們的「兩條神經」都迸發出熱情吧！

心理檔案

腦部影像（brain imagining）：指電腦斷層掃描（computed tomography, CT）、正子放射造影（positron emission tomography, PET）、核磁共振造影（magnetic resonance imaging, MRI）、功能磁共振造影（functional magnetic resonance imaging, fMRI）等檢測腦部變化的技術，使心理學家可以看到活動中的

大腦內部。

第 7 節 把不愉快的關起來

某人多嘴的時候，我們會向他喊「shut up」。你知道嗎？當我們遇到不開心的事情時，也可以把它們關起來。

把自己關起來

很多事情都不知道該如何解決，很多事情都跟自己過不去，心情糟透了。這時，很多人都有一種感覺：把自己關起來吧！

關起來有什麼好處呢？我們可以裝作什麼都不知道，減輕煩惱。把心門關起來，不去問、不去聽、不去想身邊令自己煩惱的事情。一個多月不開電腦，一連幾個星期不看 LINE、不上 FB、不上 IG。每當有打開的欲望時，就重重地壓抑下去。

好好獨處一段時間，讓心裡平靜一點。這樣或許可以讓自己的心明亮一點，知道自己該做什麼，不再沉迷於那些不實際的、不可觸及的東西。有些東西不是自己的，就不是自己的。我們無法知道，也無法理解。

如此一來，我們可以逃離各種煩人的事情。學業、經濟、感情等眾多問題會在人們還很脆弱的時候接踵而來。我們卻常常不知道該如何是好。

為了不讓家人、同學等身邊的人擔心，更為了不讓自己擔心，就想把一切都隱藏在內心。許多人喜歡在表面上裝出一副成熟穩重的樣子，內心仍然脆弱得不堪一擊。

這種想把自己關起來、與周圍事情隔離開來的感覺其實是一種心理上的迴歸（regression）現象。我們小時候可以這樣做。那時，一遇到不開心的事情就往父母懷裡鑽，依偎在爸媽的懷抱裡。我們可以躲進被窩，遲遲不肯起來。我們在外面被同學欺負了，可以往家裡跑，只透過窗戶看世界。所以，遇到挫折時，大家都不希望長大。

這是每個人都會有的想法，但也是一種幼稚的表現。

把不開心的關起來

不要把自己關起來，應該把不開心的關起來。

有什麼方法可以既快速又簡單地埋葬我們的傷心和煩惱呢？心理學家說，只要把它們放進「盒子」裡就行了。這並不是在開玩笑。

心理學家研究了物理上將一個物品鎖起來是否有助於緩解我們緊張的心情。

記憶是任性的。腦中總是會浮現出那些痛苦、不堪的回憶。一個不經意的觸動就會使痛苦的感受從心底浮上來，痛苦的回憶在腦海中翻滾。有什麼辦法能把這個魔鬼鎖在一個空間裡？

心理學家招募了一群正在傷心的人來幫忙做實驗。研究者讓他們安心地坐下來，把自己過去後悔的事情和痛苦的事情寫下來，然後把這些回憶折好，放到信封裡。

就這樣，一個簡單、小小的做法，居然能夠讓我們的心靈重獲寧靜。我們真的能夠像自己期待的那樣，把不好的心情封存在信封裡面。

為什麼呢？

奇怪的心理完成感。

在心理諮商室裡，我們記錄了一些故事片段：

「我已經不相信愛情了，幾次傷害到別人以及被別人傷害之後。」我悠悠地說。

「就相信我一次嘛！你想要繼續一個人孤單地逃避，還是跟我兩個人一起想辦法？」剛開始時，我承認我是被她這句話打動的，抱著姑且一試的心理，給了我們兩人一次機會。也因為這句話，我們從不敢觸碰到默默牽手。當然，後來也因為這句話失眠了好幾個日夜。

「你怎麼不接他電話？」當我還跟她在一起的時候這樣問她。

「幹嘛接那個死男人電話？很煩！都分手了還一直打來。」那時她一邊掛了前男友的電話一邊說著，我聽到這句話真不知道是該哭還是該笑。我該慶幸她與先前的戀情沒有藕斷絲連，但還是擔憂有一天我也會變成她生命中的陌生人。

「嘿！會不會有一天妳也這樣對我？」某天，我終於鼓起勇氣問她。

「不會啊！你跟他們不一樣。」她微笑著對我說，嘴角的弧度讓我相信了這句話的溫度，溫暖了好幾天。當然，後來也因為這句話，痛了好幾個月。後來，我才明白，原來自己跟他們沒有什麼不同。

每年畢業時期，學校裡就迎來了分手潮。我們曾經在分手瘋似的看著對方的 FB 貼文，曾經留意對方的消息，看看對方是否依然注意自己，翻翻過去的回憶，聽聽別人口中的她是否快樂如昔，即使走過傷心地，也傻傻地、非理性地期盼著自己會與他不期而遇，即使大家心裡都很清楚，那種情況的機率極低。有時甚至會討厭自己，討厭自己在分手以後還不斷地回顧過去。

心理學家想知道人到底要怎樣才能度過分手後的悼念期，又是什麼原因使得這個悼念期遲遲無法結束，一直掛念，一直掉淚，一直恨對方卻又忘不了對方。結果發現，這些一直服「感情喪」的人，並不是「不知道」分手的原因，其實大部分人早就知道分手的原因，只是「不能接受」。

而那些走出失戀陰影的人，就像把記憶放在盒子裡封存起來，形成一種心理上的結束感（psychological closure），對「分手」這個事件有一個完整的歸因。

為什麼人死去要有一個儀式？為什麼分手也要有「事務所」幫忙安排分手儀式？為什麼人類需要各種「儀式」？因為，我們需要藉由這些來達到一種心理上的完成感。

不僅僅是失戀的痛苦如此，所有的傷心事皆是如此。我們不是不知道，而是無法接受。仔細想想，又何嘗不是如此呢？

忘不了——柴嘉尼效應

如果一件事在心理上沒有完成，我們就會一直記得。比如，如果欠了某個人的人情，我們就會想著還人情債。假設我們終於有機會報答，但是對方並沒有完全接受，只是「意思意思」了一下，那麼，雖然這件事在形式上已經完結了，但形式上的結束不等於心理上的完成，我們可能會持續惦記著這件事，認為自己沒有完全還完人情。這是具有人情債焦慮症的人的典型感受。

在其他事情上也是如此。如果讓我們後悔或傷心的事無法在心理上得到一個結果，它們將會一直困擾著我們。這也是為什麼有些事情我們直到現在都無法擺脫。儘管很多苦惱都已經在時間上成為過去，在心理上依然記憶猶新。

無論是記憶上還是感情上，我們都「患有」柴嘉尼效應(Zeigarnik effect)。

> 去餐廳吃飯時，如果注意觀察服務生的工作，我們可能會發現一個有趣的現象。食物上齊前，負責點餐的服務生可以記住大量顧客所點的東西，可一旦他將一道道食物上齊之後，就會把剛剛所記的內容都忘了。

不知道你觀察到了沒有，反正心理學家柴嘉尼觀察到了。她在維也納的一家咖啡館裡喝咖啡時，發現了這個奇特的現象。這一現象引起了柴嘉尼的思考，她把它引入心理學中，透過實驗來核對和解釋它，最後於一九二四年提出了著名的「柴嘉尼效應」。

在一次心理學實驗中，他將受試者分成兩組，每組人都要完成二十項任務，例如將一些不同顏色和形狀的珠子按一定模式用線穿起來，完成拼板；從同一個指定的字母開始找出一位德國哲學家、一名演員和一座城市等等。其中一組沒有任何障礙地在一定時間內完成了所有事情。但是另一組，柴嘉尼故意在工作中途突然說：「我有事要出去，實驗先暫停，明天再繼續進行。」第二天，研究者測量了這兩組的記憶和緊張情緒。發現未完成任務的那組更加緊張，而前一天已經完成任務的組別，其緊張狀態早就消失了。另外，在讓他們回憶昨天所做的事情時，未完成的那組記得更清楚。

由此可見，對於還沒有完成的事情，我們總是會放在心上，並伴隨著緊張感。

關起來等於完成了

之所以能夠把不愉快「關」到信封裡，是因為我們可以透過這樣的動作無意識地體會到「完成了」的感覺。不論你是不是物質主義者（materialist），前面提到的「信封實驗」證實了物理上的動作與我們心理上的動作具有一致性。我們的願望和想法可以透過看得見的物理動作表現出來，並借助它們來實踐。當我們把回憶寫下並封存起來時，我們的心也在進行著同樣的動作——至少在一定程度上具有這樣的效果。

每次希望自己重新開始的時候，都會想忘記過去，但往往越想忘記就越難忘記。這是因為你跟過去「過不去」，你心裡覺得過去的事還沒有「完成」。如果你能夠滿足心理完成感，就不會再執著於過去當中。

曾經見到一些人燒自己的日記本，不知道你有沒有這樣做過呢？可以說，這也是一種儀式，跟把回憶寫在信紙上，再用信封包起來是非常相似的。日記本滿載著過去的記憶，燒掉它就等於承認過去的事情已經結束、完成了。雖然還沒有心理學家透過科學的測量來證實這件事，因為很難找到願意為了實驗而燒掉自己心愛的日記本的人，但是我相信，這兩種做法在效果上應該相差無幾。當然，我不是要勸各位以後遇到不如意的事就燒日記本，只是說明一個現象而已。

把失望的、不開心的、沒完成的過去寫下來，放進信封，用膠水黏起封口，然後繼續你的人生旅程吧！

這樣做，在情感上「完成了」，在記憶上減緩、消除了對這些事情的「柴嘉尼效應」。

心理檔案

迴歸（regression）：是一種心理防禦現象，是指當人們遇到挫折時，放棄已經習慣的成人方式，而恢復使用早期幼稚的方法去迴避現實、擺脫痛苦。換句話說，是退回到前面的發展階段，面對壓力時，個體可能會展現出對以前的自己而言是恰當的、但對現在的自己而言不成熟的行為。

心理結束／完成感（psychological closure）：人對過去的事情有一種心理上的結束性儀式需求。

柴嘉尼效應（Zeigarnik effect）：指個體不易遺忘中斷而未完成的工作的現象，亦即人對未完成工作的記憶強烈於已完成工作的記憶的現象。

第 8 節
莫抱怨，快樂地工作你會更快樂

我們都知道，工作滿足感和個人的主觀幸福感有著高度相關性，兩者密不可分。但是，快樂的工作和快樂的人究竟哪個是因、哪個是果呢？究竟是幸福的人工作快樂還是好工作使人幸福呢？

快樂的人快樂地工作

心理學家多年來已經為解答這個問題做了很多研究。從這麼多的心理學研究中可以看到，結果跟溢出性假設（spillover hypothesis）一致，即工作滿意度和生活滿意度相互影響。

所謂溢出性假設，就是個人在某方面的感受會像水一樣溢出來浸染到其他方面。例如，我們在工作中的感受會擴散到生活中，影響我們對整體生活的感受。同時，也可能是我們在家庭、婚姻、親子中的感受轉移到了我們的工作中。

那麼究竟是哪個「溢出」了呢？統計結果顯示，快樂的人更容易把幸福情緒帶入工作中，使他們覺得工作是快樂的。也就是說，快樂的人使工作快樂，而不是快樂的工作使人快樂。

所以，不要抱怨工作沒有為你帶來快樂。其實，工作是否快樂決定於你是否快樂。快樂的人會樂觀地看待自己的工作。

雖然自己的工作可能是枯燥無味的，但是既然承擔了工作的責任，就應該「做一行愛一行」，把事情做好，把工作變得有趣。不管你的工作性質如何，快樂的人會真正愛上他們的工作。雖然工作非常忙碌，但是快樂的人會把它們安排得井井有條，不埋怨，不訴苦。雖然收入不高，但是快樂的人不會讓自己的幸福臣服於金錢，他們認可自己所得到的收入，自得其樂。總之，快樂的人有著一雙快樂的眼睛，能夠在工作中找出讓自己幸福的地方。

有幸福感的人工作效率更高，高效率的工作又提升了人的幸福感。所以，他們在工作和生活中形成了一個穩定的、正向的迴圈。因此，幸福的人也會讓工作變成一種幸福。另外，幸福感高的人更容易找到工作。總是生悶氣的人難以找到合適的工作。一項醫學心理學研究發現，幸福的醫生為患者看病時，其診斷往往會更加準確，而不幸福的醫生出現醫療事故的比率比較高，所以醫生如果遇到了不開心的事，就千萬不要去拿手術刀，因為容易出醫療事故。

這完全符合溢出性理論的預測。我們在生活各方面的幸福感會延伸到工作當中，影響我們對工作的態度和情感經驗。幸福的人，其工作也是幸福的。

常規性的抱怨

有一些人抱怨是由於他們發現當前工作或生活中有令自己不舒服的地方。他們會因此做出改變，尋找最適合自己的工作和生活方式。這類人的抱怨是有建設性的。透過跟自己的好友抱怨，讓好友了解自己的狀況，從好友身上聽取一些建議。

但是，有一種愛抱怨的人只是把抱怨當成他們生活中的「常規動作」。這種人會因為抱怨而抱怨，他們通常只是想吸引其他人的注意，沒有想過為自己所抱怨的東西做點什麼。他們沒有興趣去改變不滿的現狀。

我們身邊一定會有這樣的人。等你認識他們久了之後，你會發現他們總是遇到麻煩。只要一見面、一聊天，他們就會向你抱怨生活中的種種不滿。

我們不喜歡跟這種愛抱怨的人在一起。抱怨中的負面情緒是會傳染的（參見本章第 2 節）。我們不要讓這類人的負面情緒籠罩自己，同時也不要再向他人抱怨這類人。那只會反過來傷害自己：抱怨消耗自己的精力，磨損自己的耐心。

抱怨並不能解決問題。如果你開始抱怨某件事，代表你不開心了，你應該先為這件讓你不開心的事付出努力，或者換個地方轉變心情，而不是一直抱怨。經常抱怨會使你「成長」為常規性抱怨的人。

抱怨的藝術

那麼，如何建設性地抱怨呢？

不要把眼光停滯在結果上，要抱怨正確的東西，例如，造成問題的真正原因。抱怨表面的東西無法解決問題，我們應以解決問題為中心。「我的工作讓我不開心，我快憂鬱死了！」這都是表面的。你是否想過癥結點在哪裡？ 把原因也一起說出來吧！

不要在不恰當的時機抱怨。在最煩的時候抱怨不是好辦法，那樣只會讓你更煩。無論是向誰抱怨，都要找到合適的時間和機會。例如，在一個重要會議前幾分鐘的時候，你還在抱怨，那就是不好的。你的精力會被吸乾，情緒會耗竭（emotional exhaustion）。

向正確的人抱怨。有些人根本無法為你做些什麼。例如，你對老闆的經營方針不滿，你去找同事抱怨，那是沒用的，因為你同事無權改變這件事。他最多只能幫你緩解一下情緒。但這是治標不治本的。

抱怨之前先在自己身上找找不足。你必須清楚了解自己。抱怨時，別人可能早已在心中問了無數次：「那麼你呢？」

不要只是譴責、只是想找替死鬼、找要為你的不滿負責任的人，而是要找解決方法。而且，在抱怨不足的同時，也要欣賞好的地方。

我們小時候可以拿著一本童書一口氣酣暢淋漓地讀完，可以旁若無人地在那裡玩著自己的玩具，但是我們現在工作卻常常無法一氣呵成。因為我們的心不再單純，對工作充滿了怨念，我們的心不能平靜。

你會發現包括自己在內的大多數人都在抱怨這個世界。我們幾乎每天都能接到來自各式各樣的人的抱怨。母親抱怨家庭瑣事太多，根本沒有時間去做自己喜歡的事；同事抱怨員工餐廳的飯菜太難吃了；自己抱怨工作太煩，薪水又低。如果你做一個統計，一天下來有多少人在抱怨，想必這個數字會讓你大吃一驚。

重獲孩童時「單純」的心，就要在正確的時間、正確的地點向正確的人正確地抱怨，一來消除怨念，二來解決問題。如此，我們才能成為一個快樂的人和一個快樂工作的人。

心理檔案

元分析（meta-analysis）：是指將多個研究結果組合的統計方

法。研究者將針對同一個問題很多年的研究結果組合在一起，整合出這些研究的最終結論，從而證明或推翻某個研究結論。

溢出性假設（spillover hypothesis）：認為人在生命中某一方面的感覺會「溢出」，進而影響生命中的其他領域。

常規性抱怨（basic complaining）：有一類人被稱為常規性抱怨族群，他們一有機會就會向他人抱怨這抱怨那，訴苦成了他們吸引他人注意力的一種「常規武器」。這種抱怨並不具有建設性。

第 9 節 小歡樂勝於大幸福

幸福像湖面。它有兩種性格。一種是每年迎來一次狂風暴雨，湖面上波濤洶湧。過後恢復平靜，靜得像一潭死水，在沉默中等待下一次風暴的到來。另一種是常年微風輕拂，湖面上波光粼粼，搖曳有致。好比在湖面上打水漂，常有歡樂的笑聲。

大幸福不如小快樂

大事不足喜，小事能常樂。如果小快樂可以連續不斷，那麼大幸福不如小快樂。

心理學研究顯示，人們對幸福的感覺是相當頑固的，幾乎不可動搖，無論他們的經歷是美好的或是糟糕的。也就是說，每個人的幸福感就像性格一樣。「環境易改，幸福難移」啊！

這種適應生活環境並將幸福感調整到最基礎水準的能力被稱作享樂適應（hedonic adaptation）。也許人們不想這樣，但人天生就是如此。幸好，即使是壞事情發生時也是如此。我們不會高興太久，但也不用擔心會傷心太久。時間是一劑毒藥，也是一劑良藥。

「按摩服務」是說明這個能力的好例子。心理學家「僱用」了一些人來接受按摩服務。每個人都有三分鐘的免費按摩時間。其中一組受試者的按摩在這三分鐘的時間裡會有二十秒的「休息」時間，即暫停二十秒再繼續。另外一組則一直「被按摩」到底，連續三分鐘不停。

請你來猜猜，哪一組會感到更快樂？出乎意料的是，按摩中間有間隔的人表示更加快樂。

其奧妙就在於，中間那二十秒的暫停阻止了這組受試者對按摩的適應感。我們常說，身在福中不知福。其實這也不能怪別人。因為換作是你，你也會這樣的。人的天性就是如此。人會享樂，而且會適應享樂，追求更大的快樂強度。

幸福的天敵就是我們對環境的適應感。我們會對幸福的事習以為常，不再感到那是幸福的。這真是令人沮喪！沒有痛苦不時到來的阻撓，我們真的不會有苦盡甘來的喜悅。生活豐富多彩才好，即使不是跌宕起伏，也應該有所波折。

不過，如果你能夠抓住很多小小的幸福，你就能夠使幸福延續，就跟那個實驗中按摩有「中場休息」的人所感覺到的一樣。

這個原理很有趣的一個延伸思考：如果有兩顆小小的水梨和一顆大大的水梨，我會願意擁有前者，這樣就能夠吃了一個再一個。這麼做會比單獨吃一顆大大的水梨更加快樂。

我們要學會在無數小小的快樂中徜徉，不要奢望大大的卻又稀罕的幸福。

三個小吊飾的效力可能不亞於一枚戒指。我們在第三章談到，女孩子更加注重禮物情感性。誠然，類似戒指或耳環之類貴重的禮物能帶來幸福的感覺。但是小吊飾或其他小東西等小小的禮物也能夠帶來小幸福。幾個小幸福加在一起就能製造更大的幸福。所以，戀愛中的人可以多留心另一半喜歡的東西，偶爾製造點小驚喜，讓對方時時刻刻都感到幸福。幸福常在才是真正的幸福，比日盼夜盼才來一次的大幸福要好得多。

我上述所強調的並不是大幸福有多不好，而是告訴大家，幸福感並不是透過像中了大樂透那樣的物質上的滿足來增加的。大的幸福固然好，但也無法從本質上改變我們的生活。能夠長久增加我們生活幸福感的，往往是那些看似微不足道的小事。幸福感就是透過小事一步一腳印建立而成的。

幸福生長在平淡土壤中

能夠從平凡小事中品嘗快樂的人更加幸福。許多富有的人經常無法體會平淡中的幸福。因為家財萬貫的人往往具有更大的「胃口」，他們對事情的期待值比一般人更高，他們想從生活中得到更多。如此一來，他們就難以從生活點滴中嘗到甜味。平凡的人卻可以從平凡的事情中獲得最單純而美好的幸福。

有外國媒體做了一項調查，整理出人們心目中最幸福的三十件事：

1. 在舊牛仔褲的口袋裡發現錢。	2. 買到了便宜貨。
3. 外出度假。	4. 巧遇很久不見的老朋友。
5. 躺在剛剛洗乾淨的被窩裡。	6. 在公園裡野餐。
7. 在大海裡游泳。	8. 在工作上獲得升遷機會。
9. 天氣晴朗的時候出去散步。	10.（和愛人一起）度過浪漫的一夜。
11. 坐著晒太陽（坐在哪裡都可以）。	12. 聽到一首能讓人回憶過去的歌曲。
13. 突然收到禮物或鮮花。	14. 翻看老照片。
15. 從愛人那裡收到一封溫馨的簡訊。	16. 交到一個新朋友。
17.（和我愛的人，或愛我的人）擁抱。	18. 能夠安靜地獨處一會兒。
19. 收到一張感謝卡。	20. 在鄉間小路隨便走走。
21. 看到一對老人手挽著手一起散步。	22. 聽到小嬰兒的笑聲。
23. 陽光燦爛時搖下車窗去兜風。	24. 和姐妹們一起出門約會。
25. 買樂透中了一點小錢。	26. 早上起床後，突然意識到今天是週末！
27. 安排一趟美好的假期旅行。	28. 吃到巧克力。
29. 聽到自己最喜歡的歌曲。	30. 吃到甜點。

我們可以看到，裡面大部分都是很平常的小事。這說明，我們每個人都有獲得小幸福的機會和條件。同時，我們可以把這些小幸福像珠子一樣用生命中的每一天串起來，串出幸福的人生。

在這份列表裡面找到屬於自己的幸福了嗎？你準備用什麼方式

串起來呢？

心理檔案

享樂適應（hedonic adaptation）：無論發生的事情是好是壞，人們都會自我調適，回復到狀況發生前平時的快樂程度。

第 10 節 越幸福，越孤獨

不要去追求幸福，要幸福地去追求。 ——安東尼· 羅賓斯（Anthony Robbins）

我喜歡這句話，至少是它前面的那一部分。我們聽慣了追求幸福的吶喊。這種聲音震耳欲聾，耳不暇接。並非我想來點新鮮的，所以就強詞奪理。而是，心理學的研究顯示，就算是幸福，也是有瑕疵的。不要太迷信了。我們需要改變一下對幸福目標的認知。

欲速則不達。幸福不是我們日常生活的目標。它只是一個掛在其他事情上的一串葡萄。當你完成了其他目標時，你也嘗到了甜頭；若你只顧著葡萄，就會忘記其他事情，將吃到苦頭。

追求幸福：一個孤獨的故事

幸福和孤獨怎麼會有關係呢？ 印象中，孤獨只屬於不幸福的人，幸福的人不會孤獨。但是，心理學家最近發現，你越看重幸福，越把它看得很重要，你反而會感到孤獨。

無為而無不為。為之，反而無所為啊！

幸福誰都想要，所以我們去追求它。我們在書上尋找，在河邊慢跑，在練瑜珈時舒展……我們做了很多事情「迎合」它，期待它的到來。我們渴望在某個幸福的瞬間之後，能永遠幸福下去。

說句實話，幸福容易讓人陷入自私當中。追求幸福的過程中，我們都非常重視自己的感受，因而忽略了周圍人的想法。所以，奔向幸福的人別忘了身邊的人。不然走著走著，驀然回首之際會突然感到很孤單。

心理學家研究分析了一些規劃改善自己幸福感的人的日記，並且測量了他們半年以來的孤獨感。結果發現，這些人的孤獨感正在不斷成長。當一個幸福感講師進行一段熱情洋溢的演講後，我們會發現人們突然覺得與周圍的人疏離了。

這都是因為自己刻意去感受自己的內心。也就是，人們把注意力集中在自己的內心裡，減少對周圍人的關心，因此無法感受到與他人之間的連結，從而提升了自己的孤獨感。

幸福消失於刻意間

心理學家語出驚人：「不要把幸福想像成絕對美好的東西，並不是所有幸福感都是那麼美好。當我們追求幸福的時候，不一定會感到更幸福，有時反而被它所傷。」

市面上有很多教你如何生活得更幸福的書。社會上有一股追求幸福的熱潮。每個人都想在書中找到「教學方法」，並且設定一個幸福的目標。然而，我們必須注意，幸福的目標有可能讓我們不幸福。在追求目標的過程中，我們還有可能沒有最開始時那麼幸福了。

因為，目標往往不是那麼容易達成的。只要有目標，就會有波折，就會有挫折感。當你按照一定的步驟去尋找自己的幸福時，你心中充滿了希望。關於幸福感的宣言會教你時不時地想像美好的未來、美好的回憶，不要鑽牛角尖、負面思考。你正中了一句話：希望越大，失望越大。

當你對幸福非常在意的時候，你對不幸福的感覺也更加敏感了。這是一種雙極敏感（bipolar sensitivity），即當你對某件事物的這個極端十分敏感、易受影響時，你也很容易被另一個極端影響。

比如說，一個很容易開心的人往往也很容易傷心；一個很喜歡笑的人，背地裡可能就很容易哭；一個難以開心的人，也難以傷心。

心理學家做了一個實驗。研究者讓受試者閱讀一張報紙。恰巧這份報紙上面有歌頌幸福感的文章，例如「寂寞像感冒！預防訣竅：鍛鍊幸福感」之類的標題。看完之後，這些受試者被邀請去看一部喜劇片。另外一組受試者也看報紙了，但是這份報紙上壓根沒有提到幸福感。他們也被邀請去看同樣一部喜劇片。看完片子後，所有人都被要求寫下自己的觀影心得，透過填寫問卷來測量自己的幸福程度。結果，看了關於幸福感報紙的人幸福感比沒有看的人還低。

看了關於幸福感的文章之後，人們對幸福感就產生了一定的嚮往。這種嚮往驅使我們在後面所做的事情中尋找開心之處。由於這種度高期待，我們對喜劇片也更加挑剔了，對任何本來能帶來快樂的事情都有更高的要求。很遺憾，在我們更加注意體會幸福、更加追求幸福的時候，我們反而容易失去幸福。

有些事情像沙子，你抓得越緊，失去得就越快。幸福就是這類事情。

幸福太多了也不好。心理學家追蹤了一批一九二〇年代出生的人。持續觀察他們直到老年時期，有些人都已經長眠了。奇怪的是，我們發現早逝的人被認為是快樂的人。在他們還小的時候，我們就開始記錄他們的幸福感到底有多少。在那個幸福感量表還沒有出現的年代，研究者透過這些人的老師來評價他們的幸福感。那些小時候表現出「極度」快樂的人的壽命反而沒有普通人長。

過度幸福的人喜歡冒險。沒有憂愁、沒有焦慮、沒有危險，過度幸福的人覺得這個世界是安全的，所以他們更容易陷入危險。你可以說這是他們開朗的一面，是勇敢，但是勇敢過頭了就是盲目的冒險。

冒險的行為特質讓這些人容易掉進濫用物質的深淵。他們喜歡飆車，喜歡去湍急的溪邊游泳。因此，他們離死神更近。夜路走多了，難免遇到鬼。

高度的幸福感是不好的，幸福是一把雙刃劍。有時使我們失去察覺危險的能力，不幸反而讓我們遠離危險。

許多事情是一體兩面的，幸福感也不例外。追求幸福的人們應該了解這一點。

既然老是盯著幸福的目標不放是不行的，那麼我們應該怎麼做呢？心理學研究已經千百次地證明，金錢或名聲等都不是最能預測幸福感的東西。最能算出我們「幸福之命」的東西是社會關係（social relation）。好的社會關係是我們感到幸福的主因。所以，我們能做的是增進自己跟家人、親人、同學、朋友和同事之間的關係。另外，我們還可以做一些社會服務、志工服務。這些活動也是我們在心理上跟更多人建立連結的方式。只有感受到自己存在於他人心中，我們才真正地存在於這個世界上，才會感受到真正的幸福。

如果有什麼事情是我們正想專注去做的，那就全心全意地投入吧！任憑其他事情如何發展也毋須理會。做我們該做的，幸福自然到來。

幸福消失於刻意間，而存在於不經意間。

幸福存在於不經意間

一群人到處尋找自己的幸福，卻感覺總是遇到很多憂愁和苦悶。垂頭喪氣的他們認定了這個世界上沒有任何幸福可言。他們聽說老子是一位哲人，能夠解決很多問題，於是他們抱著最後一絲希望找上他。路過一條江的時候，他們看到一個悠閒坐臥在船上的漁翁。

他們問：「您幸福嗎？」

「我很幸福！」老子回答。

「為什麼？」眾人問。

「因為這裡很安靜，而這正是我想要的生活。」老子答道。

眾人臉上疑雲遍布，不解：「您是如何找到幸福的？從天上掉下來砸到的嗎？」

老子說：「你們先來幫我造一艘船吧！」眾人認為老子在跟自己談交易，只好答應了。

他們先把尋找幸福的事放到一旁，開始商量如何設計這艘船，如何找到造船的工具和材料。經過一個多月的努力，他們終於弄好了一艘獨木舟。雖然不怎麼樣，但畢竟是大家辛苦做出來的。所以每個人都很興奮，決定要好好慶祝一番，完全忘記自己當初是來尋找幸福的。後來，他們把船交給老子。老子對此還算滿意。於是他們擠在獨木舟上，泛舟於江中，引吭高歌。這時，老子突然問：「你們幸福嗎？」眾人恍然大悟。原來，苦苦尋找的幸福，其實已經悄悄地降臨。

只要用心生活，做好每一件事，幸福就會如約而至。

心理檔案

雙極敏感（bipolar sensitivity）：用於描述一部分人性格特點的心理學概念，即這類人容易受到某種心理變數兩個極端方向的影響。

電子書購買

爽讀 APP

國家圖書館出版品預行編目資料

心理智慧職場，理解人際關係與人生動力：雞湯越喝，越孤獨！打造鋼鐵玻璃心，尋找未知的自己 / 何吳明，鄒國靜 著 . -- 第一版 . -- 臺北市：沐燁文化事業有限公司 , 2023.11

面；　公分

POD 版

ISBN 978-626-7372-10-4(平裝)

1.CST: 自我實現 2.CST: 生活指導 3.CST: 成功法

177.2　　112016988

心理智慧職場，理解人際關係與人生動力：雞湯越喝，越孤獨！打造鋼鐵玻璃心，尋找未知的自己

臉書

作　　者：何吳明，鄒國靜

發 行 人：黃振庭

出 版 者：沐燁文化事業有限公司

發 行 者：沐燁文化事業有限公司

E-mail：sonbookservice@gmail.com

粉 絲 頁：https://www.facebook.com/sonbookss/

網　　址：https://sonbook.net/

地　　址：台北市中正區重慶南路一段六十一號八樓 815 室

Rm. 815, 8F., No.61, Sec. 1, Chongqing S. Rd., Zhongzheng Dist., Taipei City 100, Taiwan

電　　話：(02) 2370-3310　　傳　　真：(02) 2388-1990

印　　刷：京峯數位服務有限公司

律師顧問：廣華律師事務所 張珮琦律師

定　　價：450 元

發行日期：2023 年 11 月第一版

◎本書以 POD 印製